中国社会科学院创新工程学术出版资助项目

马克思主义专题研究文丛

马克思主义史学理论研究

（第4辑·2014）

张顺洪 卜宪群 王建朗 ● 主编

中国社会科学出版社

图书在版编目（CIP）数据

马克思主义史学理论研究. 第4辑，2014 / 张顺洪等主编. —北京：中国社会科学出版社，2015.8

（马克思主义专题研究文丛）

ISBN 978 – 7 – 5161 – 5845 – 6

Ⅰ.①马…　Ⅱ.①张…　Ⅲ.①马克思主义—史学理论—研究—文集

Ⅳ.①A851.692 – 53

中国版本图书馆 CIP 数据核字（2015）第 063906 号

出 版 人	赵剑英
责任编辑	杨晓芳
责任校对	王佳玉
责任印制	王　超

出　　版	中国社会科学出版社
社　　址	北京鼓楼西大街甲 158 号
邮　　编	100720
网　　址	http://www.csspw.cn
发 行 部	010 – 84083685
门 市 部	010 – 84029450
经　　销	新华书店及其他书店

印　　刷	北京君升印刷有限公司
装　　订	廊坊市广阳区广增装订厂
版　　次	2015 年 8 月第 1 版
印　　次	2015 年 8 月第 1 次印刷

开　　本	710×1000　1/16
印　　张	15.5
字　　数	258 千字
定　　价	56.00 元

凡购买中国社会科学出版社图书，如有质量问题请与本社营销中心联系调换

电话:010 – 84083683

《马克思主义史学理论研究》编委会

前　　言

　　以毛泽东、邓小平、江泽民为核心的党的三代领导集体和以胡锦涛同志为总书记的党中央始终高度重视党的理论工作，重视全党对马克思主义理论的学习和研究工作。十八大以来，以习近平同志为总书记的党中央更是把意识形态工作作为党的一项极端重要的工作来抓。

　　2004 年 1 月，《中共中央关于进一步繁荣发展哲学社会科学的意见》下发，并决定实施马克思主义理论研究和建设工程。为贯彻落实党中央关于把中国社会科学院努力建设成为马克思主义坚强阵地、党和国家的思想库智囊团（智库）、哲学社会科学的最高殿堂的要求，中国社会科学院党组采取了一系列重要措施。2009 年初成立了中国社会科学院马克思主义理论学科建设与理论研究工程领导小组。小组成立后，一方面注重抓好马克思主义理论学科组织机构的建设，设立马克思主义理论类别的研究室和中心等；另一方面注重马克思主义基础理论研究。

　　为了推进马克思主义基础理论研究，中国社会科学院从 2010 年起陆续推出的"马克思主义理论学科建设与理论研究系列丛书"，包括"马克思主义经典作家专题摘编系列"、"马克思主义专题研究文丛系列"、"马克思主义基础理论研究系列"等。"马克思主义基础理论研究系列"是马克思主义及其中国化理论研究的专门论著，该系列论著的推出，将有助于马克思主义话语体系的构建和马克思主义话语权的巩固。

中国社会科学院马克思主义理论学科建设

与理论研究工程领导小组

2015 年 1 月

目　录

让马克思主义史学走进人民群众

　　——中国历史影视化作品创作谈 ……………………… 王伟光(1)

以唯物史观推进中国史学理论研究繁荣发展 …………… 朱佳木(6)

唯物史观对中国史学的十个方面影响 ……………… 牛润珍(12)

唯物史观与中国历史研究的发展………………………… 左玉河(19)

唯物史观的普及与史学研究者理论水平的提升 ………… 赵梅春(27)

正确评价新中国"十七年"史学道路 ……………………… 陈其泰(34)

20 世纪五六十年代中华人民共和国史研究的酝酿和起步 …… 曹守亮(41)

毛泽东的史学思想研究

　　——纪念毛泽东诞辰 120 周年……………………… 张剑平(60)

毛泽东史学思想及其当代价值…………………………… 李　珍(78)

杨翼骧先生与中国史学史研究…………………………… 瞿林东(93)

论吴于廑"整体世界史观" ……………………………… 陈志强(110)

唯物史观与民族史学思想 ……………………………… 吴怀祺(125)

崛起的中国需要历史学家的在场 ……………………… 王学典(134)

开拓唯物史观研究的三重路径 ………………………… 王　力(140)

历史研究是马克思理论贡献的科学基础 ……………… 姜义华(150)

马克思主义历史哲学:在史学与哲学之间 ……… 余晓玲、刘同舫(158)

马克思主义国家观视域中的国家认同问题 ……………… 李崇富(168)

历史学应更多关注生产力研究
　　——从一次中日学术会议谈起 ………………………… 武　力(182)
后现代主义和历史认识理论 ………………………… 于　沛(191)
东西方文明比较中的两种不同视角 ………………………… 李友东(204)
中世纪英格兰巡回法庭的运作机制探析 ………………………… 李云飞(216)
自媒体时代的公众史学 ………………………… 陈　新(232)

让马克思主义史学走进人民群众

——中国历史影视化作品创作谈

王伟光

由中国社会科学院监制并撰稿、中央电视台电影频道拍摄制作的百集纪录片《中国通史》已试播 14 集，获得广泛好评，也吸收了来自各方面的意见，对做好下一步的制作工作十分有利。这是我院以影视化手段向社会推出的一部坚持马克思主义历史观、弘扬马克思主义史学理论、传播历史知识的力作，也是我院史学工作者与全国史学、文博工作者贴近大众，共同合作，将史学研究成果以形象化、通俗化的方式介绍给社会的有益尝试。这里笔者以百集纪录片《中国通史》的创作与试播为契机，就史学研究成果应当贴近人民群众的问题谈几点看法。

一

史学研究成果服务于人民群众是马克思主义史学应有的品格。中国传统史学历史悠久，根基深厚，在记录、传承与弘扬中华文化上做出了杰出贡献，但究其本质来说是以资政服务于剥削阶级的统治需要、维护其统治的长治久安为目的的。因此，在服务于人民群众这一点上，传统史学因其历史的局限性，是不可能做到的。

以唯物史观为指导的马克思主义史学，无疑吸收并继承了传统史学的精华，但从历史观上与传统史学又有着本质的区别。唯物史观从生产力决定生产关系、经济基础决定上层建筑的基本理论出发，在承认杰出历史人物历史贡献的同时，提出人民群众是历史的创造者，是历史的主体。肯定人民群众是历史的创造者，是马克思主义史学与旧的传统史学相区别的一个根本标准。历史观的不同，研究视角的不同，决定了研究的目的不同。

20 世纪以来，特别是新中国成立以来，中国马克思主义史学工作者秉持这一理论，不仅重新解释了中国历史的发展道路、阶段性等重大问题，而且开辟了史学研究的许多新领域，深化了许多具体问题的认识。这些都是传统史学无法达到的。但这些优秀成果，许多还仅仅局限于在专业研究者内部传播，局限于在专业性非常强的刊物上刊登，普通大众既难以读懂，也难以读到，这对研究者和普通大众而言都是一件非常遗憾的事情。马克思主义史学的本质目的在于服务人民大众，其研究成果应当贴近人民群众、走进人民群众。老一辈史学家郭沫若、范文澜、翦伯赞、吴晗等人，都重视历史普及，写了不少历史普及读物，影响很大，是我们学习的榜样。

今天，我们的史学研究的条件更好了，成果更丰富了，传播方式也更多样了，历史研究与人民群众的关系也应该更密切。许多史学工作者也都在感慨史学大众传播环节的缺失，呼吁加强历史普及工作，正是对我们史学研究宗旨回归的反映。百集纪录片《中国通史》以中国社会科学院历史研究所为主，凝聚了全国众多的史学与文博工作者的智慧，它的创作与播出，是一个空前的巨制，是史学最新研究成果与影视传播手段相结合，以贴近人民群众、满足人民群众需要的一次有益尝试。

二

史学研究成果要真正服务于人民群众，必须在正确的历史观引导下，将科学的历史知识传播给大众。坚决反对错误的历史观，杜绝人为杜撰的虚假历史。当前，以历史事件、历史过程、历史人物为题材的影视作品在各电视台的频道中占据十分重要的地位，推动并形成了全民上下的"历史热"。从总体上看，这些影视作品为传播与弘扬中华民族优秀传统文化做出了重要贡献，也是社会大众获取历史知识，认识历史过程，树立正确的历史观、价值观的一条重要渠道。但无疑也存在着一些问题，归纳起来主要有以下几个方面。

宣扬错误的历史观。某些历史题材影视作品竭力淡化阶级分析方法，淡化马克思主义关于生产力与生产关系、经济基础与上层建筑的矛盾运动是推动人类社会历史前进动力的观点，从而使历史发展的动力观、阶级观、社会形态观等许多牵涉唯物史观的重大基本理论问题受到挑战。某些影视作品淡化主流意识形态，在这些影视作品中，封建主义沉渣泛起，资本主义价值观得到弘扬，客观上形成了与当前建设社会主义先进文化的冲突。某些影视作品肆意曲解中国历史的发展道路，某些影视作品不顾历史背景、历史事实，颠倒是非，甚至盲目宣传某些在历史上曾经对中国犯有侵略行为的历史事件、人物等。

盲目拔高统治阶级人物。某些影视作品任意拔高某些统治阶级人物，如把历史上某些曾经有过积极作用的帝王、有为人物的行为上升到代表广大人民利益的高度；夸大个别封建帝王、人物的人格魅力；把当代处理民族关系、社会关系的原则安放在封建政治家的身上；把封建史学家歌颂的所谓"盛世"，即历史上某些社会相对稳定的时期夸大为"国泰民安"、"社会和谐"，甚至用一些热辣的词句如"你燃烧自己，温暖大地"等来歌颂封建帝王将相。相反，对帝王将相的腐朽性、阶级局限性则避而不谈。

肆意虚构、解构历史。撇开某些标明"戏说"、"虚构"的历史剧不论，很多以历史"正剧"形象出现的影视作品，为了迎合某些观众的心理，置有明确史实记载的历史发展线索、历史人物活动于不顾，任凭主观意志剪裁、编造，从而导致历史题材影视作品所展示的历史环境、人物关系或过于片面，或与历史事实严重不符。

热衷权谋宣传。某些影视作品大加渲染封建帝王的"统治经"、封建官僚的"做官经"等尔虞我诈、不择手段的权谋权术；忽视对中华传统文化中美好、和谐、智慧思想的歌颂；忽视人民群众在推动历史前进中的贡献；热衷于帝王将相题材的选择，忽视思想家、科学家，特别是中下层劳动人民的形象展示；热衷于表现情爱的床戏场面，竭力宣扬色情，忽视了对人物品质的歌颂与揭露。

宣扬封建迷信思想。不少历史题材影视作品，接受或部分接受封建史家历史观的情况并不罕见。历史循环论、天人感应论、宿命论、因果报应论等在不少作品中都不同程度地存在，有的甚至很严重。

传递虚、假、错、伪的历史知识。有的作品将不同时期的历史人物错乱安排，出现"关公战秦琼"的笑话；有的作品不顾不同时期的政治、经济、法律、职官、行政、文化、礼仪、风俗等制度的重大差别，只凭编剧的主观想象或编剧本人的知识结构而任意张冠李戴；有的作品在语言使用上现代化，错字、错语、错音情况比较严重；有的作品对有明确记载的历史过程进行无原则的篡改，对某些没有明确历史记载的地方又进行不负责任的虚构，等等。这些情况在社会上产生了十分不良的影响。

百集纪录片《中国通史》是一部以中国古代历史发生、发展过程为线索的多集纪录片，上自中国境内远古人类的起源，下迄清王朝灭亡，以统一多民族国家形成与发展的历程、历代治乱兴衰的历史经验与教训、中华文明的灿烂辉煌为三条主线，以丰富的历史资料为基础，充分吸收当代考古学和历史学研究的最新成果，以时代演进纵向贯通，以问题分析横向展开，以宏阔的视野回顾中国古代历史的发展道路，展示中华文明的灿烂与辉煌。这部纪录片的作者是各研究领域中的专家，他们以科学严谨的态度，全景式地展示出中国历史的发展历程，保证了基本历史知识的真实性。可以说，这是一部由史学专家撰写的影视化的《中国通史》，它对广大观众接受科学的历史知识，纠正当前历史题材影视作品中存在的各种弊端很有帮助。

三

史学研究成果贴近并服务于人民群众，还需要在多种形式上下功夫，不应只限于厚重的史学专著。过去吴晗同志主编的《中国历史小丛书》汇集了一批著名学者，用通俗的语言和清新的文风，将严谨的学术成果转化为大众读物，在社会上产生了广泛影响，普及了几代人的历史知识。今天我们的传播手段更加丰富，表现形式更加多样，我们史学工作者应当重视并利用这些传播手段和形式，用科学的历史知识占领这些先进的传播高地，将胡编乱造、充满错误历史观的伪史学、假史学赶出大众舞台。百集纪录片《中国通史》在这方面做了有益尝试。这部纪录片是迄今为止规模最为宏大的一部中国历史影视化作品，它不仅在艺术表现形式上充分采纳了新的技术手段，也较好地处理了以下几个方面的关系。

第一，历史观与学术性的关系。本片坚持以辩证唯物主义和历史唯物主义的理论与方法来观察和分析中国历史，广泛吸收一切对中国历史有深入研究的学者的观点，客观对待有学术争议的问题，既反对历史虚无主义，又注重防止唯我独尊的民族意识，体现出严谨的学术态度。

第二，大众化与科学性的关系。大众化、通俗化不是要放弃科学性。本片文字通俗易懂，简单明了，充分考虑到了受众的接受程度。把所要阐述和思考的历史问题，通过大众化的方式表述出来。从人物、事件的细节入手，引发大众对历史变迁的看法；从问题意识入手，从当代人对历史的关注点入手，引导大众作出正确的历史判断。全片不空论、不戏说、不虚论、不妄言，论从史出，在尊重历史事实的基础上，力求有较高的观赏性。

第三，通与专、点与面的关系。全片既有中国通史的贯通意识，又有各集突出的问题意识。所谓贯通意识是使观众在看完本片后，对中国历史纵向过程有基本了解；所谓问题意识是抓住了各时段最为重要的历史问题，从问题引入，使观众对中国历史的横向深入有充分了解。全片既有对中国历史的宏观思考，又有各集的微观深入；既有近距离的放大，又有远距离的透视，从而把牵涉整个中国史的大问题，统筹合理地安排开来。

第四，文本与影像的关系。本片较好地处理了文本影像化的问题，尽可能利用了历史遗迹、遗存，尽可能避免了复杂的、大段的过程描述，把复杂的问题通过自己的语言通俗明了地表现出来，情节感、节奏感强，抓住了主要问题，舍弃了不必要的烦琐，使观众在欣赏中潜移默化地接受了历史知识。

总之，全片站在 21 世纪的历史高度来把握、透视与思考中华民族所走过的历程，同时把中国历史放到世界史的大背景下考察，通过与不同国家和民族历史的比较，勾画出中国历史发展的特色。观看本片，观众完全能够从历代治乱兴衰的经验教训中，从统一的多民族国家所创造的辉煌文明中，科学地认识中国历史发展的独特道路。

（原载于《求是》2013 年第 18 期）

以唯物史观推进中国史学理论研究繁荣发展[*]

朱佳木

2004 年，中共中央为巩固和增强马克思主义在中国意识形态领域的指导地位，提出并实施了马克思主义理论研究和建设工程。这一工程的内容包含加强对马克思主义中国化理论创新成果和重大现实问题的研究，加强对马克思主义经典著作的编译和研究，建设具有时代特征的马克思主义基础理论和哲学社会科学学科体系，编写体现当代中国马克思主义最新理论成果的哲学与社会科学重点学科的教材，建设老、中、青三结合的马克思主义理论研究和教学骨干队伍。在这一工程的推动下，中国社会科学院也启动并实施了马克思主义理论学科建设与理论研究工作，并于 2012 年设立了包括马克思主义史学理论论坛在内的五个相关学科的马克思主义论坛。马克思主义史学理论论坛的宗旨是，坚持和发展以唯物史观为指导的马克思主义史学理论，发挥马克思主义史学理论在史学研究中的引领作用。其基本任务是通过举办各种形式的学术会议，出版论文集和以书代刊的论丛等方式，增强马克思主义史学理论界的合作与交流，扩大马克思主义史学理论在史学界的影响，促进马克思主义史学理论队伍的成长。以"唯物史观与新中国史学发展"为主题的学术研讨会，便是论坛成立以来举办的首次面向全国的学术会议。

这次会议是在全党和全国深入贯彻落实中共十八大精神的大背景下召开的，也是马克思主义史学理论界深入贯彻落实中共十八大精神的一个具体行动。习近平总书记在中共十八大闭幕后指出，坚持和发展中国特色社

---

[*] 此文系作者在 2013 年 4 月 13 日、14 日中国社会科学院马克思主义史学理论论坛首届学术研讨会上所致开幕词、闭幕词基础上补充修改而成。

会主义是十八大报告的主线，贯彻落实十八大精神，就要深刻领会中国特色社会主义是由道路、理论体系和制度三位一体构成的。2013 年 1 月 5 日，习近平总书记在中共中央党校的一次讲话中曾指出："党的十八大精神，说一千道一万，归结为一点，就是坚持和发展中国特色社会主义。"他强调："中国特色社会主义是社会主义而不是其他什么主义，科学社会主义基本原则不能丢，丢了就不是社会主义。一个国家实行什么样的主义，关键要看这个主义能否解决这个国家面临的历史性课题。历史和现实都告诉我们，只有社会主义才能救中国，只有中国特色社会主义才能发展中国，这是历史的结论、人民的选择。随着中国特色社会主义不断发展，我们的制度必将越来越成熟，我国社会主义制度的优越性必将进一步显现，我们的道路必将越走越宽广。我们就是要有这样的道路自信、理论自信、制度自信，真正做到'千磨万击还坚劲，任尔东西南北风'。"在这篇讲话中，习近平总书记还从六个时间段分析了社会主义思想从提出到现在的历史过程，并运用唯物史观和唯物辩证法，具体分析了中国改革开放前后两个历史时期的关系。他说："这是两个相互联系又有重大区别的时期，但本质上都是我们党领导人民进行社会主义建设的实践探索。中国特色社会主义是在改革开放历史新时期开创的，但也是在新中国已经建立起社会主义基本制度，并进行了二十多年建设的基础上开创的。虽然这两个历史时期在进行社会主义建设的思想指导、方针政策、实际工作上有很大差别，但两者绝不是彼此割裂的，更不是根本对立的。不能用改革开放后的历史时期否定改革开放前的历史时期，也不能用改革开放前的历史时期否定改革开放后的历史时期。要坚持实事求是的思想路线，分清主流和支流，坚持真理，修正错误，发扬经验，吸取教训，在这个基础上把党和人民事业继续推向前进。"[①] 我们召开这次学术研讨会，就是要深入贯彻落实中共十八大精神，按照以习近平同志为总书记的新一届党中央的要求，旗帜鲜明地运用唯物史观分析和对待历史问题，为促进马克思主义中国化、丰富中国特色社会主义理论做出马克思主义史学理论界的贡献，推动马克思主义史学理论的大发展和大繁荣。

史学理论既包括历史观，也包括历史研究的理论与方法论，它是历史学科的重要组成部分，也是史学工作者从事历史研究的指南。古今中外的

---

① 习近平：《毫不动摇坚持和发展中国特色社会主义》，《人民日报》2013 年 1 月 6 日。

史学史表明，任何时代的史学发展，都离不开史学理论的发展；任何有影响的史学家，几乎都对史学理论有过重要贡献；任何历史研究实践，都自觉或不自觉地受一定历史观的支配。世界上的历史观尽管形形色色，但归根结底不外乎两种，一种是唯心史观，一种是唯物史观。马克思主义史学理论是唯物史观与史学研究实践相结合的产物，是马克思主义史学工作者从事历史研究的指导思想，也是史学理论工作者研究的对象。对马克思主义史学理论的研究不同于一般的史学理论研究，也不同于作为哲学的历史唯物主义的理论研究，而是史学工作者运用历史唯物主义的基本立场、观点和方法，对历史研究中的问题进行理论分析、作出理论概括的工作。它是史学研究的分支学科，也是马克思主义研究的分支学科；是马克思主义研究与建设工程的重要组成部分，也是马克思主义中国化的有机组成部分。中国虽然是一个有着悠久史学传统和深厚史学理论积淀的国家，但直到唯物史观在 20 世纪二三十年代传入，并为郭沫若、范文澜、吕振羽、翦伯赞、侯外庐等一批马克思主义史学家所掌握和运用之后，史学研究才得到了"唯一科学的历史观"[1] 的指导，才能在"看来扑朔迷离、一团混乱的状态中发现规律性"[2]，并逐渐创立和形成了具有中国特色、中国风格、中国气派的科学的史学理论。马克思主义史学理论界在今天肩负的一个重要使命，就是继承和发扬老一辈马克思主义史学家追求真理、学以致用、勇于创新、与时俱进的光荣传统，不断丰富、完善和发展具有中国特色、中国风格、中国气派的马克思主义史学理论体系和话语体系。

史学理论属于意识形态范畴，在阶级社会具有鲜明的阶级性。我们党在十一届三中全会后否定了"以阶级斗争为纲"的错误指导思想，但同时指出，"由于国内的因素和国际的影响，阶级斗争还在一定范围内长期存在，在某种条件下还有可能激化"[3]。马克思主义史学理论与反马克思主义史学理论的斗争，便是这种斗争在意识形态领域的具体表现。改革开放以来，我们恢复了实事求是的思想路线，加强了包括西方史学理论著作在内的国外社会科学著作的翻译、出版，为马克思主义史学理论的研究和发展提供了良好的客观环境与开阔的视野。然而，与此同时，特别是在东欧剧

---

① 《列宁选集》第 1 卷，人民出版社 1995 年版，第 311 页。
② 《列宁选集》第 2 卷，人民出版社 1995 年版，第 426 页。
③ 《中国共产党章程》，人民出版社 2012 年版，第 2 页。

变、苏联解体之后，唯物史观和马克思主义史学理论也遇到了新中国成立以来前所未有的挑战。这种挑战既表现在对唯物史观基本原理和马克思主义史学家的全盘否定上，也表现在对西方资产阶级史学理论的盲目推崇，对历史虚无主义思潮的竭力鼓吹，对中国近代史、现代史的肆意歪曲、篡改和对革命领袖的恶意贬低及丑化上。对此，马克思主义史学理论工作者理应作出回应。这种回应不仅是维护中国革命的正当性和中华民族的自信力，营造中国特色社会主义建设事业发展的积极健康的舆论氛围的需要，也是发展中国马克思主义史学理论、推进马克思主义中国化的需要。正如毛泽东所说："马克思主义是一种科学真理，它是不怕批评的。如果马克思主义害怕批评，如果可以批评倒，那么马克思主义就没有用了。……马克思主义者不应该害怕任何人批评。相反，马克思主义者就是要在人们的批评中间，就是要在斗争的风雨中间，锻炼自己，发展自己，扩大自己的阵地。"① 邓小平在东欧剧变、苏联解体之后也说过："我坚信，世界上赞成马克思主义的人会多起来的，因为马克思主义是科学。……不要认为马克思主义就消失了，没用了，失败了。哪有这回事！"② 马克思主义史学理论界在今天肩负的又一个重要使命就是要积极回应反马克思主义的社会思潮、学术思潮对唯物史观和马克思主义史学理论的各种攻击，并在这个过程中进一步弄清楚哪些是必须坚持的唯物史观的基本观点，哪些是必须破除的对唯物史观的教条式理解，哪些是必须澄清的披着马克思主义理论外衣的错误观点，哪些是需要结合新的实际加以丰富发展的马克思主义史学理论。同时，进一步组织和壮大马克思主义史学理论研究队伍。

1982 年，邓小平在中共十二届二中全会的讲话中指出："现在有些同志对于西方各种哲学的、经济学的、社会政治的和文学艺术的思潮，不分析、不鉴别、不批判，而是一窝蜂地盲目推崇。"马克思主义要发展，社会主义理论要发展，要随着人类社会实践的发展和科学的发展而向前发展。但是，现在的一些错误观点，"不是向前发展，而是向后倒退，倒退到马克思主义以前去了"。"毛泽东同志说过：'真理是在同谬误作斗争中间发展起来的。马克思主义就是这样发展起来的。'有些人把'双百'方针理解为鸣放绝对自由，甚至只让错误的东西放，不让马克思主义争。这

---

① 《毛泽东文集》第 7 卷，人民出版社 1999 年版，第 231—232 页。
② 《邓小平文选》第 3 卷，人民出版社 1993 年版，第 382—383 页。

还叫什么百家争鸣？这就把‘双百'方针这个无产阶级的马克思主义的方针，歪曲为资产阶级的自由主义的方针了。""现在有些错误观点自称是马克思主义的，有的则公然向马克思主义挑战。对此，马克思主义者应当站出来讲话。思想战线的共产党员，特别是这方面担负领导责任的和有影响的共产党员，必须站在斗争的前列。""有些同志明知不对，但是不愿或不敢进行批评，怕伤了和气。这样下去不行。""这个问题关系到我们的事业将由什么样的一代人来接班，关系到党和国家的命运和前途。"① 小平同志的这些话虽然是 30 年前讲的，但听起来就像是今天讲的一样。

2013 年 3 月 14 日恰逢马克思逝世 130 周年。恩格斯当年在马克思墓前的演说中曾指出："正像达尔文发现有机界的发展规律一样，马克思发现了人类历史的发展规律。"② 一百多年以来，马克思、恩格斯在唯物史观与剩余价值学说基础上创立的科学社会主义理论，指引世界社会主义运动由小到大、由弱到强。尽管中间发生了东欧剧变、苏联解体这样的严重曲折，但人类历史的发展规律是任何力量都战胜不了的。拥有人类五分之一人口的中国，依然在社会主义道路上昂首阔步、乘风破浪、奋勇前行，便是一个最有力的证明。

今天，马克思主义史学理论研究工作面临的环境固然十分艰难和复杂，但同时也面临着难得的发展机遇。我们要抓住机遇，乘着中共十八大精神和以习近平同志为总书记的党中央一系列讲话与举措的东风，大张旗鼓地宣传马克思主义史学理论，理直气壮地批驳形形色色反马克思主义思潮对唯物史观的挑战，并在同各种错误思潮的斗争中，营造学习和研究马克思主义史学理论的强大氛围，争取更多的青年学生接受马克思主义史学理论，更多的青年学者加入马克思主义史学理论研究的队伍中来。

马克思主义史学理论工作者既是史学工作者，也是理论工作者；既是学者，也是马克思主义者。作为信仰马克思主义的史学理论工作者，除了要在同反马克思主义理论思潮、学术思潮的斗争中发挥战斗作用外，也应面对当前学术界的不良风气，带头端正学风，带头严谨治学，带头联系实际，带头坚持真理、修正错误，带头贯彻"双百"方针，带头正确对待和严格要求自己，带头搞好团结，继承和发扬中国史学与马克思主义史学知

---

① 《邓小平文选》第 3 卷，人民出版社 1993 年版，第 44、42、47、46、45 页。
② 《马克思恩格斯选集》第 3 卷，人民出版社 1972 年版，第 547 页。

行统一、言行一致的优良传统，在同各种不良学风的斗争中发挥示范作用，带动学术界风气的好转，不断推动马克思主义史学理论的大发展和大繁荣。

（原载于《河北学刊》2013 年第 3 期）

唯物史观对中国史学的十个方面影响

牛润珍

历史观对历史学的发展可以产生非常重要的影响。20 世纪中国历史学的两次根本性变革，即由传统史学到近代史学，又由近代史学到马克思主义史学，两次变革背后的根本原因在于社会转型中对于不同历史观的选择。清末民初，列强环伺，弱肉强食，仁人志士欲通过改良与革命自救图存，以进化论为思想武器，批判旧史学，建设新史学。五四运动以后，新史学建设融贯近代科学精神与方法，整理国故，探求新知，建立了中国在国际汉学研究方面的中心地位。新史学的民族主义特点愈益彰显，中国的近代史学逐步形成。

1917 年俄国"十月革命"成功，李大钊、瞿秋白、蔡和森、毛泽东等先哲从俄国革命中看到了中国的希望。他们总结、借鉴俄国的经验，研究、传播马克思主义，把马克思主义理论与中国的实际结合起来，探讨中国革命的道路。要找到中国的出路，必须充分认识中国的历史和中国的社会，明确中国革命的性质。在这样的社会背景下，李大钊、郭沫若、吕振羽等马克思主义史学先驱尝试用唯物史观做指导，研究、阐释中国社会历史及其有关问题，从而产生了中国的马克思主义史学。特别是 20 世纪二三十年代，思想界关于中国社会性质和社会史的论战，促进了中国的马克思主义古史研究，使马克思主义史学获得了一个绝好的发展机遇。

1937 年"七七事变"，全民抗战爆发，思想界关于社会性质与社会史的论战被打断。中华民族面对生死存亡，救亡图存成为近代史学与马克思主义史学共同的课题。史学家以抗战、爱国相号召，开展学术研究，构建中华民族的抗敌精神。特别是到了抗战后期，在民族、民主的精神与旗帜下，新史学和近代史学逐渐融入马克思主义史学。新中国成立后，执政的中国共产党以马克思列宁主义为指导思想和理论基础。马克思主义借助国家政治的力量，全面主导上层建筑与意识形态，马克思主义唯物史观成为中国史学的理论旗帜，引导着中国史学的走向，近代史学也因此完成了向马克思主义史学的转变。

唯物史观自 20 世纪二三十年代起，陶化了三四代历史学家，铸就了中国马克思主义史学的思想和灵魂，对 20 世纪中国历史学的发展产生了极为重要的影响。其影响可归纳为十个方面。

一 奠立了中国马克思主义史学理论基础

历史研究与史书编纂都是依据一定的史观和思想理论进行的。孔子修《春秋》，一字成褒贬，其善恶标准是礼。礼亦即《春秋》大义。《左传》、《史记》、《汉书》、《通典》、《资治通鉴》等，其编撰成书都包含着丰富的思想与理论。传统史学理论的主旨是经学，故清代章学诚曰"六经皆史"。戴震提出"由训诂通义理"。张之洞认为："由小学而经学，则经学可信；由经学而史学，则史学可信。"旨在通过基础研究发现可信的义理，又由义理以通历史观察与思考，说到底是一种历史观的寻求。梁启超由今文经学"公羊三世说"到进化论，以后又从进化论跳出，寻求历史变化的相互关系，实际上也是在寻找可信的历史观。唯物史观正是在民国初年中国社会变革中，传统史观与进化史观难以帮助人们认清社会历史变化的情况下，被具有先进思想的中国学者所认识并接受。唯物史观是关于整个社会运动规律的科学，它从哲学的角度为中国学者提供了一个认识人类社会历史发展变化的世界观。世界是物质的，物质是变化的，且又相互联系，社会历史也是如此。社会历史的变化是有规律的，由低到高呈现出不同的社会形态。在此理论基础上，又衍生出历史是什么、谁是历史的创造者、历史动力如何、历史规律、历史认识论以及史学功用等一系列史学基本理论问题。对这些问题的思考与讨论都是在唯物史观指导下进行的，并由此构建了中国马克思主义史学理论基础。

二 批判与总结中国的传统史学

马克思主义史学家运用唯物史观，在批判与总结传统史学的基础上，撰出大批史学新著。通史有范文澜的《中国通史简编》、吕振羽的《简明中国通史》、郭沫若的《中国史稿》、翦伯赞的《中国史纲》，以及白寿彝总主编的《中国通史》二十册等；断代史则有翦伯赞的《秦汉史》、王仲荦的《魏晋南北朝史》等；还有大量专门史、专题史，以及史学史、史学概论、史学方法论等方面的成果。唯物史观还被引入古代史籍的校勘与整理，"二十四史"、《资治通鉴》、《清史稿》的校点，《册府元龟》等书的重印，都是在古为今用、批判地继承的口号下得以重新问世。特别是每部史籍书前的"编辑说明"，都富有那个时代的特点与意义，很值得注意总结和思考。

三　改造清末民国以来的"新史学"

"新史学"有两大流派：一是以梁启超、何炳松、蒙文通为代表，由对传统史学的批判与总结，建设新史学；一是以王国维、陈垣、陈寅恪为代表，通过实证建设新史学。两大主流派别在抗战时期汇入新民族主义史学，后又与马克思主义史学融合，这是"新史学"自身的变化。20世纪50年代初中国知识分子思想改造运动，绝大多数史学家接受马克思主义，自觉转变思想与立场，用唯物史观指导学术研究，陈垣、柳诒徵、蒙文通、顾颉刚、郑天挺、吕思勉、徐中舒、蔡尚思、唐长孺等著名史家纷纷转向了马克思主义史学的道路。较为典型者是蒙文通，他是民国"新史学"的健将，一直致力于学术史研究。新中国成立之后，他尝试用唯物史观论证、解释学术史的发展变化，撰成《中国历代农产量的扩大和赋役制度及学术思想的演变》一文，归纳出晚周以来学术思想四大变局与"农业生产力发展四阶段、赋役制度演变四阶段密切符合"。认为学术发展的根本原因在于社会生产力提高、粮食产量增加、赋役减轻，越来越多的人温饱有余，努力读书，才使得学术思想不断进步。学习与改造，使"新史学"完全融入马克思主义史学。

四　完成了历史科学化的进程

清代"朴学"已含有近代科学精神，但由于受传统束缚太深，思想不自由，并不能使史学走向科学。民国时期，傅斯年等学人虽致力于把史学建设成一门科学，但其专事史料整理而不顾及史学本身所固有的"经世"

宗旨，所以最终不能成功。清代和民国的一些学者在历史科学化方面的尝试虽然失败了，但他们的成果为马克思主义史学家运用唯物史观将历史科学化做了重要铺垫。唯物史观探究社会运动，总结社会历史发展规律，鉴古知来，顺应历史大势，赋予史学以科学意义与现代价值，这在20世纪30年代的社会史论战中已经展现出来。1930年郭沫若的《中国古代社会研究》问世，标志着中国历史学已经迈上了科学化的进程，以后又经20世纪五六十年代特别是改革开放新时期，几代历史学家辛勤耕耘，不断开拓，研究、讨论、思考、论证，学术成果涵盖自然、社会与思维的方方面面，基本形成了中国历史学的学术体系。白寿彝总主编的大型多卷本《中国通史》被视为"20世纪的压轴之作"，受到江泽民高度赞扬。这部书是中国马克思主义史学通史著作的典型代表，也是历史科学化进程的一个里程碑，标志着这一进程的初步完成。尽管还会有学者对历史是科学还是艺术这一问题作出新的思考，并有益于历史科学化的完善与缜密，因为任何一门科学都包含着艺术。

五　深化中国社会发展规律的认识

从司马迁撰《史记》，通古今之变，到清末康有为、梁启超借"公羊三世说"解释中国历史进程，都没有脱开传统史学"治乱兴衰"的思维模式。20世纪20年代以后，唯物史观为中国学人开启了新思维、新视野，认识到中国社会历史的发展是有规律可循的。早期的马克思主义史学家尝试用马克思的"五种社会形态"观察中国的全部历史，由此引发出关于历史分期的讨论。这一问题的讨论历时半个多世纪，虽没有形成完全一致的意见，但达成了大体的共识，即中国社会历史的发展符合马克思的总结：先后经历了原始社会、奴隶社会、封建社会、半殖民地半封建社会，新中国成立后步入社会主义社会。几乎所有的历史教科书都是依据这样的认识编写成书，且已成为学术界及社会的主流看法。

六　产生了史学论争的"五朵金花"

"五朵金花"即20世纪五六十年代学术思想界围绕着五个重大史学理论与学术问题所展开的大讨论。五个问题包括中国古史分期、中国封建社

会长期延续、中国资本主义萌芽、中国农民战争和中国封建社会土地所有
制问题。这些论题或延承 20 世纪二三十年代社会史论战，或为新提出的
命题，都是构建中国马克思主义史学体系所必须回答的问题，并不是有人
所说的"假问题"、"伪问题"。至于讨论中所受极端政治的干扰则另当别
论，然命题本身并不存在问题，因为建设完善的中国马克思主义史学体系
绕不开这些问题。这场讨论产生了一大批史学名家，如宁可、林甘泉、孙
祚民、李文海、何芳川等，拓展出诸多研究领域，如魏晋南北朝史、明清
史、经济史等；又因缘于这场讨论而撰成的史学名著也不在少数，如尚钺
的《中国历史纲要》、王仲荦的《魏晋南北朝史》、何兹全的《中国古代
社会》、胡如雷的《中国封建社会形态研究》等。

七　史料的整理与新材料的运用

20 世纪初，甲骨金文、敦煌文书、汉晋简牍、明清档案等新材料的发
现，推动了近代史学的发展。郭沫若运用唯物史观研究中国古代社会，深
刻感受到材料支持的重要性，于是不得不下大气力整理金文，撰成《两周
金文辞大系图录考释》、《殷周青铜器铭文研究》，以后又主持编成《甲骨
文合集》。吕振羽撰《史前期中国社会研究》，大量征引仰韶文化、龙山文
化等考古新资料，推证中国原始社会状况。20 世纪 50 年代初，郭沫若又
利用安阳殷墟墓葬发掘材料，说明殷代是奴隶社会。研究中国社会历史必
须有翔实的资料基础。因此，新中国成立后，尤其是改革开放新时期，甲
骨、金文、简牍、敦煌文书、明清档案、石刻以及大量的近现代史资料大
都作了系统整理。如《近代史资料丛刊》所包括的《太平天国史料》、
《义和团运动史料》、《辛亥革命史料》等。史料整理与新材料的运用都是
在唯物史观的指导下进行的。

八　旧方法的借鉴与新方法的引进

传统的考据方法多在某一具体问题之下，尽可能地将相关资料凑齐，
分类梳理，归纳出一个看法，并进一步找出同类问题的通例。这样的方法
虽不适合宏大或抽象问题的观察与研究，但其归纳类例的思路是值得借鉴
的，因为它与唯物史观所主张的总结规律在方向上有一致的地方。但唯物

史观强调具体问题具体解决，因而对研究方法的要求多种多样，而且更重视综合的运用与整体的考虑，不仅注意旧方法的借鉴，还重视新方法的引进，包括自然科学研究方法的借鉴与运用。唯物史观引发了史学研究方法上的革命，特别是新时期破除了单一的阶级分析法之后，各种方法引介、试验，促进了中国史学事业的繁荣。

九　史学自身的总结与认识的深化

梁启超"新史学"是在总结中国史学两千多年的发展基础上提出的，同样，马克思主义史学的建立也需要以史学自身的总结为基础。但唯物史观影响下的史学总结并不同于"新史学"，它是将中国史学置于世界范围内进行考察，总结以往的一切研究成果，在总结中寻找、归纳并阐明中国史学的发展规律，进而引导史学的发展。由于这样的认识，自 20 世纪 60年代以来，尤其是改革开放以后，史学史的研究越来越受到重视，白寿彝、吴泽、杨翼骧、尹达等著名史学家教书育人，著书立说，不仅培养出一代又一代的专门人才，还取得了丰硕的学术成果。史学自身的总结不仅形成了自成体系的学科，即史学理论及史学史专业，还深化了人们对于历史与现实社会的认识。

十　历史研究新思维模式的建立

《易》曰："穷则变，变则通。"古人讲变易，认识到殷周之际、春秋战国之际的变化，但多就变化的现象来归纳。司马迁提出"三五之变"，三十年小变，五百年大变；或曰之为一治一乱；或称之为分合相替。论学术也多就学术论学术，习惯于"以史证经"、"经史互证"、"以字证经"、"以经证字"，由此又衍生出"史诗互证"。唯物史观主张透过现象看本质，寻找历史变化背后的根本原因，强调生产工具、生产力、经济基础对于社会发展的作用，为学人思考历史兴衰变化开启了一条新思路。同样，它将学术与社会经济打通，引导学者思考某一特定时代的学术，其背后的社会生产力状况、经济发展水平如何，人们思想认识的程度如何，社会的变迁、转型与史学的发展变化有什么样的关系，学人参与社会与他们对于历史的认识又有什么样的影响，在事物相互关系和变动中，寻找事物变化的直接与间接原因、根本与终极原因，由因及果，获取对历史发展变化的正确认识。唯物史观不仅为历史研究构建了新的思维模式，同时也为历史学科开启了一条科学化的道路。

　　唯物史观对 20 世纪中国史学研究起到了重要的指导作用，其影响也是带有决定性的，由此而形成了 20 世纪特别是后半叶史学思潮的主流，把握着中国史学的发展道路与方向。

（原载于《河北学刊》2013 年第 3 期）

唯物史观与中国历史研究的发展

左玉河

恩格斯在马克思墓前的讲话中说，马克思一生有两大发现，一是唯物史观，二是剩余价值理论。深入研究马克思的唯物史观，回顾唯物史观对20世纪中国历史学的影响，对于指导中国历史研究具有重要的意义。

一 唯物史观为什么对历史研究具有指导意义

马克思在《共产党宣言》、《〈政治经济学批判〉导言》，恩格斯在《在马克思墓前的讲话》等经典文献中，阐述了唯物史观的基本原理，并对唯物史观的指导意义作了充分肯定。列宁、斯大林、毛泽东对唯物史观也作过精辟阐述。唯物史观的创立，宣告了在关于人类社会历史认识中唯心史观占统治地位局面的结束。正如恩格斯所说："人们的意识决定于人们的存在而不是相反，这个原理看来很简单，但是仔细考察一下也会立即发现，这个原理的最初结论就给一切唯心主义，甚至给最隐蔽的唯心主义当头一棒。关于一切历史性的东西的全部传统的和习惯的观点都被这个原理否定了。"① 只有运用唯物史观，才能在研究人类社会历史时避免唯心史观的缺点。

首先，唯物史观正确地说明了社会历史发展的终极原因。"在此以前，社会学家不善于往下探究像生产关系这样简单和这样原始的关系，而径直着手探讨和研究政治法律形式，一碰到这些形式是由当时人类某种思想产生的事实就停留下来；结果似乎社会关系是由人们自觉地建立起来的。"与此不同，"唯物主义继续深入分析，发现了人的这些社会思想本身的起

---

① 《马克思恩格斯全集》第13卷，人民出版社1998年版，第527页。

源，也就消除了这个矛盾"①。这就是说，思想的进程取决于事物的进程的唯物主义结论，纠正了唯心史观本末倒置的缺陷，为探究历史运动的规律找到了可靠基石。

其次，唯物史观把历史的发展归结为社会形态有规律的更替过程。"在此以前，社会学家总是难于分清错综复杂的社会现象中的主要现象和次要现象（这就是社会学中的主观主义的根源），不能找到这种划分的客观标准。唯物主义提供了一个完全客观的标准，它把'生产关系'划为社会结构，使我们有可能把主观主义者认为不能应用到社会学上来的一般科学的重复律应用到这些关系上来。当他们还局限于思想的社会关系（即通过人们的意识而形成的关系）时，始终不能发现各国社会现象中的重复性和常规性，他们的科学至多不过是记载这些现象，收集素材。一分析物质的社会关系（即不通过人们意识而形成的社会关系：人们在交换产品时彼此发生生产关系，他们甚至没有意识到这里存在着社会生产关系），立刻就有可能看出重复性的常规性，就有可能把各国制度概括为一个基本概念，即社会形态。只有这种概括才使我们有可能从记载社会现象（和从理想的观点来估计社会现象）进而极科学地分析社会现象。"②

再次，唯物史观之所以能够区划社会形态，正确地说明社会形态的发展是一个自然的历史过程，其根据就在于它"把社会关系归结于生产关系，把生产关系归结于生产力的高度"③。持唯心史观的某些史学家虽然也提出过历史是一个有规律的过程的思想，但他们在解释该过程的规律性时却从人的理性或从"绝对精神"去寻求根据，因而难以找到正确的答案。与此相反，唯物史观从社会生产力发展的水平去认识生产关系发展的水平，从生产关系、社会关系的状况去认识思想关系的状况，这样，关于社会历史发展的终极原因与由这个终极原因所带来的一系列层次性的变动，均能得到科学的说明。

复次，与一切蔑视劳动群众的唯心史观不同，唯物史观认为，既然人类社会发展的历史是生产发展的历史，是生产方式发展的历史，那么，它首先应该是从事物质资料生产的劳动群众的历史。人民群众是人类历史的

---

① 《列宁选集》第1卷，人民出版社1972年版，第8页。
② 同上。
③ 同上。

创造者，是历史发展的决定力量。以前那种认为英雄创造历史的错误观点被纠正了，历史恢复了本来面目，人民群众恢复了在历史上的应有地位。

最后，唯物史观首次将社会思想史的研究建立在科学基础之上，与那种从思想解释思想的唯心史观划清了界限。正如列宁所说："只有关于思想的进程取决于事物的进程的唯物主义结论，才是唯一可与科学的心理学相容的结论。"① 唯物史观不仅正确地揭示了社会存在决定社会意识、社会意识根源于社会存在的原理，而且正确地说明了社会意识对社会存在在怎样的条件下发挥怎样的反作用。总之，由于唯物史观的创立，人们找到了科学解释人类社会历史的理论武器，为真正的历史科学的诞生奠定了基础。

马克思主义经典作家是用唯物史观解释人类社会历史的典范，他们重视历史研究，并始终把唯物史观作为进行这项研究的指南，不仅为我们留下了《法兰西内战》、《德意志意识形态》等许多宝贵的历史著作，而且还留下了关于如何运用唯物史观研究历史的方法。以他们的创造性理论和历史研究工作为起点，马克思主义历史科学逐步发展起来。一百多年来，马克思主义史学工作者运用唯物史观重新研究全部人类社会的历史，阐明了社会历史发展的规律，把剥削阶级史学家颠倒了的历史重新颠倒过来。马克思主义历史科学的成绩充分证明了唯物史观的科学价值。

二 唯物史观如何促使中国历史学的发展

作为一种解释历史的理论和方法论，唯物史观产生于19世纪中叶并于20世纪初传入中国，并在创立中国马克思主义史学的过程中充分彰显了唯物史观强大的生命力和科学价值。

中国马克思主义史学流派是伴随着马克思主义的传入和新民主主义革命的展开而产生并发展的，李大钊、郭沫若是该学派的先驱人物，继起者有吕振羽、范文澜、翦伯赞、侯外庐等人，他们都写出了具有科学价值的史学名著。

李大钊是中国马克思主义史学的开创者，最早将唯物史观应用于史学

① 《列宁选集》第1卷，人民出版社1972年版，第8页。

研究。自 1920 年起，他在北京大学、北京女子高等师范学校等高校开设"唯物史观研究"、"史学思想史"、"史学要论"等课程，先后发表了《唯物史观在现代史学上的价值》、《研究历史的任务》等论文，1924 年出版了《史学要论》一书。在这些论著中，李大钊对以往的历史观作了深刻批判："神权的、精神的、个人的、退落的或循环的历史观可称为旧史观，而人生的、物质的、社会的、进步的历史观可称为新史观"[1]；他批评旧史观指导下的旧史学"简直是权势阶级愚民的器具"[2]；认为只有新的唯物史观才是"奋兴鼓舞的历史观，乐天努力的人生观"[3]。李大钊运用唯物史观对历史研究提出了一系列崭新的见解，明确了历史研究的对象，指出历史是"人类生活的行程"，"是有生命的东西"、"进步的东西"、"发展的东西"，"历史就是人类的生活并为其产物的文化"。同时，李大钊还明确了历史研究的任务："一、整理事实，寻找它的真确的证据；二、理解事实，寻出它的进步的真理。"[4]

郭沫若是中国马克思主义史学的又一位杰出奠基人。他在 1930 年出版的《中国古代社会研究》中，运用唯物史观的理论和方法，对甲骨文、金文和先秦文献进行综合研究，揭示了中国古代社会的面相和发展规律，开辟了中国史研究的科学道路，是中国史学根本性质上的重大变革，标志着中国马克思主义史学的正式形成。随后，郭沫若写出了《甲骨文字研究》、《卜辞通纂》、《殷契萃编》、《殷周青铜器铭文研究》、《两周金文辞大系考释》、《金文丛考》、《古代铭刻汇考》以及《青铜时代》、《十批判书》等，在学术上有很大的影响。在郭沫若及其《中国古代社会研究》的带动下，中国历史学领域出现了吕振羽、侯外庐、范文澜、翦伯赞、胡绳等著名史学家，出版了吕振羽的《史前期中国社会研究》（1934 年）、《殷周时代的中国社会》（1936 年）、《中国社会史诸问题》（1942 年），侯外庐的《中国古代思想学说史》（1945 年）、《中国近世思想学说史》（1945 年）、《中国古代社会史》（1947 年），范文澜的《中国通史简编》（1942 年），翦伯赞的《中国史纲》（1943 年），胡绳的《帝国主义与中国政治》（1949 年），向达的《唐代长安与西域文明》（1930 年），周谷城的《世界

---

① 《李大钊选集》，人民出版社 1959 年版，第 289 页。
② 同上书，第 338 页。
③ 同上书，第 488 页。
④ 同上书，第 484 页。

通史》（1949 年）等一大批马克思主义史学著作。这些著作表明，中国马克思主义史学已经逐步成长起来，它们不仅是中国马克思主义史学在各个领域的开创之作，而且大多是 20 世纪中国史学发展历程上的名著。

唯物史观促进了中国历史学研究方向的转变，使历史研究从描述孤立的、以政治事件为主的方面，转向面对社会和经济这一复杂而长期的过程的研究，使史学家认识到需要研究人们的生活物质条件，并重视人民群众对历史的作用。马克思的社会阶级结构观念以及对阶级斗争的研究，引起了中国史学家对社会制度的研究。侯外庐在 1946 年强调说，中国学人按照马克思主义的理论和方法论已经"学会活用自己的语言而讲解自己的历史与思潮了"，这是对 20 世纪前期历史观念发展的很好的概括。

新中国成立后，中国的历史科学取得了新的进展，广大史学工作者自觉地学习并运用辩证唯物主义和历史唯物主义理论作为研究工作的指南。马克思主义史学工作者的队伍大大加强，从中央到地方，以及许多高等院校都设立了历史、考古等研究机构，数以万计的史学工作者在这些机构中从事分门别类的研究工作。经过他们的辛勤劳动，一大批通史、断代史和专史相继出版，各种历史刊物相继创办，并校勘了"二十四史"、《资治通鉴》等大型史籍，汇编了一大批历史资料丛书，关于中国近代史的几套资料丛书是其中比较突出的成就。在"百花齐放，百家争鸣"方针指导下，科学研究的广度和深度不断增加，并对中国历史上的许多问题展开了热烈讨论，如中国古代奴隶制社会和封建制社会的分界问题、中国封建社会的发展阶段问题、近代史分期问题、中国封建社会的农民战争问题、封建土地所有制的形式问题、汉民族形成问题、中国资本主义萌芽和资本主义发展问题、历史人物评价问题，等等。对这些问题的广泛讨论，推进了中国历史研究，提高了对于唯物史观准确理解的程度和具体运用的能力。

三　在新世纪如何坚持和运用唯物史观

唯物史观对 20 世纪中国史学的重大影响主要集中在四个方面：（1）唯物史观要求研究全部历史，即研究整体的历史。（2）唯物史观告诉人们，人类社会的历史是一个自然发展过程，因而是有规律可循的。（3）唯物史观要求人们用辩证的观点和方法看待人类社会历史的发展，因为唯物史观同马克思主义的唯物辩证法是密不可分的。（4）唯物史观最鲜明地提出了人民群众对于推动历史发展的巨大作用。

但应清醒地看到，21 世纪的中国史学在运用唯物史观方面也面临着多方面的挑战：（1）由于历史的原因，马克思主义唯物史观的基本原理被误解或歪曲，造成了严重的思想混乱，一些错误的理论观点和思想倾向在社会生活和学术研究领域有着比较明显的表现。（2）苏联解体、东欧剧变，国际上出现了攻击和否定马克思主义的社会思潮，国内历史研究领域也出现了"唯物史观已经过时"的思想倾向。（3）外国史学理论大量涌入国内，在吸收、借鉴的同时出现了不加分析、不加选择地照搬照抄，误认为这些理论可以代替唯物史观的科学理论。（4）现代社会发展和科学技术革命提出了许多新的、重大的理论问题，迫切需要从理论与实践的结合上做出回答，要求唯物史观不断丰富自己的概念、方法和理论范畴。因此，唯物史观既面临着严峻的挑战，同时也面临着有利的发展机遇。

面对挑战，首先应该坚信唯物史观作为一种有效的解释历史的方法并未过时，因为马克思、恩格斯在批判 19 世纪资本主义的过程中所形成的科学历史理论至今仍表现出难以否定的合理性。现代西方史学总是利用唯物史观的一些基本观点或与唯物史观近似的观点来考察世界历史。这主要表现在：（1）唯物史观把人类历史看作是一个客观的、自然的、有规律的发展过程，这种方法已经成为西方主流史学所采用的基本方法。（2）唯物史观认为物质生产是社会生活的基础，历史过程的决定性因素归根结底是现实生活的生产和再生产，这种基本思路贯穿于英、美主流史学著作之中。（3）在历史唯物主义的方法论中，阶级分析方法是极其重要的组成部分，也是近现代西方史学家分析历史问题的主要方法之一。（4）唯物史观将黑格尔的辩证思想应用到社会历史当中，认为社会真理具有相对性和时间性，否认人类社会存在永恒的终极真理，也为现代西方历史哲学所认同。因此，必须不断发展和完善唯物史观，使之在新的历史条件下继续保持解释利器的功能。

其次，应该看到唯物史观虽然是 21 世纪中国史学研究的指导思想和理论体系，但它本身也需要不断发展和完善，故须注意四方面问题：（1）从过去把唯物史观简单化、教条化，以理论代替学术和把唯物史观片面化、绝对化，以原则代替具体研究的阴影中走出来，正视严重的历史教训，重新学习理论，改进运用方法。（2）进一步认识唯物史观基本原理的科学价值。（3）在唯物史观与具体的研究对象相结合的过程中，推动理论上的创新。（4）运用唯物史观要有气度，要有吸收其他有益的理论和方法论的雅量与勇气。为此，必须清除人们赋予唯物史观本来所没有甚至是后人搞错了的含义，把握其基本理念，正本清源，真正"回到马克思"，创造性地发展唯物史观。当然，重新研读马克思主义经典著作是完全有必要的，但不能把唯物史观仅仅理解成是马克思、恩格斯所写的文本，后人对马克思主义的正确理解和发挥创造也是对唯物史观的发展，必须尊重这些有益成果。

在坚持唯物史观的同时，必须创造性地运用唯物史观，即克服史学研究领域里的教条主义。这主要表现为把马克思主义唯物史观的理论观点简单化、绝对化、公式化，完全背离了从史实出发，具体问题具体分析的唯物辩证方法。这种倾向最初是由于幼稚地、简单地理解唯物史观而发生的，后来，随着现实生活中阶级斗争的扩大化而日趋发展，直至被搞到极其荒谬的地步。教条主义的史学研究方法是一种很坏的学风，危害十分严重，它使一些人在研究问题时不是实事求是地先占有大量的材料，具体分析具体历史现象所包含的具体矛盾，而是采取断章取义的方法，随意剪裁甚至曲解史料，为自己所要论证的观点填补例证。在这些人看来，最有力的论据不在史实之中，最科学的结论并非来自具体的、辩证的分析，而是一切以本本为转移，以引证权威的只言片语为满足，根本取消了生动活泼的独立思考和史学研究的唯物论基础。如有人在研究农民战争问题时，往往不是从一个时代既定的经济状况、阶级力量的对比出发，通过大量的综合的资料作具体的、切合实际的分析，而是抽取一两件个别的、片断的材料，回避或歪曲其他一些材料，简单地套用某种流行的公式。例如，先说阶级矛盾尖锐，危机四伏，农民起义终于爆发；继之则就农民起义的口号、纲领，说明它的反封建性质；最后从农民阶级的局限性解释农民起义必然失败，并论及农民起义或多或少推动了历史前进。这种教条主义的"以论带史"的研究方法，将生动的丰富多彩的农民斗争史变成了千篇一律的刻板的公式。乍看起来似乎有点道理，但实际上并不能具体解释任何一次农民起义所包含的特点。对此，恩格斯曾有过严肃批评："如果不把唯物主义方法当作研究历史的指南，而把它当作现成的公式，按照它来剪裁各种历史事实，那么它就会转变为自己的对立物。"[1] 教条主义的史学研

---

[1] 《马克思恩格斯全集》第37卷，人民出版社1998年版，第410页。

究必然是主观主义的，理论脱离实际的。针对这种倾向，我们必须坚持创造性地运用唯物史观，把这一理论和客观历史实际结合起来，对具体的历史现象作具体的分析，从中抽象出符合客观历史实际的规律来。

历史科学的任务是通过历史的现象认识历史的本质。20 世纪中国史学发展的历程表明，认识人类社会发展的历史，唯物史观是唯一科学的历史观，只有它才能指引人们从纷繁复杂的历史现象中揭示出历史的发展规律。21 世纪的中国历史学必须坚持唯物史观的理论指导，21 世纪的史学研究者应创造性地把唯物史观同具体的历史实际结合起来，为促进中国马克思主义历史学的繁荣而努力。

（原载于《河北学刊》2013 年第 3 期）

唯物史观的普及与史学研究者理论水平的提升

赵梅春

新中国成立之初开展的唯物史观普及教育，以及由此引发的有关重大历史理论问题的讨论，从整体上改变了中国史学研究的面貌，并对 20 世纪后半期中国史学发展产生了深刻影响。关于这一活动本身及其对中国史学的影响，学术界和学者或有不同的认识及看法，但大都承认经过唯物史观的普及及对重大历史理论问题的论争，史学研究者的理论思维能力得到了训练，史学界的整体理论水平有了前所未有的提升。

一 唯物史观的普及与重大理论问题的论争

新中国成立以前，在马克思主义理论家、史学家的艰苦努力下，唯物史观的影响不断扩大。但就整个思想界而言，许多人对唯物史观还是陌生的。新中国成立后，为了改造旧的意识形态，确立马克思主义的指导地位，在全国范围内进行了唯物史观的普及。1949 年创办的《学习》杂志创刊号发表了艾思奇《从头学起——学习马克思主义的初步方法》一文，阐述了学习马克思主义理论的必要性，以及现阶段学习马克思主义的主要任务、方法。为推动唯物史观的普及，毛泽东审定了包括马克思、恩格斯、列宁、斯大林及其本人著作在内的 12 种书目作为广大干部群众和知识分子学习唯物史观的必读书目。对史学界来说，普及唯物史观旨在使史学研究者通过学习历史唯物主义尤其是社会发展史，树立正确的历史观，并以马克思主义的立场、观点和方法从事史学研究。1949 年成立的新史学研究会将"学习并运用历史唯物主义的方法，批判各种旧历史观，并养成史学研究者实事求是的作风，以从事新史学的建设工作"作为宗旨。1950

年，翦伯赞发表《怎样研究中国历史》一文，阐述了史学研究者如何在唯物史观的指导下，确立正确的观点、立场、态度、方法。他强调，史学研究者应站在劳动人民的立场上，建立以劳动人民为中心的新历史观点；站在民族平等的立场上，撰写包括中国境内各族人民的历史在内的真正的中国历史；要以社会形态理论划分中国历史发展阶段，说明每一历史阶段所特有的基本经济法则和与此相适应的阶级关系、政治制度乃至意识形态，说明一个历史阶段发展到另一个历史阶段的变革过程；要以辩证唯物主义的方法，从阶级矛盾中寻找历史的变革。这反映了在史学界普及唯物史观要达到的目标。批判唯心主义历史观也是普及唯物史观的一个重要方面。新中国成立以前，许多知识分子受以胡适为代表的实验主义哲学的影响。毛泽东认识到要改造知识分子，确立马克思主义的主导地位，在学习唯物史观的同时，还必须清除胡适的影响。于是，他发起了对胡适的批判运动。史学界对胡适、傅斯年、钱穆等人的历史观和史学方法进行了批判，一些史学家逐渐地接受了马克思主义理论，形成了新的历史观。

通过唯物史观的普及，绝大部分史学工作者在人类历史与中国历史发展过程的认识上达成了共识。他们"普遍地认识到：人类历史是按照客观规律发展的过程，而生产方式的变革则是社会制度和思想观念变化的基础；中华民族自古以来就是多民族的国家，它从原始公社崩溃以后，经历过奴隶社会和封建社会；中国封建社会的主要矛盾是农民阶级和地主阶级的矛盾，农民的阶级斗争和农民的起义是历史发展的真正动力；中国封建社会内部商品经济的发展孕育了资本主义萌芽，如果没有外国资本主义的入侵，中国也将缓慢地发展到资本主义社会；鸦片战争以后，中国逐步沦为半殖民地半封建社会，从此帝国主义和中华民族的矛盾、封建主义和人民大众的矛盾成为近代中国社会的主要矛盾"①。这表明，唯物史观已经为大多数史学研究者所接受，马克思主义史学确立了主导地位。

接受了唯物史观的史学工作者试图以唯物史观同历史研究实际相结合，并对历史学中的理论问题以自己所理解的马克思主义理论进行思考，于是，史学界出现了有关重大理论问题的论争。这些理论问题主要有古史分期即奴隶社会与封建社会的分期、亚细亚生产方式、中国资本主义的萌芽、中国封建社会内部的分期、封建土地所有制形式、汉民族的形成、农

---

① 卢钟锋：《回顾和总结：新中国历史学五十年》，《中国史研究》1999 年第 3 期。

民战争、中国封建社会长期延续的原因、中国古代的民族关系、关于历史人物的评价、史论关系等。其中，关于古史分期、封建土地所有制、资本主义萌芽、农民战争、汉民族的形成等问题，引起了史学研究者热烈而持久的讨论，被称为"五朵金花"。史学界所讨论的这些问题，与如何认识中国历史进程和面貌以及如何运用唯物史观研究历史有着密切的关系。如关于奴隶社会与封建社会分期的讨论，关系到如何运用马克思主义社会形态理论认识中国历史发展的阶段，以及以何种因素作为划分中国社会发展阶段的标准等一系列的问题；关于资本主义萌芽的讨论，主要探讨的是中国从古代走向近代的自然历史发展过程，以及这一过程被中断的原因。中国是一个多民族的国家，其中汉族在多民族国家的历史发展中起着主导作用。对汉民族的形成，以及民族关系问题的论辩，旨在正确理解和认识统一的多民族国家形成的历史。在中国封建社会，土地和农民问题是最主要的问题。封建土地所有制是封建生产关系的基础，对这一问题的认识，是认识中国封建社会历史发展的必要前提。对农民战争的作用及其相关问题的研究，其实质是对中国封建社会历史发展动力问题的探讨。对这些问题，尽管史学界尚未取得共识，在讨论中存在简单化倾向，但都立足于唯物史观来探讨中国历史发展的过程及其特点。通过讨论，历史研究的基础理论扎实了，史学界的整体理论水平也提高了。正如学者所指出的："建国初出现了著名的古代史研究的'五朵金花'，标志着新中国史学开始摆脱战争时期史学的草创痕迹，向着严肃的科学境界迈进。"①

二　史学研究者理论水平的提升

20世纪末，当人们回首20世纪中国史学发展的历程时，在有关20世纪五六十年代史学的评价上产生了严重分歧。肯定者认为，"十七年"的中国史学虽然存在着教条主义倾向，但成就是主要的，并从通史编纂、断代史与专题史的研究与撰述、史料的整理等方面肯定这一时期的史学成就。否定者认为，以农民战争史为代表的"五朵金花"是假问题，是意识形态中的学术争论，这一时期的史学没有脱离战时史学的窠臼。但分歧的双方都赞成，通过唯物史观的普及，尤其是在此基础上产生的重大理论问

---

① 盛邦和、何爱国：《现代史学三流派及其形成的原因》，《史学理论研究》2003年第4期。

题的论争，史学研究者的理论思维能力得到了训练，理论水平有了较大的提升。

在范文澜、翦伯赞等中国马克思主义史学创建者那里，理论水平的提升表现为对马克思主义理论的运用臻于纯熟。范文澜等在新中国成立之前已经运用唯物史观研究中国历史，并初步建立了马克思主义中国历史体系。但由于历史条件的限制与认识方面的原因，难免存在简单、机械的弊端。在唯物史观的普及中，他们在指导史学研究者学习与运用唯物史观研究历史的同时，也检讨自己以往研究中存在的不足。范文澜在延安撰写《中国通史简编》一书时，对唯物史观的运用还未达到熟练的程度，因而存在着非历史主义的缺点。新中国成立后，他在检讨《中国通史简编》所存在的缺点的基础上集中精力对其进行修订，并吸收史学界有关重大理论问题的讨论成果，对中国通史编纂所涉及的理论问题作了较系统的研究。在修订本《中国通史简编·绪言》中，他深入地阐述了劳动人民是历史的主人、阶级斗争论是研究历史的基本线索、在生产斗争中的科学发明、汉族社会发展史的阶段划分、汉族封建社会的分期、汉族封建社会开始于西周、自秦汉成为统一的多民族国家的原因、历史上的爱国主义、历史上战争的分类等九个方面的理论问题，表现出对马克思主义理论已经运用自如。"'绪论'把这些问题充分展开论述，标志着著者对唯物史观的运用达到了纯熟的程度。"① 如以西周为封建社会的开端，是范文澜始终坚持的观点。但在为《中国通史简编》的撰写做理论准备的《关于上古历史阶段的商榷》一文中，他主要根据《联共（布）党史》有关奴隶社会、封建社会的观点，逐项列举中国史料以证明殷商为奴隶社会、西周为封建社会，却显得机械生硬。而在修订本《绪言》中，他以生产关系的变化为社会形态变革的主要标志，通过对西周土地制度、宗法制度的分析，以及西周农夫身份的辨析，说明西周是封建社会。由于其有关论述颇具说服力，因而被视为西周封建论的代表。这表明范文澜已超越了延安时期学习运用马克思主义研究、撰写中国历史的阶段，能够熟练地运用马克思主义理论解决历史问题了。唯物史观的普及以及重大理论问题的讨论也促使郭沫若、吕振羽、翦伯赞、侯外庐等在理论上进一步成熟。如吕振羽通过对两周时期不同地区封建制代替奴隶制的进程，以及在这一过程中各种生产关系并存

---

① 陈其泰：《范文澜学术思想评传》，北京图书馆出版社2000年版，第252页。

情况的考察，揭示出两周社会从奴隶制向封建制过渡的复杂性和不平衡性，从而使西周封建说更为周密、严谨。翦伯赞撰写的《目前史学研究中存在的几个问题》、《对处理若干历史问题的初步意见》等文章，对如何正确运用唯物史观研究历史与撰写中国历史进行了深入阐述。这是其继《历史哲学教程》之后，对马克思主义史学理论的新贡献。这些马克思主义史学家对有关理论问题的认识，代表了当时中国史学在理论上的最高水平。

这一时期理论思维能力与水平提升最显著的是中年史学研究者，他们也被称为"中生代"史学群体，其中有白寿彝、童书业、杨志玖、周一良、邓广铭、谭其骧、杨宽、杨向奎、唐长孺、韩儒林、王仲荦、梁方仲、傅衣凌等。他们经过唯物史观的普及，初步掌握了马克思主义理论与方法。扎实的史料根底、深厚的实证史学功力与新掌握的马克思主义理论相结合，使得他们的理论水平迅速提高，其史学研究也进入了一个新境界。如白寿彝在回族史研究方面，运用马克思主义民族理论阐述了回族的形成与发展，以阶级观点分析回族人民的反抗斗争、回族和其他民族的关系，以及门宦制度、教派之争的实质，并对回族史上的重要理论问题如回族与伊斯兰教的关系、回族的来源、回族内部的阶级关系以及与其他民族的关系、回族历史人物的评价等，作了深入探讨。改革开放之后，白寿彝致力于探索具有中国特色的马克思主义史学，并形成了自己的理论风格，在中国通史、民族史、史学史等领域取得了令人瞩目的成就，成为著名的马克思主义史学家。杨志玖晚年回顾自己的治学生涯时说："学习了马列主义开阔了视野，对过去模糊的认识清楚了，有些真有'觉今是而昨非'的感觉。"[1] 这种变化表现在史学研究中，则是在唯物史观指导下取得了隋唐史、土地制度史、元史研究的丰硕成果。其中，1955 年出版的《隋唐五代史纲要》被有的学者认为"是旧社会过来的知识分子学习唯物史观研究历史的一个尝试和例证"[2]。这部著作具有较强的理论性和逻辑性，对后来断代史著作的撰写产生了很大影响。金毓黻称赞道："他用去粗取精以简驭繁的方法，写出一部相当简明扼要的《隋唐五代史纲要》，这是现实非常需要的一部断代史。不仅隋、唐、五代一段应这样写，其余几个段落的

---

① 高增德等：《世纪学人自述》第五卷，十月文艺出版社 2000 年版，第 126 页。
② 张国刚：《关于 50 年代中国史学的几点评价》，《史学理论与史学史刊》2002 年卷，社会科学文献出版社 2003 年版。

断代史也都应该这样写。"通过与陈寅恪、岑仲勉的相关著作比较，金毓黻认为在有关隋唐历史的整体认识上，杨书优于陈、岑之作。"陈、岑二氏研究唐史之作，得到若干问题的深度，而彼此之间的联系，特别是内在联系，常常感到不够。杨著之佳，在能汇合诸家对若干专题之结论，作出联系，由联系而构成隋、唐、五代史之整个体系，得到一部断代史应有之宽度。此其所以为佳，亦可谓与陈、岑二氏之作互相配合相得益彰之作。"他认为这是因为杨志玖站在人民立场上，以唯物史观为指导，因而所撰之书具有较高的理论水平。"运用历史唯物论之治史方法前后一贯，此应为岑著之所不具，故以相形见绌。夫既谓断代史，则对于主要关键，必须前后一贯，杨著能而岑著不能者，此由杨著能以新观点新方法以及站在立场治史，而岑著与此尚有不够之处也。"① 在写给卞孝萱的信中论及理论、资料、写作技术的关系时，他指出："治史之士必三者兼具而后可，如陈、岑二氏于新理论尚未能全部接受，即为美中不足之一，杨著虽晚出，但于理论一端则差胜。"② 从金毓黻的有关评论中不难发现，接受唯物史观的杨志玖，其理论水平远远地超过了尚未接受唯物史观的岑仲勉。

金毓黻在新中国成立时已过六旬，与陈寅恪、岑仲勉是同辈人。他在东北文献的整理，东北史地、宋辽金史、中国史学史的研究等方面颇有成就，但不赞成以唯物史观研究历史，如认为范文澜《中国通史简编》"系主唯物史观……盖为党纲所范围而分毫不能自主者，是亦大为可怜者"③。1949 年 1 月北平（今北京）解放，金毓黻出于民国史研究的需要，开始阅读毛泽东《新民主主义论》。在唯物史观普及过程中，他一方面认真学习《联共（布）党史》、《毛泽东选集》以及社会发展史方面的著作，另一方面听有关唯物史观的讲座，认真做笔记。尽管作为"上了年纪的人"难以像杨志玖等"中生代"学人那样迅速地适应新社会，但还是努力学习马克思主义理论，初步学会了以阶级观点分析历史问题。如他提出研究唐朝末年历史的关键是要树立阶级观点，抓住问题的实质。"研究此段历史最主要关键，即为建立阶级观点。"并以阶级分析法考察唐朝灭亡的原因，指出"农民起义自救，实为推翻唐代统治者之主因"，批评将唐朝灭亡归

① 金毓黻：《静晤室日记》，辽沈书社 1993 年版，第 7164、7165、7167 页。
② 同上书，第 7175 页。
③ 同上书，第 5869 页。

结为藩镇、宦官、朋党，"皆非洞中肯綮之论也"①。值得注意的是，通过唯物史观的学习，金毓黻对马克思主义理论在历史研究中的重要性有了深切的认识。他指出，理论、材料、写作技巧三者，理论处于首要地位。"吾所谓理论，即为马克思列宁主义之辩证唯物论，写作无此基础，则为无源之水，必不足观。"② 前面所论他对陈寅恪、岑仲勉、杨志玖三人有关唐史研究著作的评骘，就是基于这一认识。这表明经过唯物史观的普及，"上了年纪"的史学研究者对马克思主义理论的认识和自身的理论水平也有所提高。

从上面的论述中可以发现，经过唯物史观的普及与重大理论问题论争的理论训练，大多数史学工作者对理论在历史研究中作用的认识都有了新的变化，史学研究应理论与实证并重遂成为史学研究者的常识。这为后来中国史学的繁荣奠定了理论基础。

（原载于《河北学刊》2013 年第 3 期）

---

① 金毓黻：《静晤室日记》，辽沈书社 1993 年版，第 6983 页。
② 同上书，第 7299 页。

正确评价新中国"十七年"史学道路

陈其泰

目前学术界对于"十七年"史学道路的评价存在很大分歧。按常理，该问题本来不难作出正确判断。因为，新中国成立后"十七年"，尽管前进的道路曲折，1957 年以后产生"左"的错误，但国家建设的成绩是主要的，缺点和错误只能居于第二位；那么，作为全局的一部分，对于历史学领域的估价，也应当作如是观。但实际上人们的认识却大为歧异。有研究者认为新中国成立后"十七年"史学界教条主义盛行，整个中国史变成一部农民战争史，将"十七年"史学贬低为"完全政治化"的史学，完全依附于政治，毫无学术性可言。甚至将"十七年"与"文革"十年划为一个阶段，认为：新中国成立后 50 年的史学应分为前后两个阶段，"前三十年为第一阶段，这一阶段基本上是'泛政治化史学'时期，以农民战争史研究为代表的研究体系使中国史学完全政治化"。① 而近些年关于学术史的总结也缺少应有的一个环节，即把新中国成立后十七年学术工作的成绩与问题作正确的区分，对在唯物史观优良学风指导下取得的成绩，实事求是地作出肯定。结果便造成当前有不少研究生和本科生对于四五十年前的史学界情形几乎毫无了解，于是闭眼一想："十七年"，教条化盛行，史学界并无成绩可言！对新中国成立后"十七年"史学正确地作出基本估价，实际上关系到新中国成立后以马克思主义指导史学研究，是有利于史学的发展，还是认为它阻碍了学术的发展？"十七年"中出现的教条主义一度泛滥，究竟是因提倡马克思主义为指导而造成的，还是由于其他原因。认真辨析这些问题，不仅关系到正确认识新中国成立后史学发展的道路，而且关系到认清当前史学发展的方向，因而具有不容忽视的理论意义。

---

① 《展望新世纪中国史学发展趋势》，《光明日报》2001 年 10 月 2 日。

　　学术界的另一种观点认为，新中国成立后，随着马克思主义在全国范围内确立指导地位，中国史学也获得了发展。同样观察"十七年"史学，看法却如此大相径庭，原因何在？

　　问题的症结，在于能否正确地把握"十七年"中两种学风的对立存在及其斗争的实质。实际上，"十七年"中存在着两种对立的学风，一种是实事求是、坚持将唯物史观基本原理与中国历史实际相结合的优良学风，一种是教条式地摘引马列词句、当作公式随意套用的恶劣学风。"十七年"史学所取得的成就，恰恰是正直、严肃的学者大力发扬优良学风、坚决抵制教条主义恶劣学风而取得的。这是正确评价的关键，也是考察"十七年"史学的一个极为重要的方法论问题。如果离开了这一正确的原则，就会只看到教条化、公式化在一段时间盛行和危害，甚至将曾经发生的教条主义错误不加分析地归罪于唯物史观，从而怀疑以至否定唯物史观科学理论的指导作用。

　　新中国成立初，史学界在马克思主义指导下出现了实事求是研究问题、自由讨论的风气。现举典型例证。一是，学者之间展开批评和自我批评。当时学术界为探求真知和提高学术研究水平，学者常在刊物上发表指名道姓、进行批评和商榷的文章，大家都认为很正常，被批评者不由此产生意气，公开表示这是帮助克服缺点错误的"药石良言"。二是，党中央"百花齐放，百家争鸣"方针的提出，与史学界关系很大。三是，多数知识分子对学习唯物史观抱着欢迎态度。新中国成立初进行普及马克思主义教育，要求知识分子建立起新的世界观、历史观，其必要性和意义十分鲜明。因为，推翻旧的社会制度，建立新的社会制度，需要有相应的意识形态为之服务。接受马克思主义教育，逐步形成新的世界观、历史观，对于有的人来说，这一过程可能是痛苦的。因此，在马克思主义教育和"思想改造运动"过程中，有的人曾经想不通，或有某种抵制情绪。但多数人在当时学习马克思主义，却是自觉和愉快的，学习了关于历史进程和观察分析事物的一套新理论之后，感到弄清了许多问题，思想得到很大提高。年过六旬的吕思勉，学习唯物史观热情高涨。他积极参加思想改造运动，检查回顾自己早在47岁时就接触到马列主义，"但愧未深求"，表示要更加努力学习理论。谭其骧在1979年撰写文章反思新中国成立后史学界走过的道路，尽管当时有人认为唯物史观带来教条化，他却诚恳地赞许在新中国成立初期学习马克思主义带来了史学界的大进步："记得新中国成立初期，史学工作者都在努力学习马克思主义理论，并试图应用到自己的专业研究中去。在史学界展开了关于古史分期、汉民族形成、资本主义萌芽……一系列的讨论，编辑了大部头的史料丛刊。史学界出现了一片欣欣向荣的新气象。"① 更有典型意义的是蒙文通，他通过学习迅速提高了认识水平，自称"数十年之积惑一朝冰释"。

对于"十七年"里正直、诚实的学者所取得的成绩，我们不能采取无视的、任意贬低的态度。而应当肯定，"十七年"史学是 20 世纪中国史学发展的一个重要阶段，在普遍重视以马克思主义为指导，形成了实事求是、健康向上学风的氛围下，经广大史学工作者的共同努力，创造了可观成绩。然而，1957 年以后出现"左"的干扰而产生了教条主义错误，并在一段时间内严重泛滥，因此，"十七年"史学既有值得重视的成就，又有深刻的教训。"十七年"史学在曲折中发展，总的来说成绩是主要的——这应当是我们客观考察之后得出的结论。

在实事求是优良学风指引下"十七年"史学取得的主要成绩，可以归纳为四个方面：（1）撰成了一批有学术价值、有新的时代风格的通史、断代史、专史著作；（2）对重大历史问题认识的推进；（3）整理出版大型历史文献的巨大成绩；（4）学科建设取得的显著进展。这些显著成就，无疑都是对所谓"十七年"史学"完全政治化"的错误观点作了有力的辨正。

"十七年"中教条主义恶劣学风的泛滥，主要是在 1958 年以后的一段时间。在此之前批评胡适思想等政治运动，已发生"把学术问题当作政治问题并加以尖锐化的倾向"②，将学术问题简单化地贴上政治标签来批判，以武断结论代替充分说理，但当时从全国范围而言，这类教条式错误做法尚属局部问题。至 1958 年"大跃进"，政治上"左"倾错误直接导致史学界教条主义成泛滥之势，造成了中国马克思主义史学发展道路的严重曲折。其突出表现，一是提出"史学革命"口号，在高等学校和研究单位大搞"批判资产阶级权威"，"拔白旗，插红旗"，许多学术观点被任意扣上"资产阶级思想"、"唯心主义"的帽子加以批判。二是根本违背理论与材料相统一、"实事求是"的治学原则，对史料的忽略达到无以复加的地步，

---

① 谭其骧：《勿空破，认真立》，《中国史研究》1979 年第 3 期。
② 胡绳：《中国共产党的七十年》，中共党史出版社 1991 年版，第 359 页。

摘取马克思列宁主义经典著作的若干词句，当作标签到处套用，把历史著作和文章当作社会发展史的简单图解；为了强调阶级观点和阶级分析方法，就把阶级身份作为评价历史人物的唯一尺度。

正当教条主义错误横行之时，一批马克思主义史家认清其错误实质和严重危害，起而抵制教条主义恶劣学风，捍卫历史学的科学性和学术尊严。这在现代学术史上应予以大书特书。其主要代表人物是郭沫若、范文澜、翦伯赞和吴晗。郭沫若于1959年3月21日发表《关于目前历史研究中的几个问题——答〈新建设〉编辑部问》一文，指出简单化地提出"打破王朝体系"一类的做法是错误的，明确强调应坚持历史研究的正确方向。他说："从新的历史观点出发，固然应该着重写劳动人民的活动，但以往的社会既是阶级社会，统治阶级的活动也就不能不写。统治阶级的活动对当代的人民有利，对整个民族的发展和文化的发展有利，我们就肯定它；相反的，我们就否定它。但否定它并不是抹杀，而是批判。"并认为："如果用今天的标准去衡量历史，那么，可以写的，可以肯定的，就不多了。而这样做，即所谓反历史主义，显然是不对的。"此文和同年发表的《替曹操翻案》，引起大规模的学术争鸣，推进了史学研究。应该说，这是马克思主义史学家在"十七年"中对历史科学的重要贡献之一。

范文澜一向态度坚决地反对教条化地对待马克思主义，他曾多次发表过重要言论。特别是在1961年，当教条化、公式化倾向盛行的时候，他更挺身而出，一年之中连续三次在重要的公开场合发表讲话，揭露其危害。1961年，他的《反对放空炮》（即在纪念巴黎公社九十周年学术讨论会上的发言）一文，及时地指出史学界存在着离开史实、忽视史料、抽象地空谈理论的学风不正的严重问题，强调踏踏实实进行科学工作的重大意义。当年5月，范文澜在纪念太平天国革命110周年学术讨论会上，又严肃批评史学界流行的"打破王朝体系论"和"打倒帝王将相论"，其中的观点仍能从《人民日报》的报道中看到："范文澜说，这种论调好像是很革命的，实际上是主观主义的。阶级社会是由互相对立着的统治阶级和被统治阶级构成的，打破王朝体系，抹掉帝王将相，只讲人民群众的活动，结果一部中国历史就只剩了农民战争，整个历史被取消了。范文澜说，马克思主义认为，'历史是劳动群众的历史'，这本是真理，但是把它绝对化、片面化，只承认历史上的劳动群众，不承认历史上的帝王将相，这就成了谬论。这种谬论应当受到大家的反对。范文澜的发言坚持严格的历史主义，引起了与会者的广泛兴趣。"① 由于范文澜对于坚持历史研究的科学性具有高度自觉，他才以这种大无畏气概，非常尖锐地讲出"左"倾思潮的要害是造成"一部中国历史就只剩了农民战争，整个历史被取消了"这样振聋发聩的话。同年 10 月 16 日至 21 日，在武汉举行辛亥革命学术讨论会，范文澜发表闭幕式讲话，特别指出吴玉章讲的树立严肃学风的重要意义。② 他一再公开驳斥教条化、片面化、"左"倾思潮，这在当时对提高史学工作者的认识、坚持正确的方向起到非常宝贵的作用。

翦伯赞在这一时期撰写的最重要文章有《对处理若干历史问题的初步意见》（1961 年 12 月）和《目前史学研究中存在的几个问题》（1962 年 6 月）等。在理论上深刻分析了"左"倾思潮的种种表现，指明其违背历史研究实事求是原则、违背历史科学根本任务、违背马克思主义根本原理的实质，所以与唯物史观是根本对立的。

教条主义一度泛滥使"十七年"史学经历了严重的曲折，对于其中的原因要作深入分析，对教条主义的恶劣影响要坚决肃清，而对中国马克思主义史学的正确方向和取得的成绩则必须坚持和发扬。新中国成立后，马克思主义在全国范围确立了指导地位，这是中国学术史上的重大事件。许多研究者通过学习，收获巨大，能够对复杂的历史现象和学术问题，透过现象，看到本质，以辩证的眼光作具体、细致的分析，互相联系，上下贯通，从而得出正确的结论，解决了长期困扰自己的问题，获得真理性的认识。证明唯物辩证法确是比传统思想和近代流行的诸多学说远为高明，唯物辩证法能给人以科学分析问题的理论武器，是具有明效大验的科学世界观和方法论。当时有一批四十岁上下的学者，如徐中舒、杨向奎、王仲荦、韩国磐、邓广铭、周一良、谭其骧、唐长孺等，他们原本熟悉传统经典文献典籍，在运用历史考证方法上很有造诣，其具有科学价值的观念和方法，本来就与唯物史观相通，而马列主义、唯物史观理论又比传统学术、近代学术具有更高的科学性，以之为指导，能帮助研究者更全面地把握研究对象的全局，更深入地揭示研究对象的本质。因此，这些学者得到科学世界观指导以后，眼前打开了一片新天地，学术研究达到更高层次。这是学者们在学术上充满进取精神、跟随时代前进的极好证明，也是马列

---

① 《人民日报》1961 年 5 月 31 日。

② 《辛亥革命五十周年学术讨论结束》，《人民日报》1961 年 10 月 24 日第 4 版。

主义理论的科学性及其指导意义的极好证明。有的人因为厌恶教条化错误而归咎于提倡唯物史观指导，这是极大的误解。

历史研究领域教条主义泛滥情形，至1961年党中央对全国工作方针作了调整之后，有所纠正，学术界风气也有明显好转。直至"文化大革命"发动之前数年间，总体上还是强调理论与史料相结合和贯彻"百家争鸣"的方针。在史学研究中之所以出现教条化失误，一个原因是研究者水平不高和缺乏经验。学术研究是复杂的、创造性的工作，如何对马克思主义的原理有深刻的理解和正确的把握，然后运用它去分析史料、论释史料，逐步达到对复杂的历史问题有正确的看法，任何人一开始都不可能做到熟练和正确无误，须不断学习、不断提高。唯物史观从根本上说同教条主义是对立的。唯物史观强调一切依时间、地点、条件为转移，必须具体问题具体分析，因此连西方学者都承认"马克思是最不教条的"①。中国学者运用唯物史观和防止教条主义错误还有特别的体会，因为，传统文化精华中包含有许多辩证法、唯物主义认识论的思想资料，中国先哲所概括的"穷则变，变则通，通则久"、"过犹不及"、"实事求是"、"知人论世"等丰富的格言警句早就提供了思想营养，中国学者特别是近代以来成就卓著的史学家尤为后人树立了成功治史的典范。中国新民主主义革命取得胜利，更是正确的思想政治路线经过反复斗争战胜了教条主义错误路线的产物，因此，结合中国的实际运用马克思主义原理，成为中国共产党人一笔宝贵的思想财富，也使中国学者增强了识别、防止教条式应用马克思主义的意识与能力。这些都足以说明，如果按照正常规律发展，通过自我提高和健康的批评及自我批评，史学工作者一定能够克服因为经验和水平问题而出现的教条主义失误。那种仅看到"十七年"发生了教条主义错误就企图得出提倡唯物史观指导必定产生教条化，或者断定整个"十七年"中都是教条主义盛行、"史学完全成为政治的附庸"、"成为一部农民战争史"的看法，都是违反客观实际的错误看法。

造成"十七年"中教条主义一度横行的主要原因，是政治上"左"的错误指导思想。用贴标签的方法代替艰苦的学术研究，抛开起码的史料和历史知识，热衷于"史学革命"，就是"大跃进"时期因党的路线出现了

---

① 巴勒克拉夫：《当代史学主要趋势》，杨豫译，上海译文出版社1987年版，第261—262页。

严重的"左"的错误引起的。政治路线上出现"左"的错误，教条主义会大肆泛滥；一旦纠正了路线错误，学术领域中也会出现立竿见影的效果。当1961年至1962年党中央调整政策，对"左"的错误作出纠正之后，学术研究立即重新强调充分占有史料，实事求是地分析、概括，并且从总体上出现新的状况，就是有力的证明。造成教条主义横行，还有一个原因，即"四人帮"及其爪牙的恶意煽动。那是在"文化大革命"即将发动时期，为了实现其反革命图谋，用恶毒的借口和卑劣的手段，攻击、迫害坚持以马克思主义指导史学研究的正直学者。

综观中国现代史学的发展道路，马克思主义史学能够发展壮大，取得一系列重大成就，其中有着宝贵的传统和经验，具有深刻的哲理启示意义：一是坚持普遍原理与中国历史实际相结合的方向，从李大钊、郭沫若、范文澜，到胡绳、刘大年、白寿彝，都坚持这一正确方向，并充分发挥个人的学术创新精神。二是充分尊重前人成果，吸收古代文化遗产中优良的东西，同时学习近代实证史家学术上的精髓。如郭沫若对王国维甲骨、金文研究成果的继承，范文澜对传统经史、乾嘉学术和近代章太炎学术成就的继承，白寿彝对传统史学和陈垣学术的继承。三是坚决摒弃和清除教条主义的危害。以唯物史观为指导，成功与否之根本，取决于是创造性地运用其精神，还是死板地照搬其教条。没有长期有效地反对教条主义的斗争，不断清除其恶劣影响，就不可能有马克思主义史学的今天。特别是经过新时期以来批判反思、解放思想、与时俱进，整个史学界对此已积累了丰富的经验，对于如何坚持和发展唯物史观的认识达到更高的层次，这是我们的一个强项。乾嘉以来所积累的一套严密精良的考证方法，则是我们的又一强项。再加上当前大力吸收西方进步学说的局面早已形成，学术界创新意识普遍强烈。把这些有利条件起来，奋发努力，我们一定能赢得21世纪史学更加美好的前景。

（原载于《史学理论研究》2013年第2期）

20 世纪五六十年代中华人民共和国史研究的酝酿和起步

曹守亮

1949 年 10 月中华人民共和国成立后，中国人民在中国共产党领导下开始了巩固民族解放、国家独立和全面建设社会主义的新探索。20 世纪五六十年代，新中国一方面在探索适合中国自己的发展道路方面取得了重要进展，初步建成了具有相当规模和一定技术水平的工业体系和国民经济体系，塑造了良好的时代风尚和社会面貌。另一方面，冷战背景下的世界政治格局、意识形态领域的分歧和斗争，以及中苏交恶乃至对抗，又使得这一时期的阶级斗争和阶级意识时刻强化着人们的思想，考量着人们的政治智慧。在这一时期，新中国走过的每一步道路都吸引着人们去研究、去总结。政治家对新中国历史经验的总结和学术界对中华人民共和国史的研究共同奠定了国内研究状况的整体格局。从学术研究的视角看，自 1950 年起，政治家和学者对中华人民共和国史展开了研究，共同推动了 20 世纪五六十年代中华人民共和国史研究的发展。

一 中华人民共和国史研究在历史经验总结中起步

从 1949 年新中国成立到 1966 年"文化大革命"爆发，中华人民共和国史研究连续发展的一个重要表现是党和国家领导人对新中国革命和建设历史经验的总结。1951 年 6 月，胡乔木发表了被誉为"中共党史的奠基之作"[①] 的《中国共产党的三十年》一文，对中华人民共和国的成立及一年多来的历史，从中华人民共和国的成立、《共同纲领》的诞生、外交、国

---

① 丁晓平：《中共中央第一支笔》，中国青年出版社 2012 年版，第 230 页。

民经济的恢复和国民经济的改造、土地改革、党的建设以及抗美援朝等方面进行了总结。出于认识现实问题的需要，胡乔木敏锐地提出了一个摆在每一位新中国领导人面前的重大问题：如何认识新中国的历史与现实。他提出："中华人民共和国成立了。中国革命从此进入了一个新时期。全国的情况，与《新民主主义论》、《论联合政府》发表的时候已经完全不同。需要在人民民主革命已经胜利的条件下说明这些问题：中华人民共和国究竟是一种什么性质的国家呢？在这个国家中的各个阶级以及各种经济成分的地位和相互关系如何呢？这个国家的前途如何呢？"①胡乔木在文章中对这些问题从允许民族资产阶级的存在、各种经济成分与国营经济的关系、工人阶级的社会和政治地位、工商业的改组和调整的意义、对土地改革的作用的认识、抗美援朝的历史地位等领域尝试作了阐述。胡乔木研究的上述问题是中国共产党人共同关注的现实问题，反映了共产党先进分子的共同思考。胡乔木将这些问题放到了中国共产党 30 年的发展进程中加以考察，这就使得他关于这些问题的见解具备了厚重的历史底蕴，体现出鲜明的历史意识。这虽然还是在党史研究的框架下研究这些问题，但所具有的意义却已经上升到国家史的层面，是对中华民族现实、前途和命运的回答。《中国共产党的三十年》发表后在国内外引起了广泛的关注②，启发着人们从研究的角度开始对中华人民共和国的过往和现实作深入的思考。

新中国通过的第一部宪法除了继承《共同纲领》的基本精神外，还从国家根本大法的高度对中华人民共和国史作了高度概括和凝练总结。1954 年 6 月 14 日，中央人民政府第三十次会议通过的《中华人民共和国宪法草案》在"序言"中对中华人民共和国的国家性质、所处方位、党派关系、民族关系、对外关系等作了明确规定，是对新中国历史的深刻剖析和准确评价，凝结了全国各阶层、各族人民对新中国历史认识的共识。《中华人民共和国宪法》"是历史经验特别是新中国成立五年来历

---

① 胡乔木：《中国共产党的三十年（之三）》，《人民日报》1951 年 6 月 22 日。

② 据周一平统计，截至 1962 年 5 月，人民出版社重印该书 28 次，总印数达 212 万册。上海人民出版社至 1962 年 3 月重印达 38 次之多。参见周一平《中共党史学史》，甘肃人民出版社 2001 年版，第 123 页。[英] 司徒华、钱春晦译：《评胡乔木著〈中国共产党的三十年〉》，《世界知识》1952 年第 5 期。原载《共产主义评论》1951 年 12 月号。《中国共产党的三十年》还被翻译成各国文字，向全世界发行，对于世界各国，特别是各国共产党人了解中国共产党，学习中国革命经验发挥了重要作用。参见刘洪森、尚金洲《长白学刊》2009 年第 1 期。

史经验的总结","新中国建立以后，结束了长期的分裂混乱局面，各民族在平等和互助的基础上紧密地团结起来，翻身解放的人民真正当家做主，在各条战线上发挥出惊人的智慧和创造力并积极参与国家政治活动。革命斗争的胜利和五年建设实践给中国带来的巨大变化，有力地说明了中国的出路是社会主义，即由新民主主义过渡到社会主义是唯一正确的道路。这构成《宪法》的主线"。① 这条主线是对新中国五年历史的深入研究，指出了中华人民共和国建立的历史必然性和社会主义前途的客观必然性，是对新中国历史发展规律的揭示。这一认识以宪法的形式确定下来在新中国的建设和发展过程中发挥了重要作用，也成为学者研究新中国历史的纲领性文献。

为了庆祝中华人民共和国成立十周年，1959 年 10 月，周恩来给《人民日报》撰写了题为《伟大的十年》的长文，总结了新中国成立十年来，全国各族人民在中国共产党领导下所取得的伟大胜利，以及中国社会发生的"真正翻天覆地的变化"。周恩来首先对比了美国国务卿马歇尔、艾奇逊与毛泽东的预言，接着从新中国成立前后一些国民经济发展主要指标的对比，以及工业、农业、交通运输业、商业、对外贸易、文化教育、出版发行、广电影视、艺术、卫生、少数民族地区经济和社会的发展变化阐述了新中国取得的成就。最后，分析了中国发生如此翻天覆地变化的原因："人民中国的飞跃发展，根本上是由于中国社会经历了最彻底的民主革命和社会主义革命，中国已经成为以生产资料公有制为基础的社会主义社会。"② 这十年是一个不断革命的过程，同时又是按照一定的发展阶段循序渐进的过程。从中国历史实践主体看，这十年是"党在运用不断革命论和革命发展阶段论方面得到的成功，同党在社会主义革命的整个过程中始终坚持马克思列宁主义的群众路线的工作方法是分不开的。党始终注意使自己的领导同广大的群众运动相结合，引导群众不断地发展革命的自觉，组织自己的力量去逐步地解放自己，而不是把革命强加给群众或者把胜利恩赐给群众。"③ 共产党在完成民族独立之后如何将社会主义由理论、理想变成现实，这就是新中国的历史。从共和国史研究的角度看，这就将新中国

---

① 当代中国研究所：《中华人民共和国史稿》第一卷，人民出版社、当代中国出版社 2012 年版，第 215—216 页。

② 周恩来：《伟大的十年》，《人民日报》1959 年 10 月 6 日。

③ 同上。

成立 10 年来所取得的伟大成就看作是中国共产党领导与广大人民群众主人翁精神的发扬紧密联系在一起的结果。《伟大的十年》认为，新中国成立后十余年来的发展，"根本上是由于中国社会经历了最彻底的民主革命和社会主义革命，中国已经成为以生产资料公有制为基础的社会主义社会"①。这已经触及对社会主义中国发展进步的政治前提和制度基础的认识，推动了人们对新中国历史的认识。《伟大的十年》是周恩来总理对在 1959 年二届全国人大一次会议所作的《政府工作报告》中所总结的四年多来社会主义改造和社会主义建设等问题的进一步研究。该文发表后由人民出版社于 1959 年出版单行本，再版发行多次，影响巨大。

1960 年 6 月 18 日，毛泽东在上海召开的中央政治局扩大会议上作了一个名为《十年总结》的报告，对中华人民共和国成立后的 10 年作了总结。从整体上看，这十年，正如毛泽东所言："不但在社会主义革命事业中，而且在社会主义建设事业中，运用群众路线的工作方法，这就保证了我国社会主义事业的非常迅速、非常顺利的发展，这就保证了我国十年来特别是最近两年来的飞跃式的发展。"② 具体来说，毛泽东主要对新中国历史上发生的影响深远的事件和时期，诸如新中国前八年历史、"大跃进"、人民公社等重大历史事件作了研究。毛泽东指出："前八年照抄外国的经验，但从一九五六年提出十大关系起，开始找到自己的一条适合中国的路线。一九五七年反右整风斗争，是在社会主义革命过程中反映了客观规律，而前者则是开始反映中国客观经济规律。"③ 从探索革命过程中的客观规律到探索国家建设中的客观规律，反映出党和国家工作重心的转变。对十大关系和 1957 年整风运动的评价和定位，为进一步研究提供了新视角，也反映出以毛泽东为代表的第一代中央领导集体通过总结历史来探索"适合中国的路线"的自觉意识。例如对"大跃进"中炼钢指标的认识，毛泽东作出了分析，指出："一九五八年八月北戴河会议提出了三千万吨钢在一九五九年一年完成的问题，一九五八年十二月武昌会议降至二千万吨。一九五九年一月是为了想再减一批而召开的，我和陈云同志对此都感到不安，但会议仍有很大的压力，不肯

---

① 周恩来：《伟大的十年》，《人民日报》1959 年 10 月 6 日。
② 毛泽东：《十年总结》，《党的文献》1992 年第 3 期。
③ 同上。

改。我也提不出一个恰当的指标来。一九五九年四月上海会议规定一个
一六五〇万吨的指标，仍然不合实际。我在会上作了批评，这个批评之
所以作，是在会议之前两日，还没有一个成文的盘子交出来，不但各省
不晓得，连我也不晓得，不和我商量，独断专行，我生气了，提出了批
评。"① 在中国这样一个国情异常复杂的国家建设社会主义的难度由此可
想而知，可以说就是在黑漆漆的黑夜中摸索着前进。在某种程度上，我
们甚至可以认为共和国的创建和建设就是一个不断试错、纠错的过程。
毛泽东和陈云所感受到的"很大的压力"，对于我们理解 1958 年的"大
跃进"具有耐人寻味的启示，"左"倾错误思潮在经济建设领域的泛滥
也绝不仅仅是某一个领导人头脑发热的结果，而是有着比较深厚的社会
土壤和群众基础。这在客观上要求共和国史研究者对历史的研究和评价
应该持一种辩证、客观的态度。毛泽东还对十年来的社会主义建设作了
一个基本估计："对于我国的社会主义革命和建设，我们已经有了十年
的经验了，已经懂得了不少的东西了。但是我们对于社会主义时期的革
命和建设，还有很大的盲目性，还有一个很大的未被认识的必然王国。
我们还未深刻地认识它。我们要以第二个十年时间去调查它，去研究它，
从中找出它的固有的规律，以便利用这些规律为社会主义革命和建设服
务。"② 毛泽东从认识论的高度看到了中国的社会主义建设所具有的艰巨
性和复杂性，以及通过调查研究不断认识规律、接近真理的可能性，具
有方法论的指导意义。《十年总结》反映出毛泽东对及时总结新中国建
设社会主义经验教训的高度重视和历史自觉③，从"认识论的高度，概
括了十年社会主义建设思想的递进历程，分析了这个历程的得失利弊，
并引出如何认识社会主义建设规律的问题"④，是以毛泽东为代表的中国

---

① 毛泽东：《十年总结》，《党的文献》1992 年第 3 期。

② 同上。

③ 关于这个问题，在 1958 年 11 月 28 日至 12 月 10 日召开的中共八届六中全会上，毛泽东
再次提出不再担任下一届国家主席候选人的请求，大会经过认真讨论，通过了《同意毛泽东同志
提出的关于他不作下一届中华人民共和国主席候选人的建议的决定》。《决定》给出的理由是可以
使他更能够集中精力来处理党和国家的方针、政策、路线的问题，也有可能使他腾出较多的时间，
从事马克思列宁主义的理论工作（参见《中国共产党八届六中全会同意毛泽东同志提出的关于他
不作下届中华人民共和国主席候选人的建议的决定》，1958 年 12 月 18 日《人民日报》第一版）。
一年之后，《十年总结》这一理论著作写成，兑现了毛泽东向党中央的承诺。

④ 中共中央党史研究室：《中国共产党历史第二卷（1949—1978）》下册，中共党史出版社
2011 年版，第 568 页。

共产党人对社会主义建设进行探索的又一个思想结晶，是毛泽东思想的新发展。鉴于作者的特殊身份，该文具有特殊的重要意义。对毛泽东撰写的《十年总结》这一珍贵文献进行研究，有利于正确认识新中国成立10年中发生的许多重要事件。周恩来、毛泽东的这两篇文章是中华人民共和国史研究史上的重要文献，标志着中华人民共和国史研究揭开了新的一页。

政治家的历史经验总结，尤其是三年困难时期的历史总结，既看到了新中国在社会主义革命和建设过程中取得的成就，同时也不同程度地分析了失误的原因，这表现为一种政治上的自信和思想上的自觉。这些政治家的历史总结首先是为了鼓劲，增强人民群众建设社会主义的信心。更深一层的原因是：这是在三年困难时期所进行的总结，是国民经济出现严重困难，国家建设遭遇严重挫折时候的碰壁之省，是痛定思痛的理论反思。随着新中国社会主义建设事业的不断展开，人们遇到的问题也越来越复杂，就需要有专门的学者来对新中国刚刚走过的道路进行更加系统、深入的总结。正是出于深入、系统总结历史经验的需要，中华人民共和国史的研究逐渐受到了学术界的重视。

二 编纂中华人民共和国史被写进国家哲学社会科学十二年长期规划

以纪念新中国成立10周年为契机，中华人民共和国史的研究与编纂进入第一个快速发展时期，其标志是编纂中华人民共和国史被纳入1958年制定的国家哲学社会科学十二年长期规划。这不是偶然的，此前许多学者从不同的角度倡导加强中华人民共和国史研究。1954年10月，时任中国科学院院长的郭沫若就在探讨中国科学院科学工作的时候，强调了加强中华人民共和国史研究的重要性。他指出："历史研究方面，着重在近代史，特别近三十多年来中国共产党领导中国革命斗争历史的研究。出版了不少专门著作。陈伯达的《毛泽东论中国革命》[①] 与胡乔木的《中国共产

---

① 人民出版社1953年出版。陈著从民主革命到社会主义革命的转变问题切入谈了新中国建立的必然性，在研究的视角和方法上具有可取之处。

党的三十年》是特别重要的贡献。"① 很显然，郭沫若从中国共产党历史研究的角度，认识到了加强新中国历史研究的必要性和可行性。同时，郭沫若还指出："在社会科学研究方面，必须加强研究力量，扩大研究范围。及时注意并研究国家在社会主义改造过程中深刻而复杂的社会经济变化所提出的新问题，以提高人民对社会主义改造的认识和人民的社会主义觉悟。"② 这已经是从研究总结新中国历史经验的角度来强调，加强这一领域相关问题研究的重要性了。作为中国科学院院长，郭沫若强调新中国历史研究的重要性表明，至少在中国科学院对这个问题已经给予了高度的重视，并且已经不限于口头上的讨论，而是意味着要采取具体措施来加强这一领域的研究了。

1955 年 6 月 1 日，中国科学院哲学社会科学学部成立大会如期召开。次日，哲学社会科学学部副主任潘梓年在《中国科学院哲学社会科学学部报告》中提出："在历史学方面，需要研究中国共产党领导中国革命和社会主义建设的历史，需要研究近百年来中国经济的发展的历史，中国近代各阶级，特别是工人阶级、资产阶级产生、发展的历史，需要研究近代和现代的思想史，需要研究各少数民族的历史，需要研究亚洲国家的历史。"③ 这个历史学的研究计划是中国科学院哲学社会科学学部"有计划地推行哲学和社会科学研究工作"的重要部分。很显然，中华人民共和国史研究已经包含在"中国共产党领导中国革命和社会主义建设的历史"当中，受到了特殊的重视，是对郭沫若上述思想的具体拓展。

1957 年，中国科学院历史研究所第三所所长范文澜曾让副所长刘大年帮他撰写一个反映哲学社会科学总的任务的发言稿。范文澜在给刘大年的信中指出："近百年来阶级斗争空前复杂尖锐，特别是新民主主义革命以来，反帝反封建、过渡时期各种改革改造、发展社会主义建设、少数民族，总的是党的领导——马列主义在中国生动的运动，需要社会科学工作

---

① 郭沫若：《新中国的科学研究工作——纪念新中国成立五周年为"苏联科学院通报"而写》，《科学通报》1954 年第 11 期。值得注意的是，郭沫若的这段话出现在钱三强 1954 年 10 月 7 日发表在《人民日报》上的《为国家建设服务的新中国的科学》一文中，这也在一定程度上表明对郭沫若关于历史研究重在对"近三十多年来中国共产党领导中国革命斗争历史的研究"观点的认同。

② 郭沫若：《新中国的科学研究工作——纪念新中国成立五周年为"苏联科学院通报"而写》，《科学通报》1954 年第 11 期。

③ 潘梓年：《中国科学院哲学社会科学学部报告》，《经济研究》1955 年第 3 期。

者研究、阐发、叙述。"① 这里范文澜从发展哲学社会科学的高度强调了研究中华人民共和国成立前后这段历史的重要性。范文澜所强调的"过渡时期各种改革改造、发展社会主义建设、少数民族",这三项工作确实也是当时中国社会发生变化最剧烈、影响中国社会面貌最大的历史事件,是新中国历史研究的重要内容。开展这三项工作,真正抓住了这一时期中华人民共和国史研究的重点。

1958 年 3 月 5 日—12 日,国务院科学规划委员会第五次会议在北京召开,向全国科学界提出了重要任务。在哲学社会科学方面,提出 1958 年科学规划委员会掌握的数十个重点项目,"其中包括人民内部矛盾问题的研究、中华人民共和国革命和建设的经验的总结、批判资产阶级的哲学和各门资产阶级社会科学、唯物辩证的工作方法的研究、当前国家建设重大经济问题的研究等等"。② 从数十个项目所涉及的领域,我们不难看出,"中华人民共和国革命和建设的经验的总结",也就是中华人民共和国史研究被放在非常重要的地位。

中国科学院对此迅速作出了响应。1958 年 6 月 2 日,中国科学院哲学社会科学学部召开部署大会。关于中华人民共和国史研究,媒体作了如下报道:"为加强对中华人民共和国史的研究,他们已成立了一个专门机构,并准备在五年内写出一部中华人民共和国史。"③ 苏联列宁格勒大学生物土壤学系的卢浩泉也作了如下报道:"历史研究所第三所的研究计划中有一半以上是研究'五四'运动以后的现代史的。此外,为加强对中华人民共和国阶段的研究,已成立一个专门的机构,并准备在五年内写出一部中华人民共和国史。"④ 平心而论,尽管这是在"大跃进"运动中提出的研究计划,但现在看来,由中国科学院专门的研究机构用五年的时间编写一部反映十年来中华人民共和国的历史,也并非是不可能的。

此后,时任北京大学副校长、中国科学院哲学社会科学学部常务委员的历史学家翦伯赞也撰文提倡加强中华人民共和国史研究。他指出:

---

① 王玉璞、朱薇编:《刘大年来往书信选》上,中央文献出版社 2006 年版,第 179 页。

② 吕新初:《科学为生产 跃进再跃进——记国务院科学规划委员会第五次会议》,《科学通报》1958 年第 7 期。

③ 《厚今薄古 粉碎资产阶级的伪科学 把无产阶级红旗插满社会科学领域 中国科学院哲学社会科学部召开插红旗大会》,《人民日报》1958 年 6 月 4 日第 7 版。

④ 卢浩泉:《社会科学领域内要插满无产阶级红旗》,《科学通报》1958 年第 12 期。

"为了实现总规划中规定要写的中华人民共和国史，建议成立一个机构，专做此事。并且使这个机构成为常设机构，专管现代史的记录，先按年编出长编，再写成各种专著。"① 通过翦伯赞的这段话，我们可以得知，至晚到 1958 年，中华人民共和国史研究已经被写进了国家哲学社会科学研究的总规划②中，被提上了研究日程。翦伯赞意识到了现实记录与现代史或者说是中华人民共和国史的关系，先写长编，再写专著，也是深具启发意义的研究思路。这意味着中华人民共和国史研究有了一个良好的开端。

从上述学者的认识看，远景规划纲要此时提出进行中华人民共和国史研究并不是当时学者头脑发热和心血来潮，而是经过了认真的、谨慎的思考和充分的酝酿，是学术研究的自然延伸。从史学与现实的关系看，强调加强中华人民共和国史研究是现实社会发展的客观需要，而从中国史学关注现实、经世致用的传统看，倡导加强中华人民共和国史研究则是中国史学源远流长的史学意识在当代的自然展现和自觉发展。

三　刘大年与共和国史研究的新思考

1958 年 7 月，刘大年在"厚今薄古"运动中曾经提出了自己关于史学研究计划的看法，"历史研究必须厚今薄古。着重研究中国近代现代史，特别是着重研究'五四'运动以后的历史、中华人民共和国的历史，这是历史研究中厚今的主要内容"③，并且应该通过各项具体的工作把分散的人力组织起来，编写出份量较大的中华人民共和国史著作和有关的专门著作。从强调学术界应重视和加强中华人民共和国史研究到对这一研究的主

---

①　剪伯赞（应为翦伯赞——引者注）：《兴无灭资，发展历史科学》，《人民日报》1958 年 3 月 18 日第 7 版。翦伯赞：《兴无灭资　发展历史科学》，《历史教学》1958 年第 4 期。

②　据载：1956 年 3 月 14 日，国务院成立科学规划委员会，开始制订 1956—1967 年全国自然科学和社会科学十二年长期规划。中央教育科学研究所编：《中华人民共和国教育大事记（1949—1982）》，教育科学出版社 1984 年版，第 152 页。读者亦可参考当代中国研究所编《中华人民共和国史编年·1956 年卷》，当代中国出版社 2011 年版，第 142—143 页。黄元起《在伟大的十月社会主义革命的光辉照耀下中国历史学的诞生与发展》一文中指出："特别是国务院领导下的十二年'哲学社会科学规划草案'的公布，更说明中国历史科学研究的伟大远景，给我们以莫大的鼓舞力量。"（《史学月刊》1957 年第 11 期）这说明十二年长期规划至迟在 1957 年 11 月已经公布。这个哲学社会科学的"长期规划"具体在什么时间公布，还有待于进一步考证。

③　刘大年：《要着重研究"五四"运动以后的历史》，《人民日报》1958 年 7 月 5 日第 7 版。

要内容给出自己的看法，反映了刘大年在这一问题上思考的深入。

1958 年 10 月，刘大年在《历史研究》杂志撰文专门阐述了需要着重研究"五四"运动以后的历史的观点，其中集中谈到了中华人民共和国史研究问题。他指出："至今还没有一部较详尽的现代史，没有中华人民共和国史和有关的专史"，因此需要"着重研究中国近代现代史，特别是着重研究'五四'运动以后的历史，中华人民共和国的历史，这是历史研究中厚今的主要内容"①。如何做好这一工作呢？刘大年经过深入、细致的思考，提出了自己的设想。刘大年列出的 15 大类专题中，包含有中华人民共和国史内容的有："三、中国现代史或中华人民共和国史重要问题的综合研究，如一九四九年至一九五二年的经济恢复、一九五三年以后的经济建设和社会主义改造、抗美援朝运动"；"四、中国现代民主政治的研究，如人民民主专政、中华人民共和国宪法、统一战线等"；"六、土地改革的研究，如中国人民革命胜利后的土地改革、土地改革的历史意义等"；"八、中国新文化发展的研究，如中华人民共和国的文化教育"；"十、少数民族历史的研究，如中国人民革命胜利后各族人民的团结与经济文化发展"；"十四、国际关系方面的研究，如中华人民共和国对保卫世界和平民主的贡献"。② 这些重要问题涉及共和国的经济、政治、军事、文化、法律、外交、民族等领域，是刘大年对中华人民共和国史研究的进一步系统化。

与他在 7 月 2 日的《人民日报》上发表文章时相比，现在对这一问题的思考又深化了许多，具有更强的操作性。值得注意的是，刘大年还指出："我以为当前最重要，是要着重研究毛泽东同志的著作、中国共产党的建设、统一战线、武装斗争、工人阶级、马克思主义思想与资产阶级思想的斗争、社会主义改造和社会主义建设等这些根本性和关键性的问题。实际生活中提出的许多问题，如右派进攻时所表现出来的资产阶级的民主自由思想、资产阶级民族主义等，都和现代史有关，应从历史教学来分别加以研究。"③ 在这里，刘大年将中华人民共和国史需要研究的问题细化、具体化，反映了他对这一问题思考的深入，同时又能够将这些具体问题作

---

① 刘大年：《需要着重研究"五四"运动以后的历史》，《历史研究》1958 年第 10 期。
② 同上。
③ 同上。

抽象提炼，从中抽出一些根本性和关键性的问题，反映了刘大年在相关问题上的理论思考。同时，他还能够提出将现实生活中遇到的许多问题放到历史发展的过程中去研究，则表明刘大年对历史发展的连续性问题的自觉探究。

此外，一些高校师生编写出了一批中华人民共和国史，开设中华人民共和国史课程。① 这在一定程度上反映出史学界关于共和国史研究的进展。当然，这些研究成果是在"史学革命"和科学研究"大跃进"的背景下取得的，带有那个时代鲜明的烙印。一些学者对当时中华人民共和国史的研究状况进行了反思，并且提出了批评："中华人民共和国成立快九周年了，在我国十二年哲学社会科学规划中规定要写中华人民共和国史，但这个项目，我们究竟已经做了多少工作呢？再说，我们现在到底有几个高等学校开出了中华人民共和国史的课程呢？拿历史教学、研究工作的实际情况来同我们伟大祖国的飞跃发展相比，简直是太不相称了！"② 规划和这些学者的认识显示出史学界对中华人民共和国史研究的必要性有了新的认识。同时，也反映了他们希望中华人民共和国史研究取得新成果，在共和国史教育方面做出新成绩的忧患意识。

四　中华人民共和国史研究取得了初步成果

最早从整体上对中华人民共和国史进行研究的是廖盖隆。廖盖隆撰写的《新中国是怎样诞生的》1950 年 5 月初版，至 1952 年 12 月已经印刷了第 13 版，印数达到 75000 册，在当时产生了较大的影响。作者将1921 年中国共产党的诞生直至 1945 年抗日战争的结束这段中国现代史上的重要时期，作为该书第一章"绪论"，将 1946 年解放战争至 1949

① 参见《人民大学师生完成大批学术作品》，《人民日报》1958 年 10 月 9 日第 7 版。《在教学大改革中的北京师范大学》，《人民日报》1958 年 7 月 19 日第 7 版。《结合实际　结合专业　四川大学加强基础课》，《人民日报》1959 年 1 月 20 日第 6 版。1958 年 8 月，复旦大学历史系中华人民共和国史创造性学习小组编写了《中华人民共和国史大事记（1949.10—1958.8）》一书。河北师范学院历史系编辑出版了《中华人民共和国史教学大纲》（参见《河北北京师范学院历史系各课教学大纲初稿》，高等教育出版社 1959 年版，第 1—22 页）和《中华人民共和国史稿》（人民出版社 1958 年版），等等。1958 年至 1960 年，南开大学历史系编写了《中华人民共和国大事记》四卷本。1960 年 9 月，华中师范学院历史系编成了《中华人民共和国史讲义（初稿）》一书。

② 陈吕范、邹启宇：《厚今薄古，方能迎头赶上》，《人民日报》1958 年 4 月 4 日第 7 版。

年中华人民共和国的成立这段历史看作是新中国成立过程。该书用了第
二章"国民党反动派发动新的大内战"、第三章"第三次国内革命战争
的防御阶段"、第四章"由防御转入反攻"、第五章"决定的胜利"四章
的篇幅对中华人民共和国的建国史进行叙述。第六章"新中国的诞生"
一章则分为中国人民政治协商会议的筹备;开国盛会;中央人民政府成
立;中国人民为什么能够建立新中国;新中国的诞生是世界无产阶级革
命的伟大胜利;巩固革命的胜利全力建设新中国六节,对中华人民共和
国的成立作了全面的叙述,对这一重大历史事件发生的历史必然性作了
深刻阐发。这在体例的安排、内容的选择方面较之当时流行的现代史、
革命史的写法有了很大不同,是以国史编纂的视角来研究中国现代历史
和中华人民共和国史,可以看作是第一部中华人民共和国史研究的专著。
正如作者在"序论"中所指出的:"新的中国,是人民解放战争和人民
革命胜利的产物。这本书主要地(从本书的第二章至第八章)就是要将
这一个时期以及中华人民共和国成立后头五年内的历史事实,作一个简
单的连贯的叙述。可是新的中国,不仅是最近一次人民解放战争和人民
革命的产物,而且又是近百年来,特别是近三十年来从中国共产党成立
以来中国人民长期奋斗的产物。"① 将中华人民共和国的成立看作是近百
年来中国人民长期奋斗的产物,反过来以新中国创建的视角回溯这段历
史,事实上就建立起了国史的研究视角和编纂框架,标志着国史研究和
编纂的自觉意识已经开始形成。新中国历史已经进入史学工作者的研究
视野,被提上了研究日程。《新中国是怎样诞生的》初版面世以来,作
者适时在再版的时候进行了两次增补作为又一章:"新中国的巩固和发
展从一九五〇年二月到同年六月"。其阐发的史实有:统一财经工作、
稳定物价、解放海南岛和舟山群岛、为争取国家财政经济状况的基本好
转而斗争、中国的外部状况、朝鲜战争爆发(为第一次增补),第二次
增补的是从一九五〇年六月到一九五一年七月间发生的重大历史事件:
抗美援朝、保家卫国,加速进行土地改革,大张旗鼓镇压反革命,西藏
回到祖国大家庭,恢复和建设人民经济事业的新成就。这表明了廖盖隆
在当时将撰述的重心放在了新中国的历史上面。1955 年 3 月,廖盖隆在
上述著述的基础上,又吸收了刚刚过去的新中国成立后三年中发生的史

---

① 廖盖隆:《新中国是怎样诞生和成长的》,上海人民出版社 1955 年版,第 1 页。

实，撰成《新中国是怎样诞生和成长的》，由上海人民出版社出版。新
著将 1949 年 10 月新中国成立以来的历史扩充为三章：新中国的诞生、
完成国民经济的恢复工作和国民经济有计划建设时期的开始。这再次表
明了作者撰写中华人民共和国史意识的自觉程度。① 廖盖隆、王宗一撰
写的《中华人民共和国两年来的伟大成就》发表在 1951 年 11 月出版的
《时事手册》廿二期上，随后《新黄河》杂志 1951 年第 9 期予以全文转
载，在当时引起了广泛影响。这是第一篇全面、系统阐述两年来新中国
所发生的变化和成就的学术文章，在共和国史研究上占有独特地位。作
者分 "人民解放战争继续取得伟大胜利"、"推行了独立、和平、民主的
外交政策"、"轰轰烈烈的抗美援朝运动"、"大张旗鼓镇压反革命"、
"在广大的新解放区进行了土地改革"、"建立和巩固了人民民主专政的
各级政权"、"恢复与发展了经济事业"、"文化教育事业的新发展" 等八
个领域作了梳理，展现出新中国在过去两年多的时间里所发生的沧海桑
田般的变化，充分体现出了彻底翻身、当家做主的人民群众在各条战线
上所迸发出的伟大力量。

何干之主编的《中国现代革命史讲义（初稿）》一书，在中华人民共
和国史研究中贡献独特。该书于 1954 年 12 月出版，发行量达到 50 万册，
在史学界产生了积极影响。编者在 "导言" 中开宗明义阐述的中国现代革
命史定义对我们深入认识这一时期的中华人民共和国史具有重要意义。
"中国现代革命的历史，就是中国人民在中国共产党领导下为着完成新民
主主义革命的任务和实现社会主义社会而斗争的历史，是已经经历了四次
革命战争时期，完成了新民主主义革命，和正在逐渐过渡到社会主义的历
史，是以中国共产党为中心的历史，马克思列宁主义和中国革命实践日益
结合的历史。"② 很显然，何干之认为，中华人民共和国史属于中国现代革

---

① 无独有偶，与廖盖隆着新中国历史进程的发展延伸，不断增补其撰述内容的做法相似，
在遥远的美国也有学者在差不多相同的时期内做着同样的事情。1948 年，费正清撰写的《美国与
中国》一书问世，受到了广泛的关注，在 1958 年第二版中，费正清增加了共产党的胜利和中华人
民共和国头十年的经历，在 1971 年的第三版中，费正清则分析了以后的十年，而该书的第四版则
研究了接下来的第三个十年。参见 E. O. 赖肖尔：《美国与中国·第四版序》，世界知识出版社
2003 年版，第 8 页。这充分表明中外学者对新中国历史同样给予了尽可能及时的关注。这也是中
华人民共和国史研究的一个突出特点。
② 何干之主编：《中国现代革命史讲义（初稿）·导言》，高等教育出版社 1954 年版，第 1
页。

命史的范畴。这是基于以中国共产党为领导中心的奋斗史和建设史自然延伸发展的认识结论。该书最后一章，即第十五章"中国共产党领导人民为巩固人民民主专政和恢复国民经济而斗争（1949年10月至1952年）"，共分五节：（1）中华人民共和国在外交上的伟大胜利。《中苏友好同盟互助条约》的签订。和平民主阵营的强大和两个市场的形成。（2）实行国家财政经济工作的统一管理和统一领导。中国共产党第七届中央委员会第三次全体会议。为争取国家财政经济状况的根本好转而斗争。（3）伟大的抗美援朝运动。人民民主专政政权的巩固。（4）土地改革运动。工商业的恢复和改造工作。"三反""五反"运动。国民经济恢复的完成。（5）中国职工运动的新发展。中国共产党的整党建党工作。① 单从内容上看，这已经基本上包括了20世纪50年代前半期中国发生的所有重大事件。其中，有些论断是在分析具体历史事件之后得出的结论。例如，"中国人民革命的胜利和中华人民共和国的成立，使中国历史发生了根本的转变。这是一九一七年十月革命和一九四五年反法西斯战争胜利之后世界历史中的最大事件。中国人民民主革命的胜利，是具有伟大的世界意义的，它把十月革命对于全人类所发生的伟大影响更加扩大更加深入了。"② 这不仅讲到了中国革命的胜利对中国历史进程产生的重要影响，而且也将这一事件放到了世界历史进程中加以考量。再比如，对于新中国政权在民族问题上所做的富有成效工作的评价，"到一九五二年，全国已经建立了一百三十个民族自治区。国营贸易机构已经深入到辽远的少数民族地区，用合理的价格，供应各族人民生产工具和生活用品，收购土产特产。根据民族的自愿，有些民族的农业区已经开始实行土地改革，一部牧业区也进行了必要的改革。人民政府用各种方法帮助各族人民发展农业和牧业生产。各民族地区的县都已建立了卫生机构。少数民族的人口正在逐渐增长。少数民族地区的交通状况也不断改善。一部分少数民族地区已经有了现代工业。人民政府帮助少数民族发展教育事业。重视少数民族的语言文字，帮助没有文字的民族创立文字，帮助文字不完备的民族改善文字。少数民族的风俗习惯和宗教信仰受到充分的尊重。"③ 中华人民共和国成立给中国社会带来的翻

---

① 何干之主编：《中国现代革命史讲义（初稿）·导言》，高等教育出版社1954年版，第364—387页。

② 同上书，第360页。

③ 同上书，第376页。

天覆地的变化不仅在发达的中东部地区能感受得到，而且即使是偏远的边疆少数民族地区也能真真切切感受得到。少数民族发生的种种变化被作为重要内容记录在《中国现代革命史讲义》中，反映了作者关于新中国历史研究的宽阔视野。此外，何干之在 1959 年前开设了《毛泽东论中国革命和建设的几个问题》专题课，对"大跃进"以来中国现实提出批评和反省，从理论上总结了其中的失误。① 这在何干之本人来讲是较为自觉的行动，他后来曾言，"我开这门课程的目的就是为了反'左'"②，体现了当代史学家忧患现实、秉笔直书的史德。

李新主编的《中国新民主主义革命时期通史（初稿）》于 1962 年由人民出版社出版。该书第三章专设一节"中华人民共和国的成立"，分"各人民团体的壮大和统一"和"中国人民政治协商会议的召开、中华人民共和国的诞生"两部分，对中华人民共和国的成立史进行阐述。该书提出："中华人民共和国的成立，标志着一百多年来半殖民地半封建的旧中国的结束，标志着一个独立的、富强的，走向社会主义、共产主义的新中国的诞生。"③ 胡华主编的《中国革命史讲义》，于 1959 年由中国人民大学出版社出版。该书第十四章第五节为"中华人民共和国的成立、中国革命胜利的世界意义"，对中华人民共和国成立的意义作了概括："中华人民共和国的成立，光荣地总结了中国人民一百多年来反帝国主义反封建主义的奋斗成果，特别是中国人民二十八年来在中国共产党领导下的奋斗成果。中国历史起了根本的变化，中国从此进入社会主义革命的新时期。"④ 上述三部中国革命史著作沿袭了胡乔木《中国共产党的三十年》一书的编写方式，在当时具有很强的代表性。它们均毫无例外地将中华人民共和国史纳入其研究视野中，说明这是当时史学界的共识。从这个意义上应该承认，中华人民共和国史研究是随着中国革命史和中国近代史研究的深入而自然延伸的结果。

1958 年，河北北京师范学院历史系编辑出版了《中华人民共和国史教学大纲》，《大纲》分"中华人民共和国史教学的内容重点和目的要求"

---

① 刘炼：《风雨伴君行——我与何干之的二十年》，广西教育出版社 1998 年版，第 119 页。

② 中共广东省委党史研究会办公室、广东省民政厅合编：《南粤英烈传》（第五辑），广东人民出版社 1989 年版，第 298 页。

③ 李新主编：《中国新民主主义革命时期通史》，人民出版社 1962 年版，第 262 页。

④ 胡华主编：《中国革命史讲义（初稿）》，中国人民大学出版社 1959 年版，第 566 页。

和"大纲内容"两部分。大纲内容分为"中华人民共和国的成立"、"国民经济的恢复和人民民主专政的巩固"、"计划经济建设的开始和人民民主政权的进一步巩固"、"社会主义工业化的进展和社会主义改造的高潮"、"政治战线和思想战线上的社会主义革命"、"技术革命、文化革命为中心的社会主义建设新时期"六章。① 这是中华人民共和国史的第一部教学大纲。在此基础上,河北北京师范学院历史系部分师生编写的《中华人民共和国史稿》也于1958年由人民出版社出版。该书共分前言和正文六章两部分,凡29万字。该书出版后,有学者撰文评论,认为是"'党性和科学性最强'的著作",是"历史创作的卫星"②。但由于《中华人民共和国史稿》的编写者对新中国的历史并没有深入系统的研究,加上行文上没有经过仔细推敲,导致行文粗糙、语言空泛、论断简单,逻辑上也有不够严密的地方,带有明显的文献堆砌、史料罗列痕迹。因而,该书出版后受到了学术界的批评。有的学者指出,《中华人民共和国史稿》"只是依命对一些现成材料的摘录,而不是依靠对我国建国以来历史的深入的和系统的研究而写成的","应该对我国近十年来的各个重要历史事件,根据它们在历史发展中所起的作用,给以恰当的科学地位,作出实事求是的估价;而不应该不分轻重主次地简单罗列一些历史现象,或者不加分析地加上一些任意的论断"③。《中华人民共和国史稿》在一些地方对党和国家的政策作了不够妥当的解释,对国内生活中的某些问题的提法也不确切,其措辞不当、语义模糊的地方很多,等等。④ 还有学者指出了《中华人民共和国史稿》本身存在的两个问题:抄述、拼凑和材料堆砌,对于历史发展的规律和各个事件在整个历史发展过程中的地位缺乏通盘的考虑,因而轻重详略往往处理失当。⑤ 论者最后指出:"编写科学的历史著作,需要开展多方面的研究工作,并获得一批一批的结果。把编写历史著作神秘化是不对的,但也不能视若等闲,以为有一批文件在手,不加研究,只要照抄,就可以成功","《史稿》编完以后,作为学校内部的参考书印出,广泛征求意见,

---

① 参见河北北京师范学院历史系编:《中华人民共和国史教学大纲》,高等教育出版社1958年版。

② 参见里凡《评"中华人民共和国史稿"》,《人民日报》1959年2月8日第7版。

③ 里凡:《评"中华人民共和国史稿"》,《读书》1959年第5期。

④ 同上。

⑤ 高澜:《评"中华人民共和国史稿"》,《读书》1959年第5期。

再研究，再修改，逐步提高。这样不是更合适吗？像现在这样匆忙由人民
出版社出版，说明了我们的科学精神和责任心是不够的"。① 这些批评是严
肃的、学术的，反映出尽管该书是"大跃进"的产物，深受"厚今薄古"
思想的影响，但许多学者还是将其作为学术著作来看待，这些批评在当时
学风浮躁，政治运动频仍，各个领域追求"大跃进"、"全国山河一片红"
的浪潮中显得格外珍贵，这事实上是对中华人民共和国史研究和编纂提出
了新的更高的要求。

平心而论，《中华人民共和国史稿》是较早的一部研究中华人民共和
国史的专门著作，在中华人民共和国史研究的学术史上具有其独特的地
位。由于是草创之作，对其评价应本着宜粗不宜细的原则。今天看来，该
书的编纂和基本观点还是具有启发意义的。（1）对于中华人民共和国成立
的伟大意义给予了充分肯定。编者认为：中华人民共和国的成立，标志着
中国新民主主义革命的胜利和社会主义革命的开始，"中华人民共和国的
成立标志着我国历史的新纪元的开始，这段历史到今天还只有短短的九
年，可是内容之丰富却胜过以往的几千年"。② 从 20 世纪四五十年代中国
历史发展变化的剧烈程度看，这个认识虽不无夸张的成分，作为学术语言
很显然未必准确，但这却是从一个侧面透析出的编纂者的切身感受。（2）
该书在具体叙述的处理上，将中华人民共和国史放在了世界历史的大背景
下进行考察。例如，在"国民经济的恢复和人民民主专政的巩固"一章
中，作者在叙述了国内政治经济状况之后，首先对《中苏友好同盟互助条
约》的签订和社会主义阵营的强大及两个市场的形成给予充分阐述，接着
论述了国民经济恢复的具体表现和人民民主专政巩固的具体措施。如在
"计划经济建设的开始和人民民主政权的进一步巩固"一章中，第一节就
是"我国和平外交政策和朝鲜停战后的国际局势"。在"技术革命、文化
革命为中心的社会主义建设新时期"一章，则将"世界形势的新的转折
点——东风压倒西风"作为第一节。第二章第三节"抗美援朝"部分对朝
鲜半岛的国际局势和第四章第七节对"帝国主义反共高潮的被击退和社会
主义国家友好关系的加强"等部分的分析，也从一个侧面反映了编纂者所

① 高澜：《评"中华人民共和国史稿"》，《读书》1959 年第 5 期。
② 河北北京师范学院历史系三年级集体编写：《中华人民共和国史稿·前言》，人民出版社
1958 年版，第 1 页。

具有的国际视野和世界眼光。(3) 该书较好地处理了"国史"与"党史"的关系问题,体现了编者撰写国史的努力。在全书 30 节的内容中,"中国共产党"字样只出现在了 5 节的名称上,约占全书的 1/6。应该说,这样的比例对于中华人民共和国十年史的教材来说在革命史、党史极度盛行的时代是不容易做到的。它们分别是"党的建设"、"党在过渡时期的总路线和发展国民经济的第一个五年计划"、"中国共产党为增强党的团结的斗争"、"党加强社会主义建设的新方针和中国共产党第八次全国代表大会"、"中国共产党八大二次会议的召开和社会主义建设总路线的制定",这反映出编者已经认识到了党史与国史的关系问题,并作了有意识的处理。编写者将中国共产党的领导地位和历史作用的肯定融入具体历史事件的研究之中,并且尽可能凸显了该书的国史特色。它们与其他章节共同体现出了那个时代史学家所认识到的中华人民共和国史的整体面貌,这也是应该予以指出的。

余论 历史与现实的思考

20 世纪五六十年代的中华人民共和国史研究与这一时期历史学其他分支学科研究一样具有这一时期学术研究的共同特点,所不同的是这一研究与现实的联系更为紧密。这一研究深受现实政治思潮的影响和冲击。这一点中外学者的研究概莫能外。不能因为这一时期中华人民共和国史研究具有与现实运动紧密联系的特点,就否定其科学性和学术性,更不能笼而统之地将这一时期的中华人民共和国史研究一笔抹杀,将中华人民共和国史研究的起始阶段从 20 世纪七八十年代算起。这不是实事求是的态度,也不利于中华人民共和国史学科的建设和体系的构建。20 世纪五六十年代是中华人民共和国史研究的酝酿和起步时期,理应受到学术界的重视。

20 世纪五六十年代,中国马克思主义史家是最先倡导和从事中华人民共和国史研究的重要力量。郭沫若、翦伯赞、范文澜、刘大年与何干之是其中最杰出的代表。中国学者所具有的世界眼光并没有为冷战所形成的两大阵营的对立和对抗所完全阻隔,而是异常鲜明地体现在了中国学者编译的《外国资产阶级对于中国现代史的看法》和《外国资产阶级是怎样看待中国历史的》两部论文集中,最明显地体现在中国学者对国外学者的中华人民共和国史研究成果的关注上。这在 20 世纪五六十年代中国马克思主义史学发展上也具有其浓墨重彩的一笔。

20 世纪五六十年代的中国学者已经开拓了中华人民共和国史研究的新领域，并且表现出越来越自觉的研究意识，展现出一派欣欣向荣的新气象。遗憾的是，这一研究在"左"倾政治思潮的影响和冲击下，在 20 世纪 60 年代后期逐渐沉寂下来。中华人民共和国史研究的复兴则是"文革"结束后的事情了。"文革"结束后，中国共产党之所以能够在短短两三年的时间内作出《关于建国以来党的若干历史问题的决议》和编出《中国共产党的七十年》，乃至启动编撰"当代中国"丛书工作，再次兴起中华人民共和国史的研究，20 世纪五六十年代的中华人民共和国史研究和学科建设探讨无疑是其重要的学术基础。

（原载于《史学理论与史学史学刊》2013 年卷，

社会科学文献出版社 2013 年 12 月版）

毛泽东的史学思想研究

——纪念毛泽东诞辰 120 周年

张剑平

毛泽东是一位具有极为丰富历史知识的政治家，在领导中国人民从事新民主主义革命、社会主义革命和建设的艰难历程中，他极为重视对广大干部进行马克思主义的历史教育。在延安时期，毛泽东发表了大量有关历史的讲演和文章，丰富了马克思主义唯物史观的内容，为正在成长的中国马克思主义史学的发展提供了理论指南。新中国成立后，毛泽东对于推进中国马克思主义历史科学的发展做出了重要的贡献。毛泽东的史学思想是中国马克思主义史学理论的重要组成部分，也是毛泽东思想的重要内容。新时期以来，在数以万计的毛泽东及其思想研究的论文和论著中，学术界对于毛泽东的历史观、史学研究方法以及他对中国历史学发展的影响，也做了不少探讨，发表了数十篇学术论文，出版了多部著作。[①] 这对于正确

① 有重要学术价值的论文，如瞿林东的《毛泽东同志对马克思主义史学理论的杰出贡献》（《北京师范大学学报》1982 年第 6 期），刘茂林、陈耀辉的《毛泽东与中国历史学》（《历史研究》1983 年第 6 期），叶桂生的《毛泽东对中国历史学的贡献》（《山东社会科学》1990 年第 1 期）、《论毛泽东与历史科学》（《中国史研究》1993 年第 3 期），董丛林的《毛泽东的历史主义观试说》（《史学理论研究》1993 年第 4 期），李侃的《毛泽东历史观的若干问题浅析》（《近代史研究》1994 年第 1 期），李新达的《毛泽东与史学家》（《中国史研究》1994 年第 1 期），蒋莲华的《毛泽东同志对我国历史科学理论的贡献》（《历史教学问题》1994 年第 6 期），胡国殊的《论毛泽东的史学理论贡献与实践运用》（《毛泽东百周年纪念》，中央文献出版社 1994 年版），陈其泰的《范文澜与毛泽东：学术的关联与风格的共鸣》（《当代中国史研究》2001 年第 2 期），张海鹏的《试论毛泽东的历史观》（《中共党史研究》2004 年第 5 期），李根蟠的《关于马克思主义史学研究方法与路径的思考》（《史学史研究》2011 年第 3 期）等论文。具有重要学术价值的著作，如龚育之的《毛泽东的读书生活》（生活·读书·新知三联书店 1986 年版），张贻玖的《毛泽东读史》（中国友谊出版公司 1991 年版），王子今的《毛泽东与中国史学》（中共中央党校出版社 1993 年版）、《历史学者毛泽东》（西苑出版社 2013 年版），唐曼珍的《毛泽东与中共党史学》（中国人民大学出版社 1993 年版），黄丽镛的《毛泽东读古书实录》（上海人民出版社 1994 年版），邹兆辰的《毛泽东对历史的考察》（首都师范大学出版社 1995 年版），赵晖的《毛泽东史学思想》（南京师范大学出版社 2005 年版）等。

认识和评价毛泽东的史学理论及其对于中国历史学的影响，具有重要的学术价值。

毛泽东的阶级斗争史观，在新中国复杂的政治社会形势下，也严重影响了中国马克思主义史学研究的正常发展。新时期中国历史学研究取得了多方面的新发展，对唯物史观理论的进一步探讨，学术界出现了不少的新认识，在马克思主义在全球范围内遇到严峻挑战的新形势下，毛泽东的历史观和他的阶级分析方法，也不断受到质疑。因而，如何正确认识和评价毛泽东的史学思想的价值及其对中国马克思主义历史学的影响，仍然是一个有待进一步探讨的重要问题。本文对毛泽东的史学理论及其评价的问题予以论述，以进一步阐明毛泽东对马克思主义理论中国化的重大贡献，并以兹纪念毛泽东 120 周年诞辰。

一　关于中国古代和近代社会性质和特点的认识

关于中国古代和近现代社会性质和特点的论述，是毛泽东以唯物史观分析概括中国社会的重要理论成果，也是他的基本历史观，这方面的代表性论著是他和延安几位理论家合写于 1939 年年底的《中国革命与中国共产党》，以及 1940 年发表的《新民主主义论》。

关于中国历史的发展和中国封建社会的基本特点，《中国革命与中国共产党》做出了明确的论断。指出："中华民族的发展（这里说的主要是汉族的发展），和世界上别的民族同样，曾经经过了若干万年的无阶级的原始公社的生活。而从原始社会崩溃，社会生活转入阶级生活那个时代开始，经过奴隶社会、封建社会，直到现在，已有了大约四千年之久。""中国自从脱离奴隶制度进到封建制度以后，其经济、政治、文化的发展，就长期地陷在发展迟缓的状态中。这个封建制度，自周秦以来一直持续了三千年左右。"① 毛泽东等进一步总结出中国封建经济和政治制度的四个方面的基本特点，包括：自给自足的自然经济占主要地位；封建的统治阶级——地主、贵族和皇帝，拥有最大部分的土地，而农民则很少有土地，或者完全没有土地；不但地主、贵族和皇室依靠剥削农民的地租过活，而且地主阶级的国家又强迫农民缴纳贡税，并强迫农民从事无偿的劳役；保

---

① 《毛泽东选集》第 2 卷，人民出版社 1991 年版，第 622—625 页。

护这种封建制度的权力机关，是地主阶级的封建国家。与此同时，毛泽东还指出了封建社会的主要矛盾是农民和地主的矛盾，地主阶级残酷的剥削和压迫是中国社会几千年停滞不前的基本原因，农民起义和农民战争是历史发展的真正动力。

"现代的殖民地、半殖民地和半封建社会"一节，详细地论述了1840年鸦片战争以来中国社会发生的巨大变化。毛泽东等从十个方面论述了帝国主义将中国变为半殖民地、殖民地的过程。包括：向中国进行多次的侵略战争，割地赔款，占领清政府的附属国，强租土地；强迫中国签订不平等条约，取得驻军权和领事裁判权，并在中国划分势力范围；根据不平等条约，控制中国的通商口岸，控制中国的海关和对外贸易及交通事业，向中国倾销商品，控制中国市场；通过借款和开设银行，垄断中国的金融和财政，压制中国的民族资本主义，扼制中国的经济咽喉；在中国的都市和穷乡僻壤，造成了一个买办的和商业高利贷剥削网及为帝国主义服务的买办和高利贷阶级；使中国的封建地主阶级变为他们统治中国的支柱；给中国的反动政府以大量的军火和军事顾问；对中国人民实施文化侵略政策；1931年"九一八"事变以后，日本帝国主义的大举侵略，更使中国的一大块土地沦为日本的殖民地。毛泽东指出："帝国主义列强侵略中国，在一方面促使中国封建社会解体，促使中国发生了资本主义因素，把一个封建的社会变成了一个半封建的社会；但是在另一方面，它们又残酷地统治了中国，把一个独立的中国变成了一个半殖民地和殖民地的中国。"① 同时，毛泽东等也提出了中国近代半殖民地半封建社会六个方面的基本特点：封建的自给自足的自然经济基础是破坏了，但是封建制度的根基——地主对农民的剥削，不但依旧保持着，而且同买办资本和高利贷资本的剥削结合在一起，在中国的社会经济生活中，占着显然的优势；民族资本有了某些发展，并在中国政治的、文化的生活中起了颇大的作用，但它没有成为中国社会经济的主要形式，它的力量是很软弱的；皇帝和贵族的专制政权是被推翻了，代之而起的是地主阶级的军阀官僚统治，地主阶级和大资产阶级联盟的专政，在沦陷区，则是日本帝国主义和傀儡的统治；帝国主义不但操纵了中国的财政和经济的命脉，并且操纵了中国的政治和军事的力量；中国的经济、政治和文化的发展，表现出极端的不平衡；中国人

① 《毛泽东选集》第2卷，人民出版社1991年版，第630页。

民的贫困和不自由的程度，是世界所少见的。毛泽东简明扼要地论述了中国近百年来的革命运动，中国革命的对象、任务、动力、性质、前途等一系列重大理论问题。1940 年发表的《新民主主义论》，关于中国历史的特点、中国革命是世界革命的一部分，旧三民主义与新三民主义的区别、三民主义与共产主义的比较，新民主主义的政治、新民主主义的经济、新民主主义的文化等纲目，总结了中国革命的历史，提出了当前革命的纲领，这些不仅指导了当时的新民主主义革命走向胜利，对正在成长中的中国马克思主义史学家也具有重要的启迪作用。

关于中国历史发展阶段、性质和特点的理论认识，《中国革命与中国共产党》总结了自李大钊、郭沫若以来中国马克思主义史学研究的新成果，特别是 20 世纪 30 年代社会性质和社会史大论战的重要成果。1929 年出版的郭沫若的《中国古代社会研究》首先明确提出："只要是一个人体，无论是红黄黑白，大抵相同。中国人有一句口头禅，说是'我们的国情不同'。这种民族的偏见差不多各个民族都有。然而中国人不是神，也不是猴子，中国人所组成的社会不应该有什么不同。"① 结合《诗经》、《尚书》、《周易》等儒家经典和甲骨文、金文的资料，在马克思、恩格斯社会发展形态理论的启发下，郭沫若首次对中国古代社会的发展予以科学的研究和论述，认为中国历史也经历了原始公社制、奴隶制、封建制和近代的资本主义制，殷商是原始社会，西周为奴隶社会，东周春秋以后为封建社会，最近百年为资本主义制。郭沫若的看法和中共六大关于中国近代社会和革命的性质的认识，又引发了关于中国社会性质、中国社会史和中国农村性质的争论。当时在延安的中共理论家张闻天、王学文、吴亮平、陈伯达都直接参加了这场争论。张闻天以刘梦云的笔名发表了《中国经济之性质问题的研究》（《读书杂志》第一辑，1931 年 8 月），王学文以王昂、思云为笔名发表了《中国资本主义在中国经济中的地位、其发展及其前途》（《新思潮》1930 年第 5 期）、《中国经济的性质是什么》（《读者》1931 年 7 月），吴亮平以吴黎平的名字发表了《俄国革命中之托洛茨基主义》（《新思想》1930 年第 7 期），陈伯达发表了《中国社会停滞状态的基础——封建生产方法在中国展开的特殊亚细亚形态》（《文史》1934 年第 1 卷第 4 期）、《研究中国社会史方法论的几个先决问题》（《文史》1934

---

① 《郭沫若全集》（历史编，第一卷），人民出版社 1982 年版，第 6 页。

年第 1 卷第 3 期）等文章。何干之尽管在 1939 年 7 月已经离开了延安，但是，他在社会性质论战时出版了《中国经济读本》（上海现实出版部，1934 年），1936 年又出版了《中国的过去、现在和未来》（上海当代青年出版社），1937 年出版的《中国社会性质问题论战》、《中国社会史问题论战》对这场争论做了系统的评述和总结。到延安之后，何干之又撰著了《中国社会经济结构》（中国文化出版社 1939 年版），形成了关于中国近代社会的半殖民地半封建性质的基本认识。可以肯定的是，中国共产党的二大和六大关于中国革命的性质和任务的认识，经过 20 世纪 30 年代初的中国社会性质和社会史的论战，最终促成了中国共产党人对中国历史的特点和社会性质的科学认识；张闻天、陈伯达、何干之、王学文等中国共产党理论家关于中国历史发展的阶段和特点的认识，直接影响了毛泽东；毛泽东对其进一步总结，并将这种认识上升到理论的高度，于是达成了中国共产党人对中国历史发展阶段、中国封建社会和近代社会的特点的基本共识。①

毛泽东关于中国历史的基本认识，也是中国共产党人当时的基本共识。关于中国近代社会的性质，根据中国共产党人的基本认识，1938 年 3 月，毛泽东在给抗大第 4 期学员的讲话中，已经明确说：“知道中国社会性质是半封建的，但是不要忘了半殖民地的性质，这是最本质的东西。”“我们研究中国结果，是一个半殖民地半封建的社会，这是一条规律，是一个总的最本质的规律，所以我们要用这个规律去观察一切事物。”② 陈伯达在 1939 年 1 月发表的文章中说：“陈独秀否认现在中国是半殖民地半封建的社会，但我们却根据客观的事实、客观的研究认为中国是半殖民地半封建社会。”③ 张闻天 1940 年 1 月在陕甘宁边区救亡协会的报告中说：“旧中国是一个半殖民地半封建的中国，因此它的统治的文化也是半殖民地半封建的。换句话说，即是买办性的封建主义的文化。”④ 关于中国历史发展阶段和社会性质的认识，也不仅仅是《中国革命与中国共产党》有这种看法。1938 年 9 月，延安的理论工作者合作编著出版了一本《社会科学概

① 参见李红岩《半殖民地半封建理论的来龙去脉》，《中国近代史学史论》，中国社会科学出版社 2011 年版。
② 毛泽东：《认识中国社会性质是最重要的中心的一点》，《党的文献》2002 年第 3 期。
③ 陈伯达：《评陈独秀的亡国论》，《解放》1939 年第 60、61 期。
④ 张闻天：《抗战以来中华民族的新文化运动与今后任务》，《解放》1940 年第 103 期。

论》，该书第一章"资本主义以前的社会"，由杜民执笔，分三节论述了原始共产制社会、奴隶社会、封建社会。"半殖民地半封建的中国"一节，也总结出中国封建社会五个方面的特点，提出："在经济上，一般的封建经济的特征，在中国封建社会也是存在的。""在政治上，中国自周秦以来，也是完全封建的国家。周是封建割据的国家，自秦统一中国以来，专制主义的集中的国家建立了起来。""中国的封建社会，延长了两千多年，其中虽然发生了无数次农民暴动，但是因为那时还没有发生一种新的生产方式，也没有一个新的阶级领导农民，所以农民暴动，还只是被利用改朝换代，地主阶级的统治还是继续下来，封建关系还是没有被打破。""在资本主义侵入中国以后，中国的完全的封建社会，虽然起了变化，但在帝国主义压迫下与障碍之下，中国社会成了一个半殖民地半封建的社会。"① 由徐冰执笔的第四章"资产阶级性革命与革命转变问题"，设专节"中国资产阶级性民族民主革命"，分别论述了中国的社会状况、中国革命的任务性质及其动力、中国革命的经过。本章在 1941 年再版时，由杜民作了较多的修改。从《社会科学概论》与《中国革命与中国共产党》关于中国历史的特点的论述，可以看出二者大的方面的一致性，由此可见，这是当时中国共产党理论家和领袖的基本共识。

与 1938 年出版的《联共（布）党史简明教程》相比较，在关于原始社会、奴隶社会、封建社会、资本主义社会的基本特点的基础上，以毛泽东为首的中国共产党人对中国封建社会和近代的半殖民地半封建社会的特点，提出了明确的看法，这进一步丰富了马克思主义的社会形态理论。正如论者所言："毛泽东《中国革命与中国共产党》这部著作的发表，大大打开了人们的眼界，他对中国社会的性质和中国革命的一系列根本性问题做出了如此系统而清晰的说明，使原来令人感到眼花缭乱的纷繁的社会现象顿时显得那样井井有条而易于理解，使人们在复杂多变的局势面前感到心明眼亮，能够清醒地把握住基本方向，保持一致的步伐。它在当时和以后很长时间内产生的巨大影响是难以估量的。""《新民主主义论》是一篇具有严密的理论体系的文章，也是一篇有着很强论战性的文章。对这篇文章，毛泽东酝酿的时间很长，写作过程中反复修改，并征求过一些同志的意见。……连一向攻击共产党没有自己的理论的反动文人叶青也不得不表

---

① 陈伯达等：《社会科学概论》，大连新华书店 1949 年版，第 22—23 页。

示，自从读到《新民主主义论》，'我对于毛泽东，从此遂把他作共产党理论家看待了'。文章在党内外更引起重大的反响，使许多人对当前奋斗的目标和中国未来的方向有了清楚的了解，使越来越多的人奔集到新民主主义的大旗下来。"① 关于毛泽东对中国古代社会所做的理论概括的价值和意义，有学者指出："整个 30 年代，这场史学界围绕着中国历史的规律性之争是相当尖锐的。毛泽东在这个年代的末尾，从历史理论的高度，对问题作了一个完整的、科学的总结。""按照马克思、恩格斯的原理，把奴隶制作为人类社会的第一个有阶级社会的标志，并且以后从它过渡到封建社会和资本主义社会，组成三大经济形态的特征。这是符合人类社会的一般的规律、常规的次序。中国更是如此。许多资料已经证明，新中国成立后的少数民族调查更确定了，这一理论的可靠性是无须怀疑的。毛泽东的概括表现了对古史的剖析的无比精当。"② 毛泽东关于中国历史和中国近代革命的理论，也直接推动了中国马克思主义历史学的进一步发展。1940 年 5 月到 1941 年 6 月，延安的史学工作者范文澜、尹达、谢华、叶蠖生在《中国文化》上连续发表文章，就殷商的社会性质问题展开了热烈的讨论，根据《联共（布）党史》关于奴隶制和封建制的基本特征，范文澜等明确肯定了殷商为奴隶社会，西周为封建社会，这一讨论推动了中国马克思主义史学的新发展。也正是在《中国革命与中国共产党》以及《新民主主义论》的直接影响下，在以毛泽东为首的中国共产党人直接关怀和指导下，范文澜在延安写出了《中国通史简编》、《中国近代史》（上册）。正如有学者所言："毛泽东一再论述的问题，也形成了中国共产党的一项基本思想，范文澜适逢其会，接受了党中央编写中国通史的任务，明确地以此为著述宗旨，这就极大地提高了他的思想境界，拓宽了他的视野，从此，编写一部符合新时代的要求、具有科学内容的《中国通史》便成为范文澜长期努力的目标，而以往熟悉的经史典籍则为他研治《中国通史》奠定了坚实的文献基础。"③ 新中国成立后，也是在毛泽东这些基本理论认识的指导下，在郭沫若、范文澜、翦伯赞等杰出的马克思主义史学家的推动下，广

---

① 中共中央文献研究室：《毛泽东传》（1893—1949），中央文献出版社 1996 年版，第 564—568 页。

② 叶桂生：《论毛泽东与历史科学》，《中国史研究》1993 年第 3 期。

③ 陈其泰：《范文澜与毛泽东：学术的关联和风格的共鸣》，《当代中国史研究》2001 年第 2 期。

大史学工作者通过对古史分期问题、中国资本主义萌芽问题、中国近代史的发展线索等若干重大问题的讨论，推动中国马克思主义历史学进一步走向成熟，成为中国历史学发展的主流。

二 关于历史学习的重要性以及研究方法的认识

在从事新民主主义革命的艰难岁月中，毛泽东十分重视对广大干部进行历史知识教育，注重发挥历史学的社会教育功能。同时，他也提出了马克思主义者研究历史的多种方法。毛泽东关于历史学习和研究的重要意义的认识，关于历史研究的方法的论述，既推动了历史知识的学习和研究，也极大地丰富了马克思主义史学理论。

（一）关于历史学习和研究的重要性的认识

首先，毛泽东将学习和研究历史提到革命政党能否指导革命运动，关系革命运动成败的高度来认识。他指出："指导一个伟大的革命运动的政党，如果没有革命理论，没有历史知识，没有对于实际运动的深刻了解，要取得胜利是不可能的。""从孔夫子到孙中山，我们应当给以总结，承继这一份珍贵的遗产。这对于指导当前的伟大的运动，是有重要帮助的。"① 关于中共党史研究的重要性，毛泽东认为："如果不把党的历史搞清楚，不把党在历史上所走的路搞清楚，便不能把事情办得更好。"② 指出中共党史对现实路线政策的制定，对加强党内思想教育，推进各方面的工作，都有极其重要的作用。正是在这一认识的指导下，毛泽东不仅亲自对中国革命的经验教训作了较为系统深入的反思和总结，而且，在整风运动中率领全党研究历史问题，取得了显著的成效。

其次，毛泽东将史学的作用提高到发展民族新文化、增强民族自信心和自豪感的高度来认识。他说："中国的长期封建社会中，创造了灿烂的古代文化。清理古代文化的发展过程，剔除其封建性的糟粕，吸收其民主性的精华，是发展民族新文化提高民族自信心的必要条件。"③ 在这里，毛

① 《毛泽东选集》第2卷，人民出版社1991年版，第533—534页。
② 毛泽东：《如何研究中共党史》，《毛泽东文集》（二），人民出版社1993年版，第399页。
③ 《毛泽东选集》第2卷，人民出版社1991年版，第707—708页。

泽东指明了无产阶级政党对待民族文化的批判继承的原则，强调了继承中国古代文化优良遗产的重要性和必要性，这对于纠正20世纪20—30年代以来在中国思想文化领域存在的简单否定中国传统文化和全盘接受西方文化的两种错误倾向，具有十分重要的意义。同时，对于批判国民党当时推行的尊孔读经的复古运动，也有重要的现实指导意义。在《中国革命与中国共产党》一文中，毛泽东就以中华民族有着光辉灿烂的历史，有着光荣的革命传统和优秀的历史遗产感到自豪；在《论联合政府》的报告中，毛泽东在回顾和总结中国革命的三个阶段，特别是抗日战争的历史的基础上，明确地提出："三次革命的经验，尤其是抗日战争的经验，给了我们和中国人民这样一种信心：没有中国共产党的努力，没有中国共产党做中国人民的中流砥柱，中国的独立和解放是不可能的，中国的工业化和农业近代化也是不可能的。"① 从当代中国革命的历史中寻求推进现实社会前进的动力，进一步增强人民的凝聚力和革命的必胜信念，以历史预见未来，在毛泽东的史学思想中是十分突出的，这也是他对中国马克思主义新史学的重要理论贡献。

最后，毛泽东不仅从一般意义上强调了历史学习和研究的重要性，而且为历史学家指明了史学如何为现实服务的行之有效的途径。毛泽东得知何干之欲研究中国民族史的想法后，写信建议道："如能在你的书中证明民族抵抗与民族投降两条路线的谁对谁错，而把南北朝、南宋、明末、清末一班民族投降主义者痛斥一番，把那些民族抵抗主义者赞扬一番，对于当前抗日战争是有帮助的。"② 在听了范文澜的《关于中国经学发展的演变》讲演之后，毛泽东提议范文澜对康、梁、章、胡和廖平、吴虞、叶德辉的错误进行批判，"越对这些近人有所批判，越能在学术界发生影响"。③ 在读了李健侯的《永昌演义》之后提示作者："此书如能按照上述新的历史观点加以改造，极有教育人民的作用。"④ 这里所谓新的历史观，即指马克思主义的历史观。1944年，郭沫若的《甲申三百年祭》发表之后，面对国民党的文化"围剿"，毛泽东及时将它作为党的整风文献，教育广大干部从李自成的失败中吸取教训，并写信赞扬和鼓励郭沫若说："你的史

① 《毛泽东选集》第3卷，人民出版社1991年版，第1097—1098页。
② 《毛泽东书信选集》，人民出版社1983年版，第136页。
③ 同上书，第163页。
④ 同上书，第230页。

论、史剧有大益于中国人民，只嫌其少，不嫌其多，精神决不会白费，希望继续努力。"① 1948 年 11 月底，在西柏坡，毛泽东读了吴晗的《朱元璋传》书稿之后，致信吴晗说："在方法问题上，先生似尚未完全接受历史唯物主义作为观察历史的方法论。倘若先生于这方面加力用一番功夫，将来成就不可限量。"②

（二）关于历史研究方法的论述

首先，强调坚持实事求是的原则，对历史实际进行认真的分析和研究。实事求是，是马克思主义的基本原则，也是毛泽东思想活的灵魂。在反对教条主义学风时，毛泽东特别重视实事求是的原则，他要求全党干部："认真地研究中国的历史，研究中国的经济、政治、军事和文化，对每一问题要根据详细的材料加以具体的分析，然后引出理论性的结论来。"研究历史和研究现状，应当"不凭主观想象，不凭一时的热情，不凭死的书本，而凭客观存在的事实，详细地占有材料，在马克思列宁主义一般原理的指导下，从这些材料中引出正确的结论"。③

其次，毛泽东强调在历史研究中，必须坚持马克思主义的"历史主义"的基本原则。历史主义是马克思主义的基本原则，马克思主义的"历史主义"是在继承和批判资产阶级的历史主义的基础上形成的，它认为人类社会的历史是一个按照一定规律不断发展变化的客观过程，它要求我们在观察分析和研究历史事件和历史人物时，要以发展的观点，把问题提到一定范围之内，联系具体条件进行具体分析。毛泽东继承了马克思列宁主义的这一基本原则，强调以全面的历史的观点分析历史问题。他说："今天的中国是历史的中国的一个发展，我们是马克思主义的历史主义者，我们不应当割断历史。""我们必须尊重自己的历史，决不能割断历史。但这种尊重，是给历史以一定的科学的地位，是尊重历史的辩证法的发展，而不是颂古非今，也不是赞扬任何封建的毒素。"④ 毛泽东强调不应割断历史，尊重历史的辩证的发展，抓住了马克思主义历史主义的核心。在延安整风运动中，毛泽东在率领党的高级干部研讨党的历史时，强调不应着重

---

① 《毛泽东书信选集》，人民出版社 1983 年版，第 241—242 页。
② 同上书，第 310 页。
③ 《毛泽东选集》第 3 卷，人民出版社 1991 年版，第 814—815、801 页。
④ 《毛泽东选集》第 2 卷，人民出版社 1991 年版，第 534、708 页。

个别同志的责任，而应着重当时环境的分析以及错误的内容和社会、历史、思想根源，正是坚持马克思主义历史主义原则的具体表现。《关于若干历史问题的决议》在坚持马克思主义的历史原则的前提下，着重指出了历次尤其是第三次"左"倾路线的错误在政治上、军事上、组织上和思想上的具体表现，着重分析了这些错误产生的深刻的社会根源。

再次，在《如何研究中共党史》讲演中，毛泽东又阐述了全面的历史的方法。他说："如何研究党史呢？根本的方法，马、恩、列、斯已经讲过了，就是全面的历史的方法。我们研究中国共产党的历史，当然也要遵照这个方法。我今天提出的只是这个方法的一个方面，通俗地讲，我想把它叫作'古今中外法'，就是弄清楚所研究的问题发生的一定的时间和一定的空间，把问题当作一定历史条件下的历史过程去研究。所谓'古今'就是历史的发展，所谓'中外'就是中国和外国，就是己方和彼方。"结合研究的实例毛泽东作了具体的阐发："谈到中国的反帝斗争，就要讲到外国资本主义、帝国主义如何凶恶地侵略中国。讲到中国无产阶级，就要讲到世界无产阶级，讲到中国无产阶级政党——共产党的斗争，就要讲到马、恩、列、斯他们怎样领导国际无产阶级同资本主义和帝国主义作斗争。这就叫'中外法'。""辛亥革命以来，五四运动、大革命、内战、抗战，这是'古今'。中国的共产党、国民党，农民、地主，工人、资本家和世界上的无产阶级、资产阶级等等，这就是'中外'。"① 毛泽东的上述论述，一方面直接指导了当时的学习和研究，为科学的中共党史的创立做出了重大贡献，同时，具有重要的方法论价值。

最后，坚持阶级观点，强调用阶级分析方法研究和观察历史，这是毛泽东历史方法论的重要内容。延安时期，毛泽东经常用阶级分析的方法从事中国革命实际问题的研究，用阶级分析方法阐述中国的历史。在《中国革命与中国共产党》中，关于中国的封建社会，毛泽东提出了几个基本观点：一是"地主阶级这样残酷的剥削和压迫所造成的农民的极端的贫穷和落后，就是中国社会几千年在经济上和社会生活上停滞不前的基本原因"。二是"封建社会的主要矛盾，是农民阶级和地主阶级的矛盾"。三是指出"地主阶级对于农民的残酷的经济剥削和政治压迫，迫使农民多次举行起

① 毛泽东：《如何研究中共党史》，《毛泽东文集》第二卷，人民出版社1993年版，第406页。

义"。"中国历史上的农民起义和农民战争的规模之大，是世界历史上所仅见的。在中国封建社会里，只有这种农民的阶级斗争、农民的起义和农民的战争，才是历史发展的真正动力。"① 这些理论认识对中国马克思主义史学工作产生了深远的影响。关于中国近代社会的发展过程，从中国革命历史发展的角度，毛泽东提出了他的"两个过程论"。他说："帝国主义和中国封建主义相结合，把中国变为半殖民地和殖民地的过程，也就是中国人民反抗帝国主义及其走狗的过程。"从唯物主义的辩证法的矛盾学说出发，毛泽东指出了中国近代社会的主要矛盾以及中国近代革命爆发的社会历史原因。他说："帝国主义和中华民族的矛盾，封建主义和人民大众的矛盾，这些就是近代中国社会的主要矛盾。当然还有别的矛盾，例如资产阶级和无产阶级的矛盾，反动统治阶级内部的矛盾。而帝国主义和中华民族的矛盾，乃是各种矛盾中的最主要的矛盾。这些矛盾的斗争及其尖锐化，就不能不造成日益发展的革命运动。伟大的近代和现代的中国革命，是在这些基本矛盾的基础之上发生和发展起来的。"② 毛泽东关于近百年中国革命的对象、任务、动力和性质的论证，也是建立在对近代中国社会阶级具体分析的基础之上。在"中国革命的动力"一节中，毛泽东熟练地运用马克思主义的阶级分析方法，深入分析了地主阶级、资产阶级、小资产阶级、农民阶级、无产阶级、游民等阶级和阶层的特点以及他们对待革命的态度。毛泽东的这些认识在方法论层面对史学家也具有重要启迪作用。

三 毛泽东史学思想的评价问题

新时期以来，史学界在拨乱反正中进一步解放思想，对中国历史和马克思主义史学理论给予进一步的反思和研究，这有助于历史学的发展和进步。在对马克思主义社会经济形态理论和古史分期问题重新讨论过程中，"五种生产方式"理论首先受到学术界的质疑，有些学者认为这一看法并非马克思的本意，而是斯大林极为教条的说法。与此同时，也有学者否定中国历史上存在奴隶社会，否定中国历史上有封建社会，对毛泽东提出的中国近代的半殖民地半封建说也提出了质疑。关于历史研究的方法，由于

---

① 《毛泽东选集》第 2 卷，人民出版社 1991 年版，第 622—625 页。
② 同上书，第 626—632 页。

毛泽东过分强调阶级斗争和阶级分析，强调"人民群众是历史发展的动力"，在纠正"左"倾路线的严重错误的同时，有人认为毛泽东的阶级斗争观是新中国"左"倾政治路线的根源，有人认为毛泽东民主革命时期的历史理论是"战时史学"的集中表现。因而，如何正确认识和评价毛泽东关于中国古代和近代历史的认识，以及毛泽东的阶级分析的方法，就成为一个十分迫切的问题。

（一）对毛泽东关于中国社会性质认识的评价问题

如何正确认识马克思主义的社会形态理论以及它和中国历史实际的关系，是评价毛泽东历史思想的首要问题。唯物史观关于社会经济形态和社会形态的理论的核心，在于把社会及社会经济的发展理解为一个自然的历史过程，曾经经过几个发展阶段。马克思说："大体说来，亚细亚的、古代的、封建的和现代资产阶级的生产方式可以看作是经济社会的形态演进的几个时代。"[①] 随后，在《资本论》中，马克思从社会商品出发，对资本主义社会的生产关系以及阶级关系的产生、发展及其演变规律作了极其深入的理论剖析，马克思主义唯物史观关于社会经济形态的理论不再是一种假说，从理论和现实社会发展的实践的层面都得以证明。在此前后，马克思和恩格斯对东方社会以及原始社会的发展情况，在整个世界和历史发展的范围内，开始了较为系统的探讨，这从马克思的《历史学笔记》和恩格斯的《家庭、私有制和国家的起源》中看得非常清楚。在此基础上，马克思和恩格斯形成了他们关于东方社会形态以及原始社会的基本理论，他们对人类社会历史发展的认识更进一步。马克思和恩格斯关于人类历史发展的阶段性的学说，被列宁所继承和发展，这一理论不仅指引了俄国的社会主义革命的实践，而且成为马克思主义者观察历史和社会的极其重要的方法。列宁指出："你们应当时刻注意到社会从奴隶制的原始形式过渡到农奴制、最后又过渡到资本主义这一基本事实，因为只有记住这一基本事实，只有把一切政治学说纳入这个基本范围，才能正确评价这些学说，认清它们的实质。"[②] 唯物史观关于社会发展的规律性的认识，有助于人们对

---

① 马克思：《〈政治经济学批判〉序言》，《马克思恩格斯选集》第2卷，人民出版社1995年版，第33页。

② 列宁：《论国家》，载《列宁选集》第4卷，人民出版社1995年版，第28—30页。

历史的发展规律性的探讨，有助于历史学家在世界历史的广阔视野之下对本国历史作进一步深入的研究，从这一方面来看，它无疑具有极其重要的方法论的价值。但是，历史的发展具有复杂性，各个国家和各个民族因为具体情况的巨大差异，历史的发展也必然表现出特殊性，对此，不能简单地借用马克思和恩格斯所指出的人类社会发展的基本趋势和规律去套各国历史，而应在马克思的社会经济形态和社会形态理论的指导之下，对各国历史进一步深入地开展研究。

马克思主义的社会形态学说和毛泽东关于中国历史的发展阶段和特点的认识，促进了对中国历史上的社会生产力和生产关系的探讨，促进了对社会发展规律和本质的认识，这比起传统史学仅以皇朝分期论说历史来说，极大地丰富了人们对于社会历史的认识。不可否认，中国历史学家在运用马克思主义社会形态理论研究历史的过程中，曾经出现过教条化和以社会形态理论框架中国历史的倾向。新时期史学界关于马克思社会经济形态理论的深入研究，关于中国历史分期问题的再探讨，纠正了原来的不足和失误，在理论方面和实证方面都有了新的认识，这有助于进一步认识马克思主义的社会历史理论和中国历史的复杂性。但是，有些学者却对马克思的社会经济形态理论采取完全否定的态度，情绪化地抛弃用社会形态理论论说中国历史。针对在历史分期问题方面出现的新情况，林甘泉指出："既然马克思主义的创始人并不认为各个国家和民族都必须依次经历五种生产方式的更替，即使中国历史上不存在类似欧洲那种奴隶制和封建制的生产方式，也不能否定社会经济形态理论适用于中国历史分期。有的同志主张放弃着眼生产方式的变动，而根据宗法组织、政治体制和文化形态的变化来划分历史发展阶段，但这样的分期标准，还能说是以马克思主义的社会经济形态理论为指导吗？……如果我们要探讨的历史分期是涉及各个时代本质特征的变化，应该说只有马克思主义的社会经济形态理论才为我们提供了最全面和最科学的方法论。"① 针对有人否定中国封建社会的存在而提出的所谓"泛封建化"观点，李根蟠认为，封建地主制理论是中国马克思主义史学家的重大理论创造。他说："我们应该用发展的眼光看待欧洲学者的 feudalism（封建）这一概念，马克思主义的'封建观'是在继承

---

① 林甘泉：《世纪之交中国古代史研究的几个热点问题》，载《林甘泉文集》，上海辞书出版社 2005 年版，第 418 页。

以往学界积极成果的基础上的创新。""'封建地主制'或'地主经济封建制'的概念也在讨论中被史学研究者所广泛接受,成为对战国秦汉以后社会性质认识的主流观点。这种状况是学术研究发展过程中自然形成的,可以说是多数学者通过学术实践达成的共识,并没有行政命令或'政治权威'施加其间。"① 对于 20 世纪 80 年代末出现的否定毛泽东提出的中国近代社会性质的倾向,龚书铎在《历史的回答》一书中设专章做了新的论证,他指出:"对半殖民地半封建社会性质的认定,是中国人长期探索的结果,而不是对某一现成教条的照搬。""近代中国是半殖民地半封建社会,这是中国共产党人对近代国情的科学认识,是真理,这当然不是从狭隘的党派角度立言,而是因为这一判定已为实践所检验,被历史所证明。反帝反封建的民主革命的最终胜利证明了这一点,近代中国形形色色的改良主义运动的失败,则是从反面同样证明了这一点。"② 上述学者对于中国古代和近代社会性质问题的论述,有助于我们正确理解毛泽东当年关于中国历史的论断,也展现出了《中国革命与中国共产党》、《新民主主义论》的理论的科学价值。

(二) 对毛泽东的阶级斗争观点的认识和评价问题

如何正确认识阶级斗争观点和阶级分析的方法,是评价毛泽东的历史观的又一重要问题。新中国成立前后,毛泽东将是否承认和运用阶级观点和阶级分析方法作为区别唯物主义和唯心主义的重要标准,在新中国极为复杂的国际国内形势下,毛泽东人为地将阶级斗争严重扩大化,给党和国家的事业造成了严重灾难。在新时期,阶级斗争观点和阶级分析的方法受到学术界的质疑。通过讨论,对于过去很长时间过分强调阶级斗争,将阶级分析方法庸俗化的错误有了深刻的认识,这是中国历史学发展的重大进步。与此同时,淡化历史上的阶级斗争,放弃阶级分析的方法,也成为值得学术界重视的问题。

实际上,阶级斗争观点是马克思主义的基本观点,阶级分析方法也是马克思主义历史研究极其重要的方法。在《共产党宣言》中,马克思和恩

---

① 李根蟠:《中国"封建"概念的演变和"封建地主制"理论的形成》,《历史研究》2004年第 3 期。

② 龚书铎等:《历史的回答》,北京师范大学出版社 2001 年版,第 28—29 页。

格斯明确地指出了阶级斗争在历史上的重要地位,以及各个不同历史时期阶级斗争的具体表现和结果。随后,在《法兰西内战》、《路易·波拿巴的雾月十八日》、《德国的革命与反革命》等著作中,结合法国和德国的革命实际,进一步阐述了他们的阶级分析方法。关于阶级斗争在社会历史中的地位和作用,恩格斯作了较为系统的总结。他说:"将近40年来,我们一贯强调阶级斗争,认为它是历史的直接动力,特别是一贯强调资产阶级和无产阶级之间的阶级斗争,认为它是现代社会变革的巨大杠杆。"① 恩格斯概括地表述了马克思主义阶级斗争理论的核心:一是阶级斗争贯穿于除原始社会之外的整个人类历史;二是历史上各领域的斗争的实质是阶级斗争;三是阶级斗争发生的根本原因是经济的原因;四是阶级斗争是历史发展的直接动力。同时,恩格斯揭示出了马克思主义阶级斗争理论的科学价值。阶级分析方法是马克思主义研究历史的极其重要的方法,列宁进一步揭示了马克思主义阶级分析方法的理论价值。列宁指出:"马克思主义提供了一条指导性的线索,使我们能在这种看来扑朔迷离、一团混沌的状态中发现规律性。这条线索就是阶级斗争的理论。"② "必须牢牢把握住社会阶级划分的事实,阶级统治形式改变的事实,把它作为基本的指导线索,并用这个观点去分析一切社会问题,即经济、政治、精神和宗教等问题。"③ 与马克思主义阶级观点紧密相连的是他们关于人民群众推动历史发展的认识。结合人民群众在现实革命斗争中的作用,从历史唯物主义的基本理论出发,马克思和恩格斯指出:"历史活动是群众的事业,随着历史活动的深入,必将是群众队伍的扩大。"④ "历史活动是群众的事业",这是马克思唯物史观的重要观点,它从根本上否定了千百年来帝王将相和英雄人物创造历史的观点。

青少年时期的毛泽东与其他知识分子一样,敬仰历史上的名君贤相,敬慕康有为、曾国藩。正如有学者所言:"毛泽东从幼年时代和早期崇尚孔、孟、程、朱的儒家学说,服膺顾炎武的'经世致用'之学,推崇曾国

---

① [德] 马克思、恩格斯:《给奥·倍倍尔等人的通告信》,载《马克思恩格斯选集》第3卷,人民出版社1995年版,第685页。

② 列宁:《卡尔·马克思》,载《列宁选集》第2卷,人民出版社1995年版,第426—428页。

③ 列宁:《论国家》,载《列宁选集》第4卷,人民出版社1995年版,第30页。

④ 马克思、恩格斯:《神圣家族》,载《马克思恩格斯全集》第2卷,人民出版社1957年版,第104页。

藩的读书、做人、居官、行军的'八本',赞赏梁启超的'新民学说'和史学思想以及同意无政府主义的主张,到成为坚定的马克思主义者;从历史唯心主义者到成为一个辩证唯物主义者和历史唯物主义者,是经过一个相当长期的探索过程、认识过程和实践过程的。"① 接受马克思主义之后,特别是从事中国革命的实际斗争之后,毛泽东的历史观发生了根本性的变化,他认识到劳动人民在社会历史中的重要作用,因而,在《中国革命与中国共产党》中,对于历史上的农民起义和农民战争给予了很高的评价。正是从历史唯物主义的基本原则和现实的革命斗争中,毛泽东充分认识到人民群众在推动历史发展中的伟大力量,认识到阶级斗争观点是历史唯物主义的核心和根本。因而,在《论联合政府》的报告中,提出了"人民,只有人民,才是历史发展的动力"的著名论断。毛泽东还提出,"阶级斗争,一些阶级胜利,一些阶级消灭了。这就是历史,这就是几千年的文明史。拿这个观点解释历史的就叫做历史的唯物主义,站在这个观点的反面的是历史的唯心主义"②。对于毛泽东上述两点的认识,新时期不少学者认为它具有很大的片面性,但也有学者提出了不同的看法,指出:"毛泽东把毕生精力倾注于把马克思列宁主义真理与中国革命实际相结合的伟大实践,把辩证唯物主义和历史唯物主义的立场、观点和方法贯穿融合在他的大量著作中,而很少专门讲历史理论问题,更没有专门去撰述历史唯物主义的教科书,因此,他在谈到历史观点和历史理论的时候,往往是用非常简洁的语言概括历史唯物主义的基本原则。""我们在理解毛泽东的历史唯物主义和他运用阶级斗争观点和阶级分析方法观察历史和观察社会的时候,需要从他的全部思想体系中,从他指导革命的实践中去理解,而不能从个别词句中去理解,更不能把历史研究过程中发生的简单化和公式化的弊病,归结为毛泽东对历史唯物主义的概括表述。"③ 笔者认为,这才是对待毛泽东个别论断的正确态度。

马克思主义的阶级斗争学说和阶级分析方法,极大地影响了毛泽东及一大批中国历史学家。中国历史学家以阶级分析方法研究历史,使得他们对历史人物和重大历史事件的认识更为深入,极大地推动了中国马克思主

---

① 李侃:《毛泽东的历史观若干问题浅探》,《近代史研究》1994 年第 1 期。
② 《毛泽东选集》第 4 卷,人民出版社 1991 年版,第 1487 页。
③ 李侃:《毛泽东的历史观若干问题浅探》,《近代史研究》1994 年第 1 期。

义历史学的发展。尽管在阶级分析方法的运用方面，在 20 世纪 50 年代后期和"文革"时期曾出现了教条化、庸俗化的错误，出现了过分拔高农民起义和农民战争的历史作用的倾向，也曾将历史主义和阶级分析对立起来，将劳动人民和统治阶级对立起来，甚至出现了只讲劳动人民的革命斗争、只讲路线斗争的极左思潮。但不可因噎废食，否认唯物史观阶级分析方法的科学性和对历史研究的重要作用。

不可否认，历史唯物主义产生于激烈的阶级斗争和革命战争的环境下，马克思主义经典作家的相关论述也具有历史和认识的局限性。在很长时间里，毛泽东将具有丰富内容的历史唯物主义局限于阶级斗争，在丰富的马克思主义史学研究方法方面过分强调阶级分析；在强调"人民群众是历史发展的动力"时，将统治阶级和人民群众对立起来，这些也同样具有历史的和认识的局限性。受社会现实的影响，从片面的阶级斗争理论出发，在毛泽东的直接影响和推动下，掀起了对电影《武训传》的粗暴批判，开了政治直接干预学术讨论的恶例；历次政治运动，特别是反右运动的严重扩大化也伤害了一些史学家。对著名史学家吴晗的《海瑞罢官》和翦伯赞的"历史主义"的粗暴批判，最终导致发动了"文化大革命"，马克思主义史学家最终也被全面打倒。在"文革"后期，在全国范围内掀起了一场轰轰烈烈的"评法批儒"运动，在"四人帮"的直接操纵下，最终出现了严重背离马克思主义和科学原则的"影射史学"。毛泽东晚年所犯的发动"文化大革命"这一严重错误是他对历史和现实认识的局限性造成的。但是，毛泽东对中国马克思主义历史学的发展所做出的巨大贡献是不能抹杀的。

（原载于《史学理论研究》2013 年第 4 期，本文做了一些增订）

毛泽东史学思想及其当代价值

李　珍

　　毛泽东史学思想是中国马克思主义史学理论的重要组成部分，也是马克思主义中国化的重要成果。它主要包括历史科学研究的目的与任务、指导思想与方法，正确对待历史文化遗产、历史理论的若干重大问题等内容。毛泽东在不同时期，对这些理论命题所作的精辟阐发，深刻影响了中国马克思主义史学发展的方向、路径及基本面貌，发挥了巨大的历史作用。从治史的基本原则与基本方法的角度来看，其荦荦大者，可以概括为如下几个方面。

一　唯物史观：毛泽东史学思想的理论内核

　　唯物史观是中国马克思主义史学的理论基石。它要实现与历史悠久、遗产丰富的中国史学相结合，有两个必要的前提：一是马克思主义普遍真理与中国的具体实际相结合，即马克思主义中国化；二是运用唯物史观的基本原理对中国历史及其前途作科学分析。在这两个方面，毛泽东都作出了里程碑式的历史贡献。

　　青年毛泽东不断地寻求救国救民的真理。经过多年如饥似渴地学习、比较，他最终选择了马克思主义。自从 20 世纪 20 年代成为一名马克思主义者，唯物史观就成了毛泽东开展革命工作和理论研究的根本指导思想。他关于中国农民问题、中国社会各阶级问题的透辟分析，正是在调查研究的基础上，运用唯物史观的基本原理，对"中国革命的基本问题"所作的回答。《纪念巴黎公社的重要意义》一文，则是他较早对世界重要历史事件所作的马克思主义的分析。在这篇文章中，他鲜明地提出，包括中国史在内的人类历史，"无不是统治阶级与被统治阶级之阶级斗争的演进"。① 他认为，陈胜、吴广的起义，刘邦的反秦，洪秀全的反清，都是阶级斗争的具体表现。他在广州农民运动讲习所讲课的重要内容，就是用唯物史观分析、评价中国古代历史，纠正大家思想上普遍存在的英雄史观，推动对社会现实问题的了解，促进革命运动向前发展。这表明，科学的历史研究已经开始成为毛泽东革命斗争的一部分了。

中国共产党人运用唯物史观对中国历史，尤其是中国近代历史作相对系统、全面的研究，是在延安时期。在这一时期，为适应变化了的革命形势对党的理论创新所提出的要求，毛泽东思想走向成熟，实现了马克思主义中国化的第一次历史性飞跃。对中国历史的客观总结，是这个理论飞跃的重要内容。这说明，中国马克思主义史学与中国革命运动之间有着天然的、密不可分的内在关联。通过《实践论》、《矛盾论》等哲学著作，毛泽东对唯物史观的基本原理和范畴，如生产力与生产关系、经济基础与上层建筑、阶级与阶级斗争、国家与革命等，都作了阐发，从而使唯物史观具有了在中国历史文化背景之下的理论形态。

在此基础上，毛泽东提出了一系列关于历史研究的基本原则，确立了唯物史观在中国历史研究中的指导地位。

首先，坚持唯物史观的指导是中国史学真正成为科学的理论前提。在马克思主义传入中国以前，人们对社会的历史只限于片面的、错误的了解。而"人们能够对于社会历史的发展作全面的历史的了解，把对于社会的认识变成了科学，这只是到了伴随巨大生产力——大工业而出现近代无产阶级的时候，这就是马克思主义的科学"。② 正是在唯物史观的指导下，历史学才可能对自己的研究对象作全面的、历史的了解，进而成为一门科学。毛泽东与郭沫若、范文澜、何干之等历史学家的交往，其主要内容都是勉励他们以唯物史观为观察中国社会历史、文化的钥匙，"应用马克思列宁主义的立场、观点和方法，认真地研究中国的历史"，③ 写出科学的马克思主义史学专著。与对唯物史观的倡导相适应，毛泽东在《唯心历史观的破产》、《丢掉幻想，准备战斗》等文章中，对资产阶级的唯心史观作了辛辣的讥讽和批驳。他认为："自从中国人学会了马克思列宁主义以后，

---

① 《毛泽东文集》第1卷，人民出版社1993年版，第34页。
② 《毛泽东选集》第1卷，人民出版社1991年版，第283—284页。
③ 《毛泽东选集》第3卷，人民出版社1991年版，第814页。

中国人在精神上就由被动转入主动"，而西方资产阶级比如艾奇逊之流，"他们对于现代中国和现代世界的认识水平，就在中国人民解放军的一个普通战士的水平之下"。①

其次，阶级分析法是中国马克思主义史学的首要研究方法。阶级斗争贯穿人类几千年的文明史，是阶级社会发展的直接动力，用阶级观点分析问题、研究问题是马克思主义的基本方法。"在阶级社会中，每一个人都在一定的阶级地位中生活，各种思想无不打上阶级的烙印"，②"唯物史观问题，即主要是阶级斗争问题"。③ 我们运用这一方法研究历史，就是为了透过历史表象把握本质与规律，进而推动伟大的现实运动。《论反对日本帝国主义的策略》、《中国革命与中国共产党》、《新民主主义论》、《中国共产党在民族战争中的地位》等著作，是毛泽东运用阶级分析法，解剖近代中国国情、中国革命、中国历史的经典之作。其中关于近代中国的阶级构成、历史脉络、关键节点，以及关于革命性质、对象、任务、主力、策略和前途的精到分析，已经被新民主主义革命的伟大胜利所证明，同时也深刻地影响了新中国成立以后的历史研究。通过这些著作，唯物史观真正确立了在中国历史学尤其是近代历史研究中的指导地位。

最后，人民在创造历史过程中的动力作用是中国马克思主义史学着力反映的内容。人民是创造历史的动力，是唯物史观的根本观点。早在1919年发表的《民众的大联合》一文中，毛泽东就已经看到了人民群众中所蕴含的巨大力量，把"社会的改革和反抗"的希望寄托于他们的觉醒与联合。后来，他又多次强调人民在创造世界历史中所起到的动力作用，反对"唯心论历史家"们的英雄史观。"人民，只有人民，才是创造世界历史的动力"，④"这个历史家和哲学史家争论不休的问题，即通常所说的，是英雄创造历史，还是奴隶们创造历史……我们只能站在马列主义的立场上"。⑤ 当然，突出人民群众的主导地位，并不意味着否定领袖人物的历史作用。毛泽东认为，马克思主义者应当承认领袖人物的历史作用，但领袖人物的作用的发挥，离不开人民群众的力量支持。"应当承认少数人的作

---

① 《毛泽东选集》第 4 卷，人民出版社 1991 年版，第 1516 页。
② 《毛泽东选集》第 1 卷，人民出版社 1991 年版，第 283 页。
③ 《毛泽东书信选集》，人民出版社 1983 年版，第 602 页。
④ 《毛泽东选集》第 3 卷，人民出版社 1991 年版，第 103 页。
⑤ 《建国以来毛泽东文稿》第 13 册，中央文献出版社 1998 年版，第 115 页。

用，就是领导者、干部的作用，但是，没有什么了不起的作用，有了不起的作用的还是群众。"① "任何英雄豪杰，他的思想、意见、计划、办法，只能是客观世界的反映，其原料或者半成品只能来自人民群众的实践中，或者自己的科学实验中，他的头脑只能作为一个加工工厂而起制成完成品的作用。"② 歌颂人民、为人民服务，成为中国马克思主义史学最突出的时代特征。

唯物史观与中国史学的真正结合，是在从事这一工作的史学家们的自由争论、相互切磋中不断深入的。从历史的眼光来看，除了对以唯物史观指导史学研究的直接倡导，毛泽东对中国马克思主义史学的推动作用尤为重要，其表现是他对学术自由讨论氛围的维护与支持。"百家争鸣"的思想，就是毛泽东 1953 年针对范文澜、郭沫若两位史学家在中国古代史分期问题上存在的分歧而提出来的，并将其作为新创立的《历史研究》的办刊原则。他还身体力行，带头贯彻这一方针。1956 年，一位苏联学者表达了对《新民主主义论》关于孙中山的世界观论点的不同意见，我方陪同人员认为此举"有损我党负责同志威信"，请示是否有必要向苏方反映。毛泽东明确指出："我认为这种自由谈论，不应当去禁止。这是对学术思想的不同意见，什么人都可以谈论，无所谓损害威信……如果国内对此类学术问题和任何领导人有不同意见，也不应加以禁止。如果企图禁止，那是完全错误的。"③ 1958 年 7 月，他婉言谢绝为周谷城所著逻辑学著作作序，其理由之一，即是"问题还在争论中，由我插入一手，似乎也不适宜"。④ 1965 年 7 月，他一方面支持章士钊出版其《柳文指要》，一方面又客观地指出："大问题是唯物史观问题……但此事不能求之于世界观已经固定之老先生们，故不必改动。嗣后历史学者可能批评你这一点，请你要有精神准备，不怕人家批评。"同时，他还表达了对高二适与郭沫若商讨《兰亭序》真伪问题文章的支持意见，"争论是应该有的，我当劝说郭老、康生、伯达诸同志赞成高二适一文公诸于世"。⑤ 类似之例，在毛泽东的批语、信件中还有很多。这种高度

① 《毛泽东文集》第 6 卷，人民出版社 1999 年版，第 402 页。
② 《毛泽东文集》第 7 卷，人民出版社 1999 年版，第 358 页。
③ 同上书，第 9 页。
④ 《毛泽东书信选集》，人民出版社 1983 年版，第 544 页。
⑤ 同上书，第 602 页。

的学术自信与自觉，对唯物史观在历史学各个领域迅速生根、发芽、开花、结果，起到了无可替代的作用。

自马克思主义传入中国到新中国成立，中国马克思主义史学在现实运动的推动下，逐渐发展成为中国史学界的重要方面。中国马克思主义史学家队伍逐步形成，马克思主义历史学在中国古代史、思想史、近代史和中共党史等领域都有了自己的一席之地。① 新中国成立以后的 17 年间，在"百花齐放，百家争鸣"方针的指导之下，中国马克思主义史学有了突飞猛进的发展，出现了生动活泼的局面。马克思主义史学已经形成相对完善的研究、教学体系，出现了一批史学大家和史学名著。这些成就，都是在唯物史观的正确指导下取得的，同时也与毛泽东思想及其著作的广泛影响，与毛泽东本人对马克思主义史学的高度重视直接相关。

然而，马克思主义中国化并非一帆风顺、一蹴而就。这一方面表现为"文化大革命"时期出现了教条化理解运用唯物史观的问题，历史学的科学性遭到严重破坏；另一方面表现为在唯物史观的一些具体问题上，现在有了新的理解与认识。前者与毛泽东本人在晚年逐步偏离了正确的思想认识有关，也与历史学界对唯物史观的理解存在教条化、片面化倾向有关。后者则是马克思主义中国化过程中必然出现的正常情况。对唯物史观的某些具体观点，结合发展了的客观实际与理论需求，作出更加符合中国历史的准确的、全面的解释，是马克思主义与时俱进理论品格的具体体现，也是马克思主义中国化的重要内容。自然，这两种情况，都不能成为否定唯物史观，进而否定马克思主义史学科学性的理由。

作为正确阐释了人类社会发展规律的科学理论，唯物史观的基本原理是中国马克思主义史学始终要坚持与守护的。离开了这些基本原理，马克思主义史学就会成为无本之木、无源之水。从这个角度说，历史科学要坚持以唯物史观为指导，这既是一个理论问题，也是一个现实问题。毛泽东在阐发、运用唯物史观研究和学习历史、解决中国现实问题方面，为我们提供了成功的范例和宝贵的经验。认真总结这份珍贵的历史遗产，服务于当前的历史学建设，是一个重要的学术话题。

---

① 张剑平：《中国共产党与历史科学的发展》，《史学理论研究》2011 年第 3 期。

二 古为今用：毛泽东史学思想的突出特点

史学研究的重要目的，是为当前的社会发展提供鉴戒与经验。正是有了这种强烈的历史意识，中国史学才两千多年绵延不绝，为世界文明史上所仅有。毛泽东将自古而有的这种鉴戒思想，加以马克思主义的改造，提出了"古为今用"的史学目的论，使其有了鲜明的时代意义。

（一）马克思主义者要高度重视史学研究

首先，科学地把握历史、掌握历史规律，是客观剖析现实、明了方向的必要前提。在中国这样一个历史悠久且阶级矛盾、民族矛盾错综交织的古老大国，这一点显得尤为迫切。"指导一个伟大的革命运动的政党，如果没有革命理论，没有历史知识，没有对于实际运动的深刻的了解，要取得胜利是不可能的。"[①] 其次，历史是前后相续的，今天的中国是历史的中国的发展。科学总结历史，阐明历史规律，是"马克思主义的历史主义者"应当承担的责任。中华民族"是一个有光荣的革命传统和优秀的历史遗产的民族"，[②] 对于这一份珍贵的遗产，我们应当给予总结，并加以科学的说明。他尖锐批评有的人"对于自己的历史一点不懂，或懂得甚少，不以为耻，反以为荣"。[③] 不注重研究现状，不注重研究历史，不注重马克思列宁主义的应用，这些都是极坏的作风。"不论是近百年的和古代的中国史，在许多党员的心目中还是漆黑一团。许多马克思列宁主义的学者也是言必称希腊，对于自己的祖宗，则对不住，忘记了。认真地研究现状的空气是不浓厚的，认真地研究历史的空气也是不浓厚的。"[④]

（二）研究史学的目的是服务于今天的现实运动

毛泽东明确指出："向古人学习是为了现在的活人。"[⑤] 批判继承古代

---

① 《毛泽东选集》第2卷，人民出版社1991年版，第533页。
② 同上书，第623页。
③ 《毛泽东选集》第3卷，人民出版社1991年版，第798页。
④ 同上书，第797页。
⑤ 《毛泽东文集》第7卷，人民出版社1999年版，第82页。

文化遗产，"是发展民族新文化提高民族自信心的必要条件"。① 史学工作应当给人们以启发，给人们以信心，不是引导人们向后看，而是引导人们向前看。"我们必须把这些遗产变成自己的东西。然而我们中国有些人却崇拜旧的过时的思想，这些思想对于我们今天的中国不仅不适用而且有害。这样的东西必须抛弃。"② 历史研究的主要任务，就是"用马克思主义的立场、观点和方法，分析它、批判它。把被颠倒的历史颠倒过来"。③ 其目的正是为了更好地揭示历史真相，从更深刻的意义上反映、阐明历史发展规律，服务现实运动。因而，"一切有相当研究能力的共产党员，都要研究马克思、恩格斯、列宁、斯大林的理论，都要研究我们民族的历史，都要研究当前运动的情况和趋势；并经过他们去教育那些文化水准较低的党员"。④ 提高民族自信心，引导人们向前看，正是史学工作所以重要的原因之一，也是马克思主义史学工作的基本原则。

（三）正确对待史学遗产的基本态度是取其精华，去其糟粕

中国有几千年的文明史，创造了灿烂的文化成果，对于这些成果要作辩证分析，"我们信奉马克思主义是正确的思想方法，这并不意味着我们忽视中国文化遗产"，⑤ 但同时又"决不能无批判地兼收并蓄。须将古代封建统治阶级的一切腐朽的东西和古代优秀的人民文化即多少带有民主性和革命性的东西区别开来"。⑥ 对待封建文化应当有辩证的态度，它"也不全是坏的……当封建主义还处在发生和发展的时候，它有很多东西还是不错的"，"并不全是封建主义的东西，有人民的东西，有反封建的东西。要把封建主义的东西和非封建主义的东西区别开来"，⑦ 总的原则就是"清理古代文化的发展过程，剔除其封建性的糟粕，吸收其民主性的精华"。⑧ 而"反封建主义的文化当然要比封建主义的好，但也要

---

① 《毛泽东选集》第 2 卷，人民出版社 1991 年版，第 707—708 页。
② 《毛泽东文集》第 3 卷，人民出版社 1996 年版，第 191 页。
③ 芦荻：《毛泽东读二十四史》，《光明日报》1993 年 12 月 20 日。
④ 《毛泽东选集》第 2 卷，人民出版社 1991 年版，第 532—533 页。
⑤ 《毛泽东文集》第 3 卷，人民出版社 1996 年版，第 191 页。
⑥ 《毛泽东选集》第 2 卷，人民出版社 1991 年版，第 708 页。
⑦ 《毛泽东文集》第 8 卷，人民出版社 1999 年版，第 225 页。
⑧ 《毛泽东选集》第 2 卷，人民出版社 1991 年版，第 707 页。

有批判、有区别地加以利用"。① 这一认识，反对了两方面的绝对化倾向，提出了一个重要的史学命题，同时也为中国马克思主义史学指明了正确的发展方向。对历史遗产，取其精华，去其糟粕，已经成为中国史学家们进行历史研究的基本立场，深刻影响了各个领域学术研究的基本思路。

（四）毛泽东是践行古为今用原则的典范

毛泽东是一位史学素养极为深厚的政治家。他本人的史学实践，就是践行古为今用原则的典范。他关于史学的社会作用与根本任务、如何继承历史文化遗产等问题的论述，着眼点都在为实现马克思主义普遍原理与中国革命具体实际相结合服务，使共产党人对实际运动有"深刻的了解"，为解放中华民族这个"伟大的革命运动"提供帮助。他关于近代中国社会的分析，不仅是历史研究的重要成果，更成为中国共产党确定革命战略、策略的重要依据。正因为如此，《中国革命与中国共产党》、《新民主主义论》等经典著作，才以史学著作的形式，起到了反映中国历史实际、指引中国革命走向胜利的重大历史作用。另外，我们党"实事求是"的思想路线，就是毛泽东对《汉书》中的说法加以马克思主义的提炼和改造而提出来的。在党的组织建设和思想建设上具有重要意义的延安整风运动，也是通过对党的历史、党的理论、党的组织的正本清源，达到了团结同志、统一思想的目的，为争取新民主主义革命的胜利奠定了基础。从某种程度上可以说，学习和研究中国现状、中国历史，在新民主主义革命时期，起到了马克思主义中国化、民族化桥梁的重要作用。

在领导中国革命斗争、社会主义建设的过程中，毛泽东还熟练运用历史上的事件、人物，通过对他们的评价以古喻今、阐明道理、指点迷津。比如，井冈山时期，用黄巢、李自成起义败于流寇主义的历史来说明建立巩固的革命根据地的重要性；抗战时期，运用"围魏救赵"的战例来说明游击战争中的战略防御问题；在中国新民主主义青年团第二次全国代表大会期间，用周瑜这个"青年团员"带领东吴军队打胜仗的历史，提倡选拔干部要看能力，德才兼备，不能论资排辈；"大跃进"时期，用《登徒子好色赋》的反例，说明"攻其一点，不及其余"的片面思维方式的错误，

---

① 《毛泽东文集》第8卷，人民出版社1999年版，第225页。

希望党的领导干部学习郭嘉，多谋善断；"七千人大会"期间，用霸王别姬的故事，教育干部要听得进不同意见，防止"批评不得"的现象；20世纪60年代，用触詟说赵太后的故事，提醒党的各级干部要严格要求子女，防止他们"变质"；用孔子的课程，同样也"教出颜回、曾参、子思、孟子四大贤人"① 的史实，论证教育改革的必要性，等等。这些信手拈来又贴近实际的史实，与毛泽东对党的方针政策的阐发水乳交融，起到了极大的说服教育、思想动员的作用。

在具体史学研究领域，毛泽东认为，历史研究同革命斗争相联系的原则，应当贯彻在史学工作各个方面。1939年1月，他在给何干之的信中谈到民族史研究："如能在你的书中证明民族抵抗与民族投降两条路线的谁对谁错，而把南北朝、南宋、明末、清末一班民族投降主义者痛斥一番，把那些民族抵抗主义者赞扬一番，对于当前抗日战争是有帮助的。"② 这里所说的南北朝、南宋、明末、清末的抵抗与投降，与当时抗日战争中的抵抗与投降，自有不同的性质与具体内容，但从当时许多人对抗战没有信心、感到前途迷茫的背景来看，这种从"是非"的角度阐明抵抗与投降的对与错、利与弊，确有着突出的现实必要性；1939年2月，他主张对孔子的道德论"给以唯物论的观察，加以更多的批判"，将其放在恰当的位置，是为了"与国民党的道德观有原则的区别"。③ 1940年9月，他致信范文澜，鼓励他运用唯物史观清算经学历史，也是因为"目前大地主大资产阶级的复古反动十分猖獗，目前思想斗争的第一任务就是反对这种反动"，④ 希望他能为此做有益的工作。1944年11月，他致信郭沫若，称赞他的《甲申三百年祭》被共产党人"当作整风文件看待"，并希望郭沫若"经过大手笔写一篇太平军经验，会是很有益的"，其原因就在于这些研究成果切中要害，"有大益于中国人民"，⑤ 有益于革命运动。周谷城说："毛泽东'古为今用'是没有人能企及的。"⑥ 其根本原因，正在于他将科学理论与实际运动、学术研究与革命事业有机地结合起来了。

---

① 《毛泽东著作专题摘编》下册，中央文献出版社2003年版，第2279页。
② 《毛泽东书信选集》，人民出版社1983年版，第136页。
③ 同上书，第147页。
④ 同上书，第163页。
⑤ 同上书，第241页。
⑥ 同上书，第162页。

通过毛泽东所倡导的"古为今用"，马克思主义史学建设作为中国人民解放事业的一个必不可少的组成部分，为中国共产党在阶级斗争、民族斗争、思想斗争中取得全面胜利，发挥了理论宣传、鼓舞斗志的历史作用。在这一过程中，唯物史观日益深入人心，马克思主义史学不断发展壮大。

在中国马克思主义史学发展过程中，"古为今用"也在一些情况下尤其是在"文化大革命"中，演变为历史研究为现实政治服务的"以论代史"、"影射史学"。这是将古为今用作绝对化、片面化理解所导致的结果，对马克思主义史学研究产生了消极影响，这个教训应当吸取。

总体而言，毛泽东所主张的古为今用的史学目的论，既不同于中国传统史学中的"经世致用"，更不同于资产阶级史家所说的"历史是任人打扮的小姑娘"，而是将"用"的基础，建立在经过真正科学研究的"古"上。这里的关键问题有两个：一是实事求是，恢复历史的本来面貌，把颠倒了的历史再颠倒过来。这里所谓"颠倒了的历史"，指的是由于不同的阶级立场、不同的历史观所导致的历史评价的模糊、颠倒。二是把握规律，认清历史发展的趋势，引导人们向前看。这正是马克思主义史学研究的重要内容，也是其社会意义之所在。恢复历史的本来面貌，是把握规律的基础。预设结论、剪裁历史、只见树木不见森林，都与真正的古为今用格格不入。既不回避历史学的阶级性，也不回避它的目的性，正是马克思主义史学作为一门科学在理论上的彻底性所在。将科学研究的成果，通过各种方式服务于当前的社会主义建设事业，是马克思主义史学发展的基础，也是其保持蓬勃生命力的内在要求。

三 史学方法论：毛泽东史学思想的重要组成部分

运用唯物史观对历史学研究方法作科学的归纳、总结，是沟通哲学与史学、思想与实践的必要环节。毛泽东的史学方法论，同样体现出鲜明的"中国化"特征，即一方面接受了历史主义的基本方法，一方面又在它的基础上汲取了中国史学传统中的积极因素，对二者作有机的融合与创新。

（一）实事求是的思想方法同样适用于马克思主义史学研究

关于什么是实事求是，毛泽东有一段经典的论述，他说："'实事'就是客观存在着的一切事物，'是'就是客观事物的内部联系，即规律性，'求'就是我们去研究。"要做到实事求是，就必须"不凭主观想象，不凭一时的热情，不凭死的书本，而凭客观存在的事实，详细地占有材料，在马克思列宁主义一般原理的指导下，从这些材料中引出正确的结论"。①根据中国的实际，毛泽东反复强调对马克思主义一般原理的辩证态度，指出："马克思主义的活的灵魂，就在于具体地分析具体的情况"，②"本本主义的社会科学研究法也同样是最危险的，甚至可能走上反革命的道路"。③简而言之，尊重事实，科学运用理论，全面把握事实，正确分析事实，就是实事求是的研究过程。这一理论概括，在马克思主义史学理论发展史上具有重要的方法论意义。它建立在这样的认识基础之上，即历史"事实"是独立存在于人们的主观认识之外的，是相互联系的。在科学理论的指导下，史学家可以不断地接近并阐释它。从这个角度看，历史研究的客观性是可能的。"实事求是"的概念，以中国式的语言，阐明了科学的史学研究应当具备的要素及其相互关系、指导原则，从根本上纠正了封建史学与资产阶级史学或偏于一端，或主观随意的史学观念。

（二）阶级分析法是马克思主义史学的基本研究方法

毛泽东运用最多、最为看重的史学方法，就是阶级分析法。运用这一方法，毛泽东正确分析了中国社会的基本矛盾、基本任务，科学把握了中国近代以来的历史和现实，提出了解决中国问题的根本出路，形成了新民主主义理论。这一理论的基本观点，反映了、代表了中国共产党人对近代中国革命运动的科学认识，已经成为我们今天把握中国革命史、中共党史的理论基石。而中国马克思主义史学的发展壮大，也与阶级分析法的运用密不可分。把颠倒了的历史再颠倒过来，所运用的最重要方法就是阶级分析法。英雄史观、神意史观等各种形式的唯心主义，在中国历史学中的影响逐渐被清除出去了。在这一转变过程中，毛泽东的认识起到了举足轻重的作用。如我国史学界对中国社会历史进程的重新认识，对农民战争历史作用的重视，对曹操、秦始皇等历史人物评价的变化，都是在他的推动与

---

① 《毛泽东选集》第 3 卷，人民出版社 1991 年版，第 801 页。
② 《毛泽东选集》第 1 卷，人民出版社 1991 年版，第 187 页。
③ 同上书，第 111 页。

带领下，运用这一方法还历史以本来面貌的努力。从历史发展的长时段来看，这种转变本身及毛泽东所产生的积极影响，都是经得起检验的。

（三）全面的辩证的研究方法是历史唯物主义对史学研究的必然要求

毛泽东认为，由于"世界上的事情是复杂的，是由各方面的因素决定的"，所以"看问题要从各方面去看，不能只从单方面看"，[①]"我们必须学会全面地看问题，不但要看到事物的正面，也要看到它的反面"。[②] 除了辩证地看问题，还应当用历史的、具体的态度去分析历史，即把"所研究的问题发生的一定的时间和一定的空间"搞清楚，"把问题当作一定历史条件下的历史过程去研究"。[③] 形式主义地、片面地看问题的思维方式，即"对于现状，对于历史，对于外国事物，没有历史唯物主义的批判精神，所谓坏就是绝对的坏，一切皆坏；所谓好就是绝对的好，一切皆好"，[④] 与唯物主义的要求背道而驰。不离开历史的观点去研究历史，注意把辩证法应用于历史研究的过程中，表现在历史人物评价上，就是避免绝对化，坚持"两点论"，具体问题具体分析。马克思主义者应当对问题作全面的分析，才能解决得妥当。"我们每个人也是如此，总是有两点，有优点，有缺点，不是只有一点"[⑤]，不能"把片面当成全面，局部当成全体，树木当做森林"。[⑥] 对于历史人物的评价要结合具体背景，不能脱离历史条件而苛求古人。对于古代历史人物是如此，对于离现实更近、制约因素更多的当代人物，同样应有如此态度。在这方面，毛泽东对孙中山、陈独秀、王明等人的评价，为我们树立了光辉的典范，体现了他作为高明的史学家、卓越的政治家的见识与胸怀。

（四）比较研究法是历史主义研究方法的重要方面

在讲到如何研究党史问题时，毛泽东将比较研究法形象地表述为"古今中外"法。事实上，它反映了毛泽东对一般意义上的史学研究方法的思

① 《毛泽东选集》第 4 卷，人民出版社 1991 年版，第 1157 页。
② 《毛泽东文集》第 7 卷，人民出版社 1999 年版，第 238 页。
③ 《毛泽东文集》第 2 卷，人民出版社 1993 年版，第 400 页。
④ 《毛泽东选集》第 3 卷，人民出版社 1991 年版，第 832 页。
⑤ 《毛泽东著作专题摘编》上册，中央文献出版社 2003 年版，第 137 页。
⑥ 《毛泽东选集》第 3 卷，人民出版社 1991 年版，第 994 页。

考，因而也适用于其他领域的史学研究。他说，"古今中外"法是历史主义研究方法的一个重要方面。"所谓'古今'就是历史的发展，所谓'中外'就是中国和外国，就是己方和彼方。"① 扩而言之，就是对所有历史研究对象作上下纵横的比较研究，"世界上没有这方面，也就没有那方面。所以有一个'古今'，还有一个'中外'"，"两种材料对照起来研究，这就叫做'古今中外法'，也就是历史主义的方法"。② 这种方法强调通过对历史研究客体相关因素的全面把握，最大限度地接近历史的真实。它启示我们要尽可能地开阔眼界，以世界的、历史的视野看待过去和现在的具体问题。

（五）分析综合法是科学反映历史过程的重要途径

历史研究尤其是综合史的研究包罗万象，如何将纷繁复杂的史实主次分明、相对完整清晰地反映出来，是历史研究的难点，也是史学理论研究的重要课题。毛泽东认为，分析综合的方法对科学研究非常重要。他借用苏轼的"八面受敌"法，将这一思想概括为"四面受敌"法。所谓"四面"，即指历史研究所有门类中最为重要的政治史、经济史、军事史、文化史四个方面。在这四个方面的历史都分析好、研究好的前提下，才能"作综合的研究"，③ 进而"得出中国革命的结论"。④ 这个过程，就是从个别到一般、从现象到本质的过程，就是将个体与全体、分析与综合辩证统一的过程。毛泽东还将这一研究方法扩展到更为具体的史学研究领域，如认为最基层的家史、村史的研究，"是进而研究整个宏观社会历史的基础"⑤，"县志、府志、省志、家谱"的研究，可为中央工作的"直接助手"⑥ 等，都是他"分析而又综合"⑦ 思想的不同反映。

毛泽东在运用这些方法的过程中纵论古今，品评人物，收放自如，使中国史学理论中的积极成果与马克思主义方法论的融合达到了新的高度，为"中国作风、中国气派"的马克思主义史学建设打下了坚实的基础。当

---

① 《毛泽东文集》第 2 卷，人民出版社 1993 年版，第 400 页。
② 同上书，第 406 页。
③ 《毛泽东选集》第 3 卷，人民出版社 1991 年版，第 802 页。
④ 《毛泽东文集》第 2 卷，人民出版社 1993 年版，第 381 页。
⑤ 张贻玖：《毛泽东读史》，中国友谊出版公司 1991 年版，第 37 页。
⑥ 同上书，第 361 页。
⑦ 同上书，第 380 页。

然，在中国马克思主义史学的不同领域、不同方面，所使用的具体研究方法也会有所不同。正是有了运用这些研究方法所取得的科学研究成果，唯物史观才能够真正在中国史学研究中确立其指导地位。由这些方法论所带来的对中国社会历史进程、历史事件、历史人物认识上的转变，使中国马克思主义史学独树一帜，以全新的形象有别于中国传统史学和资产阶级史学。

四　结语

马克思主义中国化是一篇大文章。到今天为止，对这篇大文章的研究、探索仍在继续。唯物史观与中国史学的结合，也是一个长期的过程。作为毛泽东思想的重要组成部分，毛泽东史学思想无疑也是马克思主义中国化的重要成果。从中国历史学发展的长河来看待这个成果，它在推动史学科学化方面所起到的作用，就会更清楚。中国近代史学受西方史学思潮的影响而开始转型，随着马克思主义的传入而真正走上科学化的道路。在这条道路上，李大钊、李达、蔡和森、瞿秋白、郭沫若等革命者和史学家，都作出了很大的贡献。而从哲学角度对唯物史观的基本原理作深入浅出的阐发，并将其与中国史学相结合，进而塑造中国特色马克思主义史学，毛泽东无疑是最成功的。其根本缘由，是他能够站在历史的制高点，根据现实运动的需要研究理论，并由此出发对中国传统历史学做独到的解析。对于马克思主义史学的创新发展而言，这是应当始终坚持的基本原则。

新中国成立以来，尤其是改革开放以来，随着交流的扩大、视野的开阔，我们对唯物史观本身及其指导下的史学研究的把握已经取得了长足的进展。从马克思主义史学的发展前景看，这些进展与毛泽东在其奠基与起步阶段所作的历史贡献，应当是一种补充、完善的关系。毛泽东史学思想的科学内涵，以及他坚持真理的理论勇气，都是中国马克思主义史学应当继承与发展的。无论是研究领域的扩大、研究方法的多样化，还是在某些理论问题上不断有新的见解，都应当从丰富发展马克思主义史学的角度去探讨。离开这个基本点去谈史学创新，很难取得真正的进步。如果所谓新的进展，直接或间接地恢复了英雄史观、神意史观，歌颂了剥削者、压迫者，甚至为侵略者涂脂抹粉，进而否定了"发展民族新文化提高民族自信心"的必要性，那显然是与历史科学的发展要求背道而驰的。

当然，对于毛泽东史学思想及其实践中存在的失误，我们也不能回避。对这些失误做客观的研究与分析，是中国马克思主义史学必须要面对的理论课题。从历史的眼光看，世界社会主义运动的曲折历史，马克思主义中国化的艰难历程，都可以作为这个课题研究的宏大背景，同时也为寻找失误的原因提供了某种理论启示。从史学理论的角度看，这些失误在本质上，是违背毛泽东史学思想基本原则的。区分方法本身与对方法的运用两个不同层面，对它们分别作客观、平实的认识，是中国马克思主义史学研究应有的科学态度。

（原载于《毛泽东邓小平理论研究》2013 年第 11 期）

杨翼骧先生与中国史学史研究

瞿林东

　　杨翼骧先生是研究中国历史和中国史学史的名家，他在中国史学史研究领域所作出的贡献，一是对于中国史学史学科基础建设具有不可替代的价值；二是他对于中国史学的一些重要问题的思考和阐述，反映了他在学术上的会通和卓识；三是他在培养专业人才方面呕心沥血，在奖掖后进方面热情真挚，使后学获益甚多，使学科队伍得以壮大。本文仅就上述几个方面，略述杨翼骧先生在当代中国史学史研究领域所占有的重要地位。

一　对学科基础建设的重要贡献

　　学科基础建设既是学科得以建立和发展的前提条件之一，也是有志于该学科研究者的入门路径之一，其重要意义不言而喻。杨翼骧先生在这方面做了三件事。

（一）关于《中国史学史资料编年》

　　中国史学家在作有关"资料编年"方面有悠久的历史，宋人司马光主持编撰《资治通鉴》一书，首先就是作资料长编。从性质上看，这是有关资料序列的排列，同时也可以视为某一撰述的初稿，如李焘的《续资治通鉴长编》或许更能说明它兼具二者的特点。杨翼骧先生作《中国史学史资料编年》当始于 20 世纪 50 年代，发表于《南开大学学报》1957 年第 4 期的《三国两晋史学编年》，是杨先生第一篇公开发表的"资料编年"。《学忍堂文集》收录了《先秦史学编年》一文①，但文末未注明发表出处，疑

---

　　① 杨翼骧：《学忍堂文集》，中华书局 2002 年版，第 69—88 页。

先有此撰述，但此前并未公开发表。

从 20 世纪 80 年代起，杨先生开始将"资料编年"结集分册出版，于 1987 年出版了《中国史学史资料编年》第一册（先秦至五代），1994 年出版了第二册（两宋），1999 年出版了第三册（元明）。以上三册，均由南开大学出版社出版。这里，有两点值得我们注意：第一，从作者于 1957 年发表《三国两晋史学编年》一文，到 1999 年《中国史学史资料编年》第三册出版，经历了 42 个年头。这就是说，作者在 40 多年的时间里，始终在默默地致力于中国史学史学科的基础性工作。把学科的基础建设看得如此重要，以至于投入了自己的大部分学术生命，这是一种多么严谨的学风、高尚的精神。正是这种精神的感召力，赢得了所有从事中国史学史研究学人尤其是包括笔者在内的众多后学的钦佩和尊敬。第二，杨先生在把"编年"结集出版时，加上了"资料"二字，这是出于怎样的考虑呢？作者对此没有作出说明，据愚意揣测，一是表明此书并非中国史学之研究的编年，而是中国史学之资料的编年，反映了作者的谦谦之意；二是着眼于"资料"，从而突出了此书的资料性，故读者阅读此书当有所参考。细细品味，"资料"二字加得甚好。作者在《学忍堂文集·自序》中这样写道：

> 1942 年，时为北京大学助教，姚从吾先生开设中国史学史课程，令我为之抄录资料备用。查阅与抄录资料过程中，忽悟应当编辑一套《中国史学史资料编年》，作为研究的基础。如今此书出版了三册，最早动因，乃在 60 年前。[①]

看来，这正是加上"资料"二字的历史渊源。需要指出的是，杨先生在几十年前是为老师"查阅"、"抄录"资料，而其后所做的"查阅"、"抄录"资料，则是着眼于后学，使其"作为研究的基础"。可见，学术研究本身，启发了学人在学术传承与创新方面的自觉意识。

中国史家自古以来讲求史书撰述的体例，司马迁《史记》的《太史公自序》及其包含的各篇小序即可视为全书的体例，班固《汉书》的《叙传》亦然。西晋杜预以研究经学名于世，也是一位精通史例的学者。唐代史家刘知幾著《史通》而设有《序例》专篇，强调史例的重要，认为：

---

① 杨翼骧：《学忍堂文集》，中华书局 2002 年版，第 2 页。

"史之有例，犹国之有法。国无法，则上下靡定；史无例，则是非莫准。"①杨先生作"资料编年"，严格遵循这一优良传统，通览《学忍堂文集》所收四篇"史学编年"，均各有"例言"置于篇首。这四篇"例言"因专就不同断代而设，故多有异同，而又相承相因，反映了作者对体例的重视和不同时期史学发展的格局。值得注意的是，其中《三国两晋史学编年》的"例言"，大致已确立了后来出版的《中国史学史资料编年·例言》的章法。如果进而将《中国史学史资料编年》第一、二、三册的"例言"加以比较的话，也还是可以发现有少数文字改动和条文顺序调整之处，这足以反映杨先生对于史书体例要求的严格和语言表述的严谨。如关于"所标年代"问题，对于以"编年"名书的著作自是关键所在，故作者将原置于第一册"例言"中的第三条，改置于第二册"例言"中的第二条，并对文字表述作了修改。第一册第三条的文字表述是：

> 所标年代首列公元纪年，次列各朝帝王的年号及年数。但在分裂割据时期，同时并存的政权大都在两个以上，如全部胪列则嫌繁赘。今为简明扼要起见，在公元纪年之后，仅列其与某年史学事迹有关的王朝年号及年数，无关者从略。（引者按：第三册同此）

从上述的对比中，"所标年代"的位置变动了，关于"年代"书写的要求更明确了。仅此一条即可说明，研究者对于历史编纂中的体例问题是一个不断认识的过程，这个过程真实地反映了作者严谨治学的精神。

《中国史学史资料编年》（以第二、三册为例）有"例言"八则：一是关于编纂内容和目的，二是关于年代书写方法，三是资料取舍原则，四是关于地理书的处置，五是所录史家活动范围的界限，六是关于编者按语（多系考证之语）对有关年代的说明，七是关于史家著作无法考定年代的处理方法，八是关于史家生卒年的处置通例。八则"例言"，有五则与年代有关，这正是"编年"为书的基本特点，也是编撰者遇到最多、最繁难的问题。《中国史学史资料编年》一书，在这方面不仅为后学提供了方便，也为后学树立了严谨治学的榜样。

《中国史学史资料编年》一书之所以被称为学科基础建设的著作，因

---

① 刘知幾：《史通》上册，浦起龙通释，上海古籍出版社 1978 年版，第 88 页。

为它具有以下几个方面的作用。

第一，此书把中国古代史家活动、历史著作、史学现象等重要人物与史事，以年代和基本史料贯穿起来，名为"编年"，实已具备了"史学史"的雏形，为研究者尤其是初学者梳理了一个大致的脉络。

第二，"资料编年"重在明确何年有何事，突出了时间的重要性，并对有些年代不明者进行考订，为某些具体个案研究提供了方便。

第三，研究史学史，当以基本史料为基础，此书作为"资料编年"，其所举史家、著作、史学活动，均以第一手资料为依据，且一一说明资料的出处，研究者以此为线索拓展开去，必有收获。

第四，编年之书的一个特点，是以年代贯穿全书，便于阅读者作纵向观察和思考。这种纵向观察和思考，相对来说，比较容易使阅读者发现事物在时间推移中存在这样那样的联系（一致的、矛盾的、互补的种种联系），进而从中概括出值得进一步研究的问题，或者是他人从未关注过的新问题。如北宋官修《唐书》（即《新唐书》）的修撰过程，就是一个值得关注的问题，《中国史学史资料编年》第二册就此事概括了如下事目：

1044　宋仁宗庆历四年

　　　贾昌朝建议修《唐书》

1045　宋仁宗庆历五年

　　　王尧臣、曾公亮等编修《唐书》

1049　宋仁宗皇祐元年

　　　宋祁为《唐书》刊修官

1051　宋仁宗皇祐三年

　　　宋祁在亳州修《唐书》

1052　宋仁宗皇祐四年

　　　宋祁请以宰相监修《唐书》

1054　宋仁宗至和元年

　　　诏宋祁、范镇等速上所修《唐书》

　　　诏欧阳修修《唐书》

1055　宋仁宗至和二年

　　　欧阳修论修《唐书》采集史料事

1058　宋仁宗嘉祐三年

　　　　梅尧臣为编修《唐书》官

1060　宋仁宗嘉祐五年

　　　　欧阳修、宋祁等著成《唐书》（即《新唐书》）

1061　宋仁宗嘉祐六年

　　　　《新唐书》作者之一宋祁卒①

　　以上每一事目之下，均列举丰富资料及出处以为佐证。据此，我们或许可以提出这样的问题：宋祁在修撰《唐书》（《新唐书》）过程中起了怎样的作用？唐朝史馆修史，不论是前朝史还是"国史"，均系宰相监修，宋朝在这方面是什么制度？宋仁宗急于读到史官所修《唐书》，是出于什么考虑？等等。这些问题，都是阅读者很自然地就会想到的，是否值得进一步去研究它们，那就需要根据材料而定。但仅仅是想到这些问题，或许就加深了阅读者对《新唐书》产生过程的认识。

　　此外，《中国史学史资料编年》提到前人所著的许多书今已不传，这也从一方面丰富了阅读者对史学史的认识。

　　作"资料编年"，必须广泛阅读，否则不能成编。笔者没有统计《中国史学史资料编年》征引了多少种文献，但可以断定，这是一个不小的数目，有兴趣的朋友，不妨作一统计。

（二）关于《中国史学史研究述要》

　　此书由杨翼骧先生审定，乔治忠、姜胜利两位教授编著，天津古籍出版社1996年出版。全书包括八章，第一章绪论，论述中国史学史研究对象、学科特点、研究的意义及研究方法等方面的问题。第二章至第四章是研究状况概述（上、中、下）。第五章至第八章分别介绍研究中国史学史的基本史料、参考书、工具书及重要论著索引。总起来看，这是一本指导中国史学史研究的入门之书。

　　这里要着重讨论的是本书的第二、三、四章即研究状况概述上、中、下三篇。其上篇概述了关于中国史学史的基本理论、关于中国史学史总论、关于中国史学史的起源及先秦史学、关于秦汉史学、关于魏晋南北朝

---

　　① 以上参见杨翼骧《中国史学史资料编年》第二册，南开大学出版社1994年版，第101—129页。

史学；中篇概述了关于隋唐五代史学、关于宋辽金元史学、关于明清（1840 年以前）史学；下篇概述了关于近代的非马克思主义史学、关于近代的马克思主义史学。这三篇概述，把前人对于上至史学的起源、下至近代马克思主义史学的研究，作了历史性的述评，使这一研究领域的发展脉络、主要问题、各家观点、代表性成果等具体状况都展现出来。这种关于研究性资料的历史述评，对后起的研究者具有重要的参考价值。诚如该书《后记》所说：

> 近年以来，中国史学史研究的学术队伍日益壮大，呈现出兴旺的发展前景。而凡是学术事业，知故方能创新，只有了解已有的研究状况，才可作进一步的探索。所以，我们不揣浅陋，特编著此书，力图向学术界集中地提供中国史学史研究已达到的水平，但愿可为海内同人提供一些信息、线索。本书努力将学术性、资料性、工具性融合于一体，以适应初学者和研究者不同层次的需要。全书内容以介绍解放后国内的研究状况为主，时间下限止于 1987 年，此后发表之宏篇巨论，留待将来续补。①

由此可见，提供信息，本是编著者的初衷。但是，从该书的内容来看，只有对相关领域有相当的研究，才能提供高水平的、真正有参考价值的信息。以唐代史学中关于刘知幾史学的研究为例，编著者就任继愈、侯外庐、白寿彝、杨翼骧、王玉哲、程千帆、傅振伦等老一辈学者对刘知幾及其《史通》的研究和评论，一一作了概述②，从而使后继者得知关于刘知幾及《史通》研究进一步探索的路径、重点、方法等，得到许多启示，显示出对研究性资料作历史述评的价值所在。

又如中编的"对于司马光《资治通鉴》及其相关问题的研究"标目之一，首先介绍了《资治通鉴》一书的编撰及司马光的其他论著，同时追述北宋以至清朝学人对《资治通鉴》的研究，涉及注释、续作、改编等。其中着重强调了元初胡三省《资治通鉴音注》，明末清初严衍、谈允厚《资治通鉴补》，突出了近代梁启超、章太炎对《资治通鉴》的评价，指出崔

---

① 杨翼骧审定：《中国史学史研究述要》，天津古籍出版社 1996 年版，第 457 页。
② 同上书，第 121—125 页。

万秋的《通鉴研究》和张须的《通鉴学》是对《资治通鉴》研究的总结性专著。新中国成立后，由于《资治通鉴》研究受到更为广泛的关注，该书编著者则按专题研究予以概述，这些专题是：关于《通鉴》的编修分工及其过程；关于司马光的政治态度；对司马光历史观点的评论；对《资治通鉴》史学地位和史学方法的评介；对司马光其他著述的评介；对《资治通鉴》参修人员的研究等。其征引的研究范围，有翦伯赞、陈千钧、柴德赓等老一辈学者的论著，也有许多后起的中青年研究者的文章，展现出《资治通鉴》研究的历史和现状。① 这是把历史述评和专题介绍结合起来了。

杨翼骧先生为什么领着他的弟子们来编著《中国史学史研究述要》一书？显然，这同样反映出杨先生对中国史学史学科基础建设的高度重视，上引该书后记中所写的那些真诚的话语已表述得十分清楚。几个月前，笔者写了一篇《论中国史学学术史的撰述方式》，发表在《河北学刊》2013年第3期，近日《新华文摘》还转载了此文。现在笔者想补充说几句，从性质上看，《述要》也可视为20世纪中国史学学术史的一种形式。有志于此道的专业工作者，若在此基础上，略仿本书的体例，编著自1987年以来二十余年的《中国史学史研究述要续编》，一定是很有意义的。

（三）关于《中国历史大辞典·史学史卷》

该书是吴泽先生和杨翼骧先生共同主编，由上海辞书出版社于1983年出版，至今已整整30年了。书首"说明"这样写道："本卷是《中国历史大辞典》的专史分卷之一，包括史学一般、史官、史家、史籍诸方面，共收词目3360条。"这是交代了本书的性质、内容和范围。

笔者之所以把这本书也看作是中国史学史学科的基础建设，大致说来有三个原因：第一，中国史学遗产丰富，《四库全书总目》史部所收之书都有提要，可供参考；私家撰述，自古迄今，也有一些史部要籍介绍一类的专书，但大多文字烦冗，不便于阅读。第二，凡书目解题之书，很少涉及"史学一般"即有关专业理论和专业术语方面的内容，《史学史分卷》在这方面是一个新的尝试。第三，中国是史学大国，对于史学自身历史的展示应从多个视角呈现出来，而辞目即是一种重要形式，《史学史分卷》

---

① 杨翼骧审定：《中国史学史研究述要》，天津古籍出版社1996年版，第134—142页。

迈出了第一步。《史学史分卷》在书首"说明"中作了这样的解释：

> 史学一般，主要指历史科学的一般词语。史官侧重选收古代部分。史家主要选收以史学著述而知名者，其著述失传但在古史著录中着重举名者，和虽无史著但其有关史观和史法的论著与史学有密切关系者。选收年代下限，大致迄于清末。但处于辛亥革命前后的著名史学家，为避免割裂起见，不受此限。史籍包括史论、史著、典制、表谱、辑佚、史评及史籍校勘等。历史教科书、外国人写的中国史书和中国人写的外国史书、通俗史学著作等，视其史学价值酌收。文集、日记、笔记、游记、诏谕、奏议、专志、谱牒、年谱、书札等，视其与史学关系和史料价值从严选收。地方志及地方文献，稿本、抄本除众所周知者外，一般均不收。著名的丛书和专辑，以丛书和专辑名入目。史籍收录的年代下限，一般以著述或刊行在辛亥革命以前者为断，但跨年限的著名史著和著名史家的著述亦酌收。

从上述的"说明"中，可以看出这是一部丰富的关于中国史学史的辞书，便于研究者检索、参考之用。自综合各分卷辞目的《中国历史大辞典》上下册出版后，各分卷似不曾再版。为了进一步推动中国史学史研究的深入发展，也为了进一步扩大中国史学史学科的影响，笔者个人以为，史学史分卷仍有出版的必要，从而把吴泽先生和杨翼骧先生开创的这一学术成果继承、发展下去。倘能组织有关同行对其作一次修订、补充，也是可行的、有益的。

应当特别提到的是，杨翼骧先生为了参与《中国历史大辞典·史学史卷》的主编工作，不得不放下他已经撰成"草稿"的《中国史学史》专著。杨先生在1980年12月给笔者的信中说到此事，他说：

> 两年多以前，我开始撰写《中国史学史》，现仅粗具草稿，还需大力补充和修改。原拟到明年完成初稿，可是今年初上海师大（按：当指上海华东师大）的吴泽先生非拉我参加《中国历史大辞典》的工作不可，我几次推辞都未蒙允准，现在已确定吴泽先生和我任中国史学史分册的主编，并在明年完稿，这样一来，对我的压力太大了，我的写作计划也就不能按时完成了。

由此可见，在二者不能兼顾的情况下，杨先生还是"服从"了有关学科基础建设的工作。他撰写的《中国史学史》一书，虽然在他生前未能出版，但在笔者看来，在杨先生心中，又岂是只有一部中国史学史呢。

二 对重要史学问题的会通与卓识

杨翼骧先生在《学忍堂文集·自序》中，简要地讲到他同中国史学史的教学与研究结缘的经过：最先是受到梁启超先生《中国历史研究法》及《补编》的影响而引发兴趣，继而是因担任姚从吾先生讲授中国史学史助教工作的启示，再者是因向达先生的推荐而讲授中国史学史课程。这就是说，直到杨先生辞世，60多年中，他从未间断对中国史学史的关注。在多年的教学与研究生涯中，杨先生先后开设过中国史学史、中国通史、中国历史文选、秦汉史专题研究、中国历史名著选读等课程，参与了刘泽华先生主编的《中国古代史》教材的撰写①，以及在本文前一个部分中所提到的有关中国史学史学科基础建设的多种著作等，这就使杨先生在历史与史学的关系上达到会通的境界，进而对史学上的一些重要问题提出独到的卓然之见。

《学忍堂文集》收录了杨翼骧先生关于中国史学史研究的十几篇专论，反映了作者探索中国史学史发展路径的旨趣。这些专论包括：《我国史学的起源与奴隶社会的史学》、《司马迁记事求真的方法与精神》、《班固的史才》、《三国时代的史学》、《裴松之和范晔》、《裴松之与〈三国志注〉》、《刘知幾与〈史通〉》、《唐末以前官修史书要录》、《应当继承司马光认真负责的精神》、《说中国近代史学》等。从这些专论不难看出，杨先生对中国史学史研究不仅在资料爬梳、辨析上有突出的贡献，而且在"会通"考察上也极具匠心。作者论中国史学的起源，从文字产生、甲骨文记事和早期史官讲起；论司马迁，从"材料的收集"、"实地的考察"、"亲身访问"，讲到"专心锐志完成著作"；论近代史学，从"思想的前驱"，讲到新史学的建立、发展和"倒退倾向的出现"，以及马克思主义史学的

---

① 参见杨翼骧《学忍堂文集》附录《杨翼骧先生学术系年》，中华书局2002年版，第462—470页。

建立和发展，涉及自梁启超至翦伯赞等一大批史学家，并对他们作了评价。凡此，读来都使人颇受启发，同时亦可窥见作者自 20 世纪 40 年代以来，探索中国史学史丰富底蕴所取得的成就。

不论是"史学编年"，还是会通研究，都反映出杨先生关于中国史学史研究的独到见识。《学忍堂文集》中所收的《中国史学史绪论》一文，是一篇理论文章。它极为精练地阐明了"学习和研究中国史学史的意义"、"中国史学史的内容"、"过去对于中国史学史的研究"。它强调客观的历史同撰写的历史的区别，强调历史知识同史学修养的区别，强调研究中国史学史的学术意义和社会意义，这些论述对史学工作者都有深刻的启迪。

这里，笔者仅就上述论文中所阐述的第一个问题"学习和研究中国史学史的意义"，来学习和领会作者在历史与史学各自的及相互间的有关种种复杂问题的论述。

第一，关于客观存在的历史与用文字记载和编写的历史的关系。作者明确地写道：

> 我们所说的人类社会的历史，有两种不同的含义：一是客观存在的历史，即历史本身。这种历史在时过境迁之后，即已消失，后人不能看到它的原貌，只能在地下发现的实物和地上保存的古迹中，了解到一些个别的情况。一种是人们用文字记载和编写的历史，这种历史不一定符合历史本身的实际情况或者不完全符合，甚至完全不符合。然而，学习和研究历史的人，主要是依据这种历史去了解历史本身的情况。①

作者用平实的语言说明两种"历史"，进而说明人们是依据后一种"历史"即"用文字记载和编写的历史"，去了解、认识前一种"历史"即"客观存在的历史，即历史本身"。作者认为，不应当由于用文字记载和编写的历史"不一定符合历史本身的实际情况"而放弃研究历史，甚至否定"历史本身"的存在，因为这不是历史学家区别两种"历史"的出发点，恰恰相反，正是因为存在这两种"历史"的差别，更加激发着世世代代的历史学家努力发掘新的资料，不断完善对"历史本身"的认识和解释。

---

① 杨翼骧：《学忍堂文集》，中华书局 2002 年版，第 408 页。

第二，"已经编写的历史要不断改写"，是史学发展的规律，是历史研究不断进步的表现。杨先生指出："用文字记载和编写的历史，主要包括两方面内容，一是历史事迹的记载，一是对于历史的解释和评论。"① 指出这"两方面的内容"是非常必要的，因为"用文字记载和编写的历史"，绝非只是为弄清"历史的真相"，它还包含人们"对于历史的解释和评论"，而这种"解释和评论"则同人们的历史观、方法论密切联系；为了使这种解释和评论尽可能合理，强调解释者、评论者应具有正确的历史观和方法论，就成了题中应有之义了。从这个意义上来看，杨先生指出的"用文字记载和编写的历史"这"两方面的内容"本是密不可分的，也是任何一个历史研究者都回避不了的。

当然，也只有在这个前提之下，历史研究才可能不断走向进步，不断获得新的发展，正如杨先生所说："我们学习历史知识既然以文字记载和编写为主要依据，那么我们所了解的历史情况就难免不符合历史本身的实际，所以要继续不断地发掘史料、进行研究，已经编写的历史要不断改写。"② 显然，这种"不断改写"是为了更加"符合历史本身的实际"，更加接近历史发展的"大道"，而不是任何形式的对历史的曲解和肢解，以至于抹杀。

关于这个问题，我们可以引用李大钊的论述，从理论上作进一步的说明。1924 年，李大钊在《史学要论》第一章《什么是历史》中写道：

> 一时代有一时代比较进步的历史观，一时代有一时代比较进步的知识；史观与知识不断的进步，人们对于历史事实的解喻自然要不断的变动。去年的真理，到了今年，便不是真理了；昨日的真理，到了近日，又不成为真理了。同一历史事实，昔人的解释与今人的解释不同；同一人也，对于同一的史实，昔年的解释与今年的解释亦异。此果何故？即以吾人对于史实的知识与解喻，日在发展中，日在进步中故。进化论的历史观，修正了退落说的历史观；社会的历史观，修正了英雄的历史观；经济的历史观，修正了政治的历史观；科学的历史

---

① 杨翼骧：《学忍堂文集》，中华书局 2002 年版，第 408 页。
② 同上书，第 409 页。

观，修正了神学的历史观。①

这种对历史"解喻"的"不断的变动"，是建立在"史观与知识的不断的进步"基础上的，而不以否定历史知识、历史事实的存在和价值为代价，更不是以否定历史观的作用为代价。当今史学界所面对的一些新的理论上的"挑战"，有些问题是可以从史学发展史上得到某些启示而予以说明的。正因为如此，杨先生作了这样的结论："一般人只懂得历史知识就行了，而学习历史专业与从事历史研究工作的人，除了历史知识外，还要懂得史学。"② 按照同样的道理，从事史学研究和史学史研究工作的人，也应当多懂得一些历史知识和历史发展大势及一些规律性现象，这必将有利于自身的认识和研究。

第三，关于研究中国史学的意义。尽管史学同历史有非常密切的关系，但长期以来，重历史而轻史学的现象在历史学界以至于学术界都是存在的，这一方面是由于近代以来人们大多关注历史本身的研究，对于作为一个学科的史学关注较少，而尤其对史学发展史的关注更少；另一方面，这应当是更重要的一个方面，由于对史学的发展研究不够，也就不可能认识到史学史研究的重要性，以及它对于研究历史之重要性的认识，甚至还存在着不能划清历史与史学的研究内涵之不同的奇怪现象。因此，对从事史学研究的人来说，就更应当明确研究史学的意义。对此，杨先生从三个方面作了概括：

> 研究中国史学有什么意义呢？简单说来，一是了解史学发展的情况，总结其优点，批判地继承史学的优良传统，从丰富的史学遗产中吸取宝贵的经验，以发扬光大今后史学的研究和发展；二是了解过去史学研究中存在的问题，弥补其缺陷与不足，以充实今后史学研究的内容，推进史学的发展；三是了解过去史学研究中各种不同的思想、观点和方法，开阔眼界，增长见识，培养和锻炼对史学的鉴别、分析、批判的能力，以提高今后史学研究的水平。③

---

① 李守常（李大钊）：《史学要论》，商务印书馆1999年版，第80—81页。
② 杨翼骧：《学忍堂文集》，中华书局2002年版，第409页。
③ 杨翼骧：《学忍堂文集》，中华书局2002年版，第410页。

以上三个方面，可以进一步概括为继承遗产、总结经验、开阔视野，总的目的都是提高研究水平，推动史学发展。其中每一个方面，都同中国史学史研究有十分密切的关系，由此可以看出中国史学史研究的重要意义。杨先生在同一篇文章的第二部分论述了"中国史学史的内容"，包括历史观、历史编纂学、史学思想、史学理论、史官制度、史家的生平及其成就等六个方面①，这里就不展开论述了。

《学忍堂文集》收录了杨先生同乔治忠教授合作撰写的一篇论文，题目是《论中国古代史学理论的思想体系》。这是一篇很重要的理论文章，此文引言写道：

> 在中国古代，成部帙的史学理论专著虽然较少，但各种典籍文献中则包含着丰富的史学理论方面的论述，在总体上的发展是十分全面的。古代史家和学者对于史学宗旨、史学地位、史学方法、史家标准、治史态度、修史制度、史籍优劣、史学流变等问题，都有明确的论断、深刻的剖析和多方面的探讨，构成了一套完整的思想体系。②

这段引言提出的问题至为重要，一是中国古代史学理论"在总体上的发展是十分全面的"，二是这种发展实已"构成了一套完整的思想体系"。笔者认为，这两点认识，不仅是重要的，也是明确的。多年以来，一说到"理论"，我们总是要想到西方学者撰写的一本本著作；是的，这些著作无疑是理论，但我们不应把这视为理论表述的唯一形式。不同的文化传统，在思维活动和语言表述上，在谈论理论问题的习惯上各有不同的风格，从而形成自身的特点。如果我们以这样一种平和的心态来看待东西方的文化传统及其谈论理论问题的特点，我们就会发现在中国古代史学中，不仅包含着丰富的历史理论，而且包含着丰富的史学理论。笔者希望杨先生和乔治忠教授所提出的上述认识，能引起同行们的广泛关注，以推进我们在这方面的研究，从而产生更多的学术成果。此文就"中国古代史学理论的思想体系"提出了八个方面的问题，即史学宗旨论、史学地位论、史学方法论、史家标准论、治史态度论、修史制度论、史籍优劣论、史学流变论。

---

① 杨翼骧：《学忍堂文集》，中华书局 2002 年版，第 410—414 页。
② 同上书，第 388 页。

这些问题的提出，足以引起史学研究者的思考：中国古代史学理论究竟包含哪些内容？应当怎样看待它是一个思想体系？仅此而论，这篇文章的价值和作用就是不可忽略的。

由于多种原因，杨翼骧先生撰写的《中国史学史》在他生前未能手订、出版，这自是一件憾事，但他所做的许多基础建设的工作表明，杨先生胸中早有一部"中国史学史"存在着。不仅如此，我们还可以从姜胜利教授在1981年和1983年两次聆听杨先生讲授中国史学史课程所记笔记的基础上整理、出版的《杨翼骧中国史学史讲义》一书中，一睹杨先生对中国史学史全貌的把握和对个案的分析。从《讲义》一书来看，杨先生从"古代史学的萌芽"一直讲到"马克思主义史学的普遍发展"，流畅贯通，要言不烦。这在当时那个年代，能如此讲授中国史学史的学者，能有几人？据笔者所知，杨先生若非唯一者，也是为数较少者中的一位。写到这里，更增加了笔者对杨先生的敬意。

三 培养人才 提携后学

杨翼骧先生在多年的中国史学史教学与研究工作中，尤其是在培养本专业的硕士研究生和博士研究生的工作中，培养了一大批人才。杨先生的弟子，大多学有所成，有的已卓然名家，为中国史学史学科的发展增添了新生力量和执掌门户的学者。

从上文的论述中，我们可以看到杨先生和他的弟子乔治忠、姜胜利合作编著的《中国史学史研究述要》一书，同弟子乔治忠合作撰写的《中国古代史学理论的思想体系》这一重要文章；此外，我们在《学忍堂文集》中还可以看到他同弟子叶振华合撰的《唐末以前官修史书要录》一文等。这种合作过程，就是传道、授业、解惑的过程，就是杨先生培养人才的过程。而当我们读到由姜胜利教授整理的《杨翼骧中国史学史讲义》一书时，我们自然会想到人才培养与学术传承的价值和意义。

近闻杨先生编著的《中国史学史资料编年》一书的第一、二、三册，已由他的弟子和再传弟子们作了校对，其第四册清代部分则由乔治忠教授及其弟子朱洪斌博士续补完成，使全书一至四册乃成完帙，不久将由商务印书馆出版。作为杨先生的一个后学，笔者不仅为这一重要文献的面世而高兴，更为杨先生的学术得以传承、发展而感动。时值杨先生辞世10周年纪念，先生地下有知，自会颔首赞许的。

　　笔者未能有机会直接聆听杨先生讲授中国史学史，但从杨先生给笔者的十余通书简中，确也受到许多教益。笔者同杨先生的书信往来，缘于《中国历史大辞典》的编纂。1980 年，《中国历史大辞典》北京编纂处的杨廷福先生写信给笔者，约笔者为大辞典撰写两个词条：贞观政要、吴兢。当时，笔者在内蒙古通辽师院工作，接到这样一封约稿信，既兴奋又紧张。兴奋的是，笔者在 1979 年发表于《开封师院学报》（今《河南大学学报》）上的《吴兢与贞观政要》一文，竟然引起了学术界的注意；紧张的是，从未写过词条，担心写不好。于是，笔者用了大约一个月的时间，写了这两个词条，总共只有七八百字，按时寄给编者。大约过了两三个月，笔者收到了天津《历史教学》寄来的杂志（1980 年第 9 期），上面刊登了《中国历史大辞典》辞条选登，在 39 条史学史词条中，就有"贞观政要"这个词条。这对笔者来说，实在是一个极大的鼓舞，增强了自己研究中国史学史的信心。笔者心里在想：只要肯努力，即使身处科尔沁草原，在学术上也不会感到寂寞的。于是，笔者给杨翼骧先生写信，表达谢意。杨先生在复信中写道："您过去发表的文章都很好，今后一定能读到您的更多更好的著作。"又说："您的老同学王连升同志同我在一个教研组，很熟，我们非常欢迎您。"他在信中写的许多话，就像是在同一个"老朋友"聊天一样，使人感到亲切、温暖。这是笔者接到杨先生的第一封信。

　　1981 年笔者回到北京师范大学，在史学研究所工作，同杨先生的书信往来也逐渐多了起来，有时笔者在信中也会顺便说说自己的近况。1984 年4 月 11 日，杨先生在给笔者的信中起首便写道："很久未能给您写信了，近来一切都好吧？上次您来信说您'有时过于劳累，会出现头疼、头胀的感觉'，望切实注意，不要让此病常犯。我多年来常犯此病，深感苦恼。往往因想多看点书，多写点东西，而连续用脑过久，但此病一犯，就要被迫休息数日，反而不合算了。"1986 年，我到天津师院参加史学理论研讨会期间，曾到杨先生家中拜访，杨先生当面又这样告诫我。杨先生以自身的经历，关心、告诫后学，每每读着他信中的这些话，亲切之感便涌上心头。

　　1994 年，笔者的一本小书《中国古代史学批评纵横》在中华书局出版，笔者给杨先生寄去，请杨先生指正。杨先生在 1994 年 10 月 22 日给笔者的信中对笔者鼓励有加，他写道："大著《中国古代史学批评纵横》已收到，不胜高兴、感谢！乔治忠的一本已转交。""收到后立即展卷阅读，深感这是一本创新的、最符合学习和研究中国史学史者所需要的著作，'简而且周，疏而不漏'，难能可贵，非功力深厚且识见卓越者不能为也，堪称杰作，必使读者受益不浅。"笔者自知这是学术前辈对后学的勉励，许多肯定、赞许之词，笔者是受之有愧的。但以杨先生的为人，在与人交往中那种仁爱、诚挚、淳厚的修养，总是在不经意中表现出来。正因为如此，笔者越发感到这些话的分量有不能承受之重。笔者唯一能做的事情，就是把这些话看作是对自己的鞭策，继续努力，争取不断有所长进，以不辜负学术前辈的勉励和期待。

自 1986 年起杨先生招收博士生以后，承蒙杨先生厚爱和信任，几次要笔者和陈其泰教授、吴怀祺教授到南开大学参加他指导的博士生学位论文的答辩会。这使我们有了当面向杨先生请教的机会，也亲身感受到杨先生谦谦君子的长者风范。有一段时间，因为出租车不让进校门，杨先生就由学生陪着到南开大学的校门口来迎接我们。这对我们内心是极大的震撼：杨先生能做到的，我们自己很难做到。杨先生年长笔者 19 岁，是我尊敬的学术前辈，我们再三请求杨先生对待晚辈、后学不要这样重于礼节，这会使我们内心深感不安。在杨先生给笔者的信中，有一封信是同博士生学位论文答辩有关的。杨先生在 1996 年 1 月 6 日给我的信中写道："我系史学史专业应届博士生牛润珍，其毕业论文答辩会将于 5 月中旬或下旬举行，我们已决定聘请您担任答辩委员会主席，陈其泰先生为答辩委员会委员，敬请俯允，不胜感幸！具体日期将于 3 月间再行奉告。您的工作很忙，请事先安排一下自己的时间为盼。"这些年来，我和陈其泰教授、吴怀祺教授多次应邀到南开大学历史学院参加中国史学史专业的博士生学位论文答辩会，使我们有了许多学习、交流的机会，而这正是杨先生开始给我们创造的条件。从上面这封信中，可以看出杨先生对这件事情的重视：5 月份举行答辩会，1 月份就开始做准备，这对笔者、对博士生来说都深受教育。

杨先生虚怀若谷，待人谦和，确是我们这些后学学习的榜样，他对自己的研究和撰述，总是以一个"学习"者的口吻提及。他在 1983 年 1 月 17 日写给我的信中讲到他的撰述工作时写道："我编写中国史学史书稿，自知学识浅陋，是写不好的，但在别人的鼓励与催促下，又出于爱好，只好试试。'只问耕耘,不问收获。'虽写不出合格的东西,对自己的学习总会有益的。"以杨先生在中国史学史研究方面的积累和造诣,他撰写的中国史学史著作,定会为这一学科提供包含许多真知灼见的杰作。只因他事所缠,杨先生撰写的中国史学史专著未能面世,实为史学界一大憾事,但杨先生低调看待自己、真诚对待后学的做人、做学问的精神,任何时候,都是奖掖后学、鞭策后学的动力。

杨翼骧先生离开我们已经十年了,他的音容笑貌犹在,他的学术遗产在中国史学学术史上占有重要地位。今天,当笔者在写这篇文章的时候,捧读《学忍堂文集》的最末一篇文章《谈治学与做人》①,不禁陷入沉思之中。这是杨先生在 1993 年的一次演讲,诵读其文,缅怀其人,杨先生是真正实践了他在讲演中所强调的治学精神和做人原则。

[原载于《南开学报》(哲学社会科学版) 2013 年第 5 期]

---

① 杨翼骧:《学忍堂文集》,中华书局 2002 年版,第 452—461 页。

论吴于廑"整体世界史观"

陈志强

　　吴于廑先生终生致力于世界史的研究与教学工作，曾对世界史发展问题进行长期深入的思考，形成了"世界历史纵横发展"的理论（后被称为"整体世界史观"），并于20世纪最后20年期间通过一系列论文系统阐述了他的思想。1982年10月在昆明举行的中国世界中世纪史研究会期间，他作了《世界历史上的游牧世界与农耕世界》①的演讲，首次公开阐释其长期思考的理论成果；两年后又发表了《世界历史上的农本与重商》②；1987年撰写了《历史上农耕世界对工业世界的孕育》③；1992年完成了《亚欧大陆传统农耕世界不同国家在新兴工业世界冲击下的反应》④，进一步完善了"世界历史纵横发展"的系统理论。他为《中国大百科全书》所写的"世界历史"词条则是其理论体系的完整表述。正如他所说："既然历史在不断的纵向和横向发展中已经在越来越大的程度上成为世界历史，那么，研究世界历史就必须以世界为一全局，考察它怎样由相互闭塞发展为密切联系，由分散演变为整体的全部历程，这个全部历程就是世界历史。"⑤吴于廑先生并非完全否定前人在此领域的思想成果，而是通过全面回顾历史上多种世界史发展理论，分析其优劣得失，在充分理解马克思主义世界史理论的基础上，提出了关于"世界历史纵横发展"的理论。该理论是我国世界史学界几代人长期探索，特别是改革开放以后勇于创新取得

---

① 吴于廑：《世界历史上的游牧世界与农耕世界》，《云南社会科学》1983年第1期。
② 吴于廑：《世界历史上的农本与重商》，《历史研究》1984年第1期。
③ 吴于廑：《历史上农耕世界对工业世界的孕育》，《世界历史》1987年第2期。
④ 吴于廑：《亚欧大陆传统农耕世界不同国家在新兴工业世界冲击下的反应》，《世界历史》1993年第1期。
⑤ 吴于廑：《中国大百科全书·外国历史》"世界历史"，中国大百科全书出版社1992年版。

的最重要的理论成果,是具有中国特色的世界史发展的宏观学说。

对于被后人称为"整体世界史观"的理论,吴于廑先生给出了清晰的概念和理论界定。他认为:"人类历史发展为世界历史,经历了一个漫长的过程。这个过程包括两个方面:纵向发展方面和横向发展方面。这里说的纵向发展,是指人类物质生产史上不同生产方式的演变和由此引起的不同社会形态的更迭。……它们构成一个由低级到高级发展的纵向序列。这个纵向序列并非一个机械的程式,不是所有民族、国家或地区的历史都无一例外地按着这个序列向前发展。……马克思主义史学在阐明人类历史的纵向发展方面已经作出了不少可贵的成绩。所谓世界历史的横向发展,是指历史由各地区间的相互闭塞到逐步开放,由彼此分散到逐步联系密切,终于发展成为整体的世界历史这一客观过程而言的。"① 对于吴于廑先生的这一理论,学界给予高度评价。② 在我国世界史学科迅速发展的今天,再次认真探讨并准确把握这一理论对于世界史宏观理论建设很有必要。

一 一个整体、两个世界、三次冲击

如何才能合理地描述人类发展变化的历史,历代史学家给出了不同的答案。但是,他们或者因为各时代知识水平的局限,或者因为缺乏认识世界历史的环境,提出的各种关于人类历史发展框架的宏观解释都存在缺陷。他们常常将其各自所在的地区或国家当作世界的中心,忽略其他地方,其中最典型的是所谓的"欧洲中心论"③。吴于廑先生认为,欧洲的史学家们习惯于以欧洲为主体,囿于传统,更多地是囿于种族和阶级成见,不能以世界为一全局,因而也就不能如实地考察世界的历史。他明确提出把世界当作一个整体看待的观点,也就是用整体的观察视角看待世界历史的发展问题,并且非常明确地指出在这一点上存在的思想误区——认为所

---

① 吴于廑:《中国大百科全书·外国历史》"世界历史",中国大百科全书出版社1992年版;《吴于廑学术论著自选集》,首都师范大学出版社1995年版,第62—63页。

② 李植枏:《宏观世界史》,武汉大学出版社1999年版;李植枏:《整体世界历史初探》,武汉大学出版社2009年版。

③ "欧洲中心论"已经受到学界的广泛批评,其中引起广泛讨论的是弗兰克的《白银资本——重视经济全球化中的东方》(刘北成译,中央编译出版社2000年版),而我国最早批评"欧洲中心论"的当数雷海宗。陈志强:《雷海宗批评"欧洲中心论"——以〈评汉译韦尔斯著《世界史纲》〉为例》,《史学理论研究》2012年第3期。

谓"整体世界史"就是各国历史的总和，或者把各个国家、各个地区的历史以一定的结构全部汇编起来的想法。他指出，要超越国别史和地区史的视野，对若干涉及不同时代世界历史发展趋势的重要课题进行综合比较的宏观研究。这种世界历史整体发展的观念，在理论上涉及观察世界历史的宏观视角，把历史发展过程的阶段性和各地之间联系的结构性有机结合起来。"在历史尚未发展成为世界史之前，曾经存在于各民族、各地区间长期闭塞的状态必然影响人们对历史观察的广度，不是限于这一国、那一国，就是限于这一地区、那一地区。……要使世界史这门学科真正做到以世界全局而不是任何一个局部作为历史考察和研究的对象。"[①] 在其1964年完成的《时代和世界历史——试论不同时代关于世界历史中心的不同观点》一文中，他逐一分析了希罗多德、波里比阿、司马迁、塔巴里、伊本·赫勒敦、奥古斯丁等15、16世纪以前的作家，特别是欧洲近现代史家和思想家如赫尔德、黑格尔、威廉士、汤因比、巴拉克拉夫等人的世界史理论，一针见血地指出：不论地理知识如何扩大，历史文献如何积累和传播，都不能保证近代西方对于世界史的研究具有全面的世界观点。为了克服观察历史的偏见，切实把握世界历史发展的"整体性"，就要使世界历史的纵向发展和横向发展辩证地结合起来。在历史发展为世界历史的漫长过程中，纵向发展和横向发展并不是平行的、各自独立的；它们互为条件，最初是缓慢地、后来是越来越急速地促成历史由分散的发展到以世界为一整体的发展。纵向发展制约着横向发展，纵向发展所达到的阶段和水平规定着横向发展的规模和广度。处于较低社会发展阶段的人类，不可能形成复杂的社会分工，不会有程度较深的生产社会化和专业化。与此相应，人们就不可能在较广阔的范围内进行经济上的以及其他方面的交往。不达到较高的物质生产水平，没有程度较深和方面较广的生产社会化和专业化，历史就只能是各个地区相互闭塞的历史，而非联系密切的、结为一体的世界历史。从这个意义上说，历史从野蛮到文明、从低级社会阶段向高级社会阶段的纵向发展，制约着它从部落到国家、从分散的各地区到联结为一体的世界的横向发展。横向发展一方面受纵向发展的制约，另一方

---

① 吴于廑：《关于编纂世界史的意见》，《吴于廑学术论著自选集》，首都师范大学出版社1995年版，第24—28页；吴于廑：《世界历史上的游牧世界与农耕世界》，《云南社会科学》1983年第1期。

面又对纵向发展具有反作用。横向发展与一定阶段的纵向发展相适应,往往能促进和深化纵向发展。可见,历史的纵向发展和横向发展是历史发展为世界历史过程中的两个基本方面,它们共同的基础和最终的推动力是物质生产的进步。物质生活资料生产的发展是决定历史纵向发展和横向发展的最根本的因素,它把历史的这两个方面结合在一个统一的世界历史发展过程之中。①

以上述世界历史整体发展的观点观察问题,吴于廑先生首先对前资本主义时代世界历史的发展进行了深入分析,提出两个世界的划分及其基本特征的理论,即农耕世界与游牧世界及它们之间的关系和性质的分析。所谓"农耕世界"是由世界上先后出现的几个各具特色的农耕中心构成的,最早的是在西亚的两河流域,其次是包括中国在内的东亚、东南亚出现的农耕中心,还有就是在墨西哥、秘鲁等拉美地区出现的农耕中心,以及撒哈拉沙漠以南的非洲内陆独自发展起来的农耕中心。这些农耕中心形成以后,农业生产技术就缓慢地向其他宜于农耕的地方扩展。就亚欧大陆而言,在经历了几千年的发展之后,中国由黄河至长江,印度由印度河至恒河,西亚、中亚由安那托利亚至伊朗、阿富汗,欧洲由地中海至波罗的海、由不列颠至乌克兰,还有与亚欧大陆毗邻的地中海南岸,都先后不一地成为农耕地带。这个农耕地带大体呈长弧形,就是所谓的"农耕世界"。② 在这个农耕世界中,虽然由于区域环境的不同,还存在各地发展的不平衡性和多样性,但是其总的特征是经济上以农为本,以及受这个基本特征制约的农本社会生活。它是自给自足的自然经济,具有狭隘的地方性,彼此闭塞,而以农为本的社会生活就不能彻底改变各个民族和地区之间的闭关自守状态。所谓的"游牧世界"则存在于农耕世界的北面,与从东到西的长弧形农耕世界大体平行。中古时期宜于农耕的地带基本偏南,而宜于游牧的地带基本偏北。这个几乎和农耕地带平行的游牧地带东起西伯利亚,经我国的东北、蒙古、中亚、咸海里海之北、高加索、南俄罗斯,直到欧洲东境,可以称之为"游牧世界"。两个世界的不同发展道路

① 吴于廑:《时代和世界历史——试论不同时代关于世界历史中心的不同观点》,《江汉学报》1964 年第 7 期;吴于廑:《中国大百科全书·外国历史》"世界历史",《吴于廑学术论著自选集》,首都师范大学出版社 1995 年版,第 64—66 页。

② 吴于廑:《世界历史上的游牧世界与农耕世界》,《吴于廑学术论著自选集》,首都师范大学出版社 1995 年版,第 93—95 页。

和前景在于，农耕生产的增长率大于游牧生产的增长率，前者的物质财富积累因此超过了后者。游牧地带的生产也在发展增长，但增长得缓慢，不能或很少能分出较多的社会劳动力用于游牧以外的各种活动。正是这个基本原因导致两个并列存在的世界"一个富庶先进，一个贫瘠落后；南农北牧，南富北穷"①。生产率在不同地区出现高低差异，首先取决于两个世界的资源条件和生态环境的不同，进而其攫取自然资源的方式不同，造成相对闭塞的各地区在转化自然资源成为社会财富的效率上有所区别，最终形成世界范围发展的不平衡性。吴于廑先生结合马克思主义相关理论对"两个世界"的分析，将前资本主义时代纷繁复杂不断变动的世界格局纳入合理的解释框架，清晰地展现出那个漫长时期农耕和游牧两大世界的基本特征。

迄今为止，有关人类中古世界的各种描述都存在明显的缺陷，而吴于廑先生提出的前资本主义时代"两个世界"的观点就把"从一个全局"看待世界历史的理论落在了实处。这个理论不仅注意到游牧世界和农耕世界的区别，更揭示出这个相对闭塞的世界各地区也发生着大范围的横向联系。吴于廑先生认为，亚欧大陆游牧世界和农耕世界的矛盾阶段性激化爆发为暴力的形式，自古代起直到公元十三四世纪，大体概括为游牧部族对农耕世界有三次冲击的浪潮。其中，第一次冲击约从公元前21世纪的中叶开始，古代亚欧大陆整个农耕世界都经历了游牧民族入侵的攻击，这次入侵浪潮的北方游牧民族多以战车为武装。第二次冲击浪潮是在公元初前后开始的，当时亚欧大陆东西两端兴起汉帝国和罗马帝国两大势力，整个农耕世界对具有骑兵优势的北方游牧、半游牧或已趋于农耕的部族基本上都采取戒备防御的政策。这次大冲击期间，各游牧民族如匈奴、大月氏、嚈哒、突厥、日耳曼、斯拉夫、柔然（阿瓦尔）、阿拉伯等部族先后成为冲击的主力。而阿拉伯人在出击后的一个多世纪里便占有了亚欧大陆包括北非农耕世界将近一半的地区，建立了地跨欧、亚、非三洲的阿拉伯帝国。随着这个阿拉伯帝国的出现，游牧世界对农耕世界的第二次大冲击随之结束。但是，自古以来亚欧大陆两个并列地带的矛盾运动远未结束。北方的游牧民族要求从南方富庶的农耕地带取得他们所需要的财富、物产，

---

① 吴于廑：《世界历史上的游牧世界与农耕世界》，《吴于廑学术论著自选集》，首都师范大学出版社1995年版，第95—97页。

特别是他们部族的上层要求得到更多。"到了 13 世纪，又爆发了第三次游牧世界对农耕世界的冲击。这是最后一次，也是范围最广的一次。"发动这次冲击的主要是蒙古人，投入冲击成为主力的还有大量的突厥人。其攻击力的旺盛使分散的俄罗斯人、德意志人，衰落中的南宋、哈里发帝国和新兴的奥斯曼土耳其帝国都对之"难以形成有力的防御"[1]。吴于廑先生的"三次大冲击说"准确地描述了农耕和游牧时代世界范围内地区间横向运动的情况，弥补了包括马克思主义经典作家在内提出的所有世界历史理论的不足。

吴于廑先生不仅勾勒出前资本主义时代世界历史发展横向运动的宏大图景，而且分析了造成大冲击最终结果的原因，以及三次冲击造成的深刻影响。他认为，由于游牧世界在金属冶炼和武器制造、军事机动性能、战车和骑兵等军事技术方面不亚于或者强于农耕世界，因此在暴力冲突中屡屡得手。可以看出，三次冲击的部族构成有明显的变化，其中卷入部族最多的是第二次，而第三次则大大减少，主要是蒙古人和与之联合的突厥人。究其原因，吴先生的初步解释是，每一次冲击浪潮的结果是来自游牧世界的游牧、半游牧部族，以及倾向于农耕或开始从事农耕的部族大多被吸收融化在农耕世界之中。而在第三次冲击之后，来自游牧世界的游牧、半游牧部族多已融入农耕世界，因此在"三次大冲击"后再没有出现新的入侵浪潮。公元前后共约 3000 年南农北牧矛盾的这一历史运动的结果，是农耕世界的日趋扩大、游牧世界的日趋收缩。以农为本的农耕生产生活方式最终获得了世界范围的胜利。而游牧世界对农耕世界的三次大冲击为世界史带来了不少有积极意义的影响。首先是两者之间扩大了通道，彼此都向对方学得自己所缺少的某些技术。农耕民族向游牧世界散布了农耕世界经济文化的影响，为多少打开各个民族的闭塞、向程度越来越大的世界史发展贡献了他们自己意识不到的力量。而进入农耕世界的游牧、半游牧部族，到头来很少例外地大都走上了农耕化的道路，从以游牧为本的经济走向以农耕为本的经济，至于已经农耕的部族则更不待言。一旦走向农耕化的道路，他们就按照他们进入农耕世界时社会发展所达到的阶段和水平，逐步采取和适应了定居地的生产技术、生产方式、社会阶级制度、道

---

① 吴于廑：《世界历史上的游牧世界与农耕世界》，《吴于廑学术论著自选集》，首都师范大学出版社 1995 年版，第 98—105 页。

德规范、思想、学术、艺术等。所有这一切都有利于在某种程度上打破各民族间的闭关自守，在历史发展为世界史的进程中有着不可忽视的积极意义。"从世界历史的全局着眼，来自游牧世界的各部族被吸收、融化于农耕世界，一批又一批接受农耕世界的先进经济和文化，也应该认为是历史的一种发展，尽管这种发展往往是经过野蛮破坏才获得的。"① 这样，吴于廑先生就完善了"一个整体、两个世界、三次冲击"的宏大理论，比较合理地解释了前资本主义世界历史的发展。

吴于廑先生的理论不仅克服了长期存在的"欧洲中心论"，对弗兰克、沃勒斯坦等学者有意无意忽略了的"古代世界体系"进行了表述，也弥补了马克思关于前资本主义时代人类历史横向联系的内容。当然，我们说吴于廑先生理论的"完善"并不意味着这个理论没有补充的可能。譬如，在考虑游牧民族大迁徙的动力方面还缺乏生态环境史的因素，因为经济结构更为脆弱的游牧民族在遭遇大范围恶劣气候变化后，其面临的险恶生存环境将迫使他们在部族存亡之际大举迁徙；又譬如，在农耕世界范围内逐渐形成的以信仰为特征的各个文明圈也是从分散向整体发展进程的一个中间环节，特别是各个文明圈形成了以大帝国为中心或"朝贡册封体系"，或者"朝贡贸易体系"的多种表现形式。还有一点需要提及，吴于廑先生生前（与齐世荣先生合作）主编、一批学者参与写作的最后一部通史教材比较好地体现了这一理论；但是迄今未能全面落实其理论，还需要未来进一步完善。

二　两种文明的博弈和"世界史"的形成

长期以来，随着全球化进程的加快，人们探讨当今"世界体系"及其来源的热情不断高涨。我们生活在其中的这个世界是何时和如何变成一个内部联系空前紧密的体系的？它是从哪里发展出来，抑或是"特殊的"欧洲人创造出来的？是什么力量促使这个"世界体系"的形成，是国际贸易还是文明进化，或其他什么？对于这些困扰当代学者的难题，吴于廑先生提出的"整体世界史观"也给出了回答。他认为世界史（体系）出现的原

---

① 吴于廑：《世界历史上的游牧世界与农耕世界》，《吴于廑学术论著自选集》，首都师范大学出版社1995年版，第106—112页。

因在于农业文明孕育了工业文明；而工业文明的发展则否定了农业文明的合理性，并以其强大的物质和精神生产能力推动人类社会进入资本主义的发展阶段。他关于农本与重商、农耕世界与工业世界的研究，深刻揭示出工业文明的产生和优势所在，以及工业文明以其强大动力由点及面的世界性扩展，经历了世界其他地区工业和农业文明间的冲突与反应，最终形成了一个"整体世界的体系"。这里，历史发展逻辑的连贯性得到充分的展示，世界各地历史发展之内因和外因的有机结合，以及"世界体系"形成后引发的全球性影响和结果，都从历史哲学的角度得到了合理而真实的诠释。

吴于廑先生明确提出"世界史"形成于十五六世纪的观点，认为"这两个世纪是历史发展为世界史的重大转折，也许是意义最深、最大的转折。这两个世纪是世界性海道大通的世纪，海道不仅取代了以往联结亚欧大陆东西两端的陆上通道，而且大大扩大了联结的范围，海流所至，无远弗届"，"各大地区间的闭塞从此获得世界性的突破。这两个世纪也是资本主义生产方式以其初生的姿态登上历史舞台的世纪。世界市场自此渐次形成，资本主义最初以其触角、其后以其超越前资本主义一切生产方式所能产生的巨大能量，伸入地球的每个角落，终之席卷世界……世界各民族间'闭关自守状态愈来愈彻底'的消失……十五六世纪以来400年的历史说明，世界已经从根本上消灭各民族、各地区的闭塞，密不可分的全局已经形成"。① 当代世界体系始于15世纪末海道大通或者1500年这个说法并不新奇，如今几乎成为学界的共识。但是，吴于廑先生不拘泥于个别历史事件，而是注意这两个世纪历史发展的趋势，注重分析农业和工业两种文明的历史性转换，细致剖析农耕世界如何孕育工业文明，以及由重商主义到工业革命之人类社会的重大转型。这就克服了施宾格勒、汤因比等文化形态史观学者观察各个时代不同文明间横向联系的视觉盲点，也克服了弗兰克力图以"世界贸易"结构解释1000年甚至5000年世界体系之缺乏历史感的不足，突出了历史发展的进步性和现代性。

在处理这个人类历史重大转折问题上，吴于廑先生准确地抓住了从农耕世界中孕育出工业世界这一要点，换言之，我们今天的现代化世界并不是凭空产生的。他提出，在一个以农为本的社会里，工业和商业兴盛的首

---

① 《吴于廑学术论著自选集》，首都师范大学出版社1995年版，第578—579页。

要前提是必须有农业生产的足量剩余，有了足量的农产品剩余，才有可能养活那一部分不再需要自给衣食的商业和工业人口。英国和尼德兰自 13 世纪后期农业生产剩余量的增长，特别是 16 世纪前后的加速增长，构成世界历史上亚欧大陆的西端率先工业化、率先进入工业世界的重要背景。万千老百姓由于农业生产剩余增加而产生的对大路货的日益增长的需求，在十五六世纪以至 17 世纪西欧资本主义正在生长的英国和尼德兰是刺激工业特别是乡村工业发展的巨大力量。这对理解世界历史转折时期西欧大陆西端社会经济发生的重大变化，其意义非常重大。吴于廑先生具体分析最早进入近代工业世界的英国，在 13—17 世纪历史上出现了农业生产与乡村纺织业两者发展趋势大体平行的经济现象；认为这不是偶然现象，它反映出农业生产的长趋势增长，连续积累了足量的剩余。这不仅为趋向专业化的乡村纺织地区提供了粮食和必需的农产原料，而且为其自身在趋向专业化的农作地区增强了购买纺织品和其他日用品的能力。而"这一点是理解历史上农耕世界孕育工业世界的关键"①。英国以及尼德兰地区 13—17 世纪乡村纺织业的生长和发展，在亚欧大陆农耕世界的悠久历史上起了率先开拓的作用。传统的农本经济由此门户洞开，新的纺织业市镇成为近代工业的新生长点。棉纺织业从多方面承袭了乡村毛纺织业的发展，具有英国工业革命第一先锋的历史地位。由此上溯，在此之前约四五个世纪，英国以及尼德兰农业生产剩余的长趋势增长，已经在亚欧大陆农耕世界的西端孕育了近代的工业世界。首先，农产品剩余的长趋势增长是农本经济孕育工业世界的前提，没有这个前提，或有了而付之无益的耗蚀和专暴的剥夺，也就没有工业世界的孕育，即使孕育了也会难产。其次，为适应千百万普通人日常服用的需求，在素不为人注意中发展起来的乡村地区工业主要是纺织业，是孕育于农本经济中的工业世界的起点，是其最初的孢子。最后，工业世界在孕育中带来的一些有社会意义的特点，其中蕴藏着不容忽视的潜力，这在后来成为其以"'船坚炮利'作为后盾的潜力"②。

工业文明何以会迅速战胜农耕文明？吴于廑先生认为，在两个世界的博弈中，工业文明优越于农耕文明。除了马克思深刻阐述的资本主义世界

① 吴于廑：《历史上农耕世界对工业世界的孕育》，《吴于廑学术论著自选集》，首都师范大学出版社 1995 年版，第 166 页。
② 同上书，第 171—185 页。

"特定的生产关系和剥削方式"外，吴于廑先生特别注意到，工业世界是生产节奏密、时间感很强的世界，因为对于农业，一种作物的生长周期是相对稳定的，在一个周期里不能依靠人力勤奋而使作物有两度、三度的生长。在生产中记日、记时都不可能改变这一客观实际。而工业和商业与此不同，在同一周期里，依靠人的勤奋、人的有效管理，工业可以完成超出习以为常的生产量，商业可以完成超出习以为常的周转量。近代意义上的工商业者，计数是为了准确核算经营的盈亏。近代工商业者的计数，以经营项目为单位，目标在于从经营中求赢利。而"自足的农本经济"的积累根本不具有近代工商业积累的意义，前者是为了务得，后者是为了求足；前者的哲学是对无穷的追求，后者的哲学是知足常乐；前一种"经济是'非伦理化'的经济，不受道义约束的经济"，后者强调"道德伦理"。正因为近代工商业不受道义约束，它就可以最大限度地实行内外盘剥和掠夺。也因此，它的膨胀扩张就可以无止境，远非农本经济可比。近代工业世界是不断机械化、不断追求工效的世界，又是一个不"敬天"、不"法祖"的世界。它"从经济上变以衣食自足的社会为多消费的社会。经济上的传统一旦被抛置一旁，其他的传统准则也就跟着失去了威灵。16 至 18世纪西方在宗教、法律、政治上的变革，都说明由新兴工业世界带来的种种特点，正以其所附生的社会力量，冲击农本社会的一切传统"①。在两大世界的较量中，优劣高下之势已经明朗，从农本社会向工业社会转化的历史趋势一经确定，后者迅速战胜前者就成为历史的必然了。

正是工业文明在西欧一隅的发展，突破了人类社会农业文明长期形成的限制，并进行了迅猛的世界性扩张，进而导致全球性的重大变革。可以说，经受过游牧世界三次大冲击并最终取得胜利扩张的农耕世界，再度遭到工业世界的冲击并最终败下阵来。"近代的工业世界是对外扩张的世界，传统的农耕世界是固守闭塞的世界。近几个世纪西方向世界各地的扩张，其实质是世界历史上扩张的经济体系对闭塞的经济体系的冲击和挑战。"②吴于廑先生正确地认识到，十五六世纪是历史发展为世界历史的重大转折时期。转折之所以发生，是因为在亚欧大陆农耕世界内部，首先在西欧，

---

① 吴于廑：《历史上农耕世界对工业世界的孕育》，《吴于廑学术论著自选集》，首都师范大学出版社 1995 年版，第 175—184 页。

② 同上。

社会经济发生了前所未有的根本变化。人类历史的前资本主义时期因这个变化而归于结束，资本主义开始以其新的生产力和生产关系出现在历史的地平线上，它突破地理的自然界限和国家疆域，最大限度地为销售其商品而开拓市场。由于各民族、各地区之间在经济上的联系越来越密切，闭关自守状态越来越彻底地被打破，世界也变得更为紧缩了，由分散的世界逐渐演变成为一个初见其全貌的整体世界。"历史发展到这个时期，才开始变为世界的历史。"由农本而重商，是资本主义发展初期西欧国家在经济上的重大转变。在西欧尤其是在英国，资产阶级推翻封建统治取得政权以后，重商政策有力地促进了资本主义的发展。到 18 世纪中叶，英国首先发生以大机器生产和广泛采用蒸汽动力为标志的工业革命。英国发生工业革命之后，法国以及西欧其他国家跟踪而起，工业产量和对外贸易大幅度增长。世界其他地区，包括很多欧洲国家，都不得不在西欧工业巨大优势的影响和压力之下先后不一地做出反应。反应之总的结果是新兴工业世界范围的扩大，由此而东，亚洲的几个主要国家也各自做出不同的、后果不一的反应。亚欧大陆农耕世界各国对西欧新兴工业世界的冲击所做的不同反应，经历了新旧制度、新旧社会阶级、新旧思想意识的批判和斗争，这"是近二百年世界历史横向发展的一大主题"①。世界各地农业社会跟随欧洲工业化的步伐，以不同的方式和程度向工业社会转型，这是工业文明的胜利，也是全球闭塞封闭状态的消除和当代世界体系成长完善的过程。"整体世界史观"对人类社会转型的这一长期过程给出了非常合理的完整解释，并对当前和未来一段时期世界历史的发展趋势作出合理而准确的判断。

在行文中，笔者提及当前存在的比较有影响和引起较多争议的世界体系等理论，与吴于廑先生的"整体世界史观"相比都存在某些缺陷，虽然它们各有其优长和不足，但因评价它们偏离本文的中心议题，故仅在涉及之处简单点评。应该说，吴于廑先生的理论是对前资本主义时代世界历史作出的最合理、最系统、最完整的解释，也是对工业文明产生时代的世界史学作出的透彻分析，抓住了其核心内容，具有强大的说服力。他的理论以坚实的马克思主义历史唯物论做指导，有其长期专门从事世界历史教学

---

① 吴于廑:《中国大百科全书·外国历史》"世界历史"，中国大百科全书出版社 1992 年版，第 77—80 页。

和科学研究的实践为基础，有全国世界史学界几代人多种形式、深入浅出的研讨推敲为支持，充分集中了我国学者特别是改革开放以来老中青学者的集体智慧。可以说，吴于廑先生提出的"整体世界史观"是具有中国特色的世界史学科重大理论。其强大的理论优势还在于，它的多种理论特色凸显出现存多种世界史和世界体系理论的不足，甚至错谬。一个好的世界史理论不仅能够合理地解释过往的历史，还应该合理地回答当下的问题，解释人们心中的疑惑，进而大体准确预测未来的历史发展趋势，在这一方面，吴于廑先生提出的世界史理论也做出了榜样。

三 现代化的本质及其前景

近一个世纪以来，国际局势剧烈变动，大国崛起、衰落，集团结盟、瓦解，多种势力分合不定，宗教派别持续冲突，意识形态较量不断，民族国家或分或合，资源危机加剧争夺冲突，恐怖主义愈演愈烈，和平与战争危险并存，资本主义各国债务和财政危机重重，包括中国在内的新型经济体发展难题深化，贸易保护和贸易摩擦频繁，各种世界难题凸显，人类面临的共同问题和各国之间的利益博弈交织在一起，人们普遍陷入焦虑。在此背景下，如何从世界历史发展的长时段观察历史发展趋势，如何理解当代人类面临的诸多问题，怎样看待我们这个世界？存在一个整体的或称为一体的世界体系吗？这个世界体系的结构如何，存在一个固定不变的中心，还是没有中心的世界整体？应该如何清晰地理解当今世界的全局变化？当今这个多变、多样、多元且联系空前紧密的世界给我们制造了过于复杂的局面，令人眼花缭乱，难于把握。各路学者都力图回答人们的现实困惑，无论是"后现代主义"、"文明冲突论"，还是多种"世界现代化理论"、"多元文化对话主张"，等等，都试图对现实的困惑做出合理的解释。在此方面，吴于廑先生的世界史发展理论也对历史发展的大趋势提出了明确见解。

吴于廑先生在多次会议发言和若干文章中，对资本主义兴起以来的世界史发展进行过全局性的观察。他认为，当前历史发展横向联系的作用越来越强烈；特别是殖民主义对整个世界的争夺导致了两次世界大战的爆发，造成以意识形态为特色的两大世界体系的对抗，冷战后表现为两种现代化模式的斗争并没有停止，并以更为错综复杂的多种形式表现出来：既有南北两大阵营的博弈，也有三个世界的分化，或发达国家与发展中国家之间的较量。他明确指出当代世界体系的实质在于工业文明的发展，以及以何种现代化方式完成全球的工业化进程。认识现代化的共性与特性就在于前者源于人类发展进化的共同要求，而后者源于全球人类社会发展的多样性和世界历史发展的不平衡性。这一理论正确地预测了当前和今后相当长时间内世界范围两大工业文明体系的发展前景，因而具有前瞻性和现实性。

吴于廑先生认为，世界历史具有丰富的内涵，谈"世界体系"，考察贸易经济问题是很重要的，但还应该考察比此更广泛的其他方面。这个要考察的更广泛方面也可以称为文明或文化的辐射。我国近代学者提出"西学东渐"概念，其中所谓"西学"含义很广，包括近代的科学技艺、思想意识、经济和政治理论以及和这些理论相随的关于近代经济和政治体制的知识，等等。这些主要起于西欧并最早盛行于西欧一带的"学"，都随着从资本主义萌芽开端到工业革命而大为加强的西方经济和政治影响力、渗透力以至掠夺和侵略的暴力，向西欧以外扩散。世界其他地区都不能不受"西学"和西方经济和政治势力"东渐"的影响，都不能不受最先在西欧出现的工业世界的精神文明和物质文明的辐射。这种从农本文明向工业文明转型的内容非常复杂，包括传统的农本经济不可避免地要经历瓦解和改造，也就是到头来转向工业化的改造，而建立于农本经济之上的政治上层结构也是不可避免地要经历瓦解和改造，到头来是封建专制终必让位于民主的改造。"三四百年来，大体自易北河口迄莱茵河一线以外之东，都在经历这样的改造。这是社会进步阶级、阶层和人民为摆脱落后的农本经济及其传统统治的改造，亦即工业化和适应工业化的经济政治体制的改造。"这个工业文明世界性的扩展与发展至今还在进行，现代化还没有遍及全世界，我们仍然处于这个改造过程之中。"这是迄今为止世界历史上最重要的横向发展的主题。"①

马克思主义历史唯物论深刻揭示了资本主义的奥秘，指出人类社会发展的结构性演化趋势。但是冷战结束后，人们普遍产生了困惑，以为苏俄式现代化道路的失败宣告了马克思主义历史唯物论的终结。吴于廑先生坚

---

① 吴于廑：《世界史学科前景杂说》，《吴于廑学术论著自选集》，首都师范大学出版社1995年版，第48—50页。

持马克思主义历史唯物论，深刻剖析了当今世界历史发展的本质特征，认为"两个多世纪以来，资本主义工业世界经历了自由资本主义、垄断资本主义以至国家垄断资本主义诸阶段。它以工业革命和现代科技的巨大动力实现了人类历史空前未有的纵向和横向发展，不论是发展速度或规模，前资本主义的任何时代都无与伦比"。在系统地分析了资本主义制度深刻的矛盾及其表现后，他进一步分析了资本主义的世界性发展之必然结果："这个斗争又发展为国际化斗争，形成有完整政治纲领的、联合全世界无产者的国际共产主义运动……殖民地民族解放运动与国际共产主义运动的广泛结合，形成对资本主义工业世界国际秩序的巨大威胁。"他明确指出：两次世界大战的性质是各大殖民主义国家之间矛盾的结果。自俄国十月革命胜利开始，历史上就出现了一个与资本主义工业世界相对立的，以实现生产资料公有、消灭阶级剥削为特征的，处在新生阶段的社会主义工业世界。"是资本主义工业世界的继续存在和发展，还是社会主义工业世界的成长壮大以至最后代之而起，成为当代世界全局性矛盾的焦点。"他正确地预测"两个世界正在由对抗转向对话，并存和互相竞争的局面，亦即从经济、政治、文化诸方面不断较量彼此的实力和影响力高低胜负的局面，已在逐步形成"①。吴于廑先生从"整体世界史观"的视角，正确预见到这个并存和互相竞争的局面虽然会有这样那样的变化，但是作为一个历史的过程来观察，这个多变化的局面将不会短暂。资本主义工业世界各国将实行缓和自身矛盾的改革，社会主义工业世界各国也将实行完善自身体制的改革。在并存和竞争的长过程中，任何一方实施的变革都将不可避免地受到另一方的制约和影响，"因之可以设想，两个世界并存竞争的局面，同时也是两个世界在相互制约、相互影响下不断发生变革的局面"将长期存在。在两个世界并存和相互竞争的局面下，两种社会制度的矛盾和斗争不会自然消失。因为两个世界各有许多历史不同、现状互异的国家，在历史新旧嬗递之际，各国变革的轻重缓急、进退成败将呈现出纷繁多变、风波迭起的局面。"世界历史的合理未来——合理地生产、合理地分配、合理地应用科学技术、合理地满足人类群体和个体不断提高的物质生活和精神生活的需要，不在于资本主义工业世界的补苴延续，而在于社会主义工

---

① 吴于廑：《中国大百科全书·外国历史》"世界历史"，中国大百科全书出版社1992年版，第80—81页。

业世界的更新继起，在这个更新继起之中，也包括资本主义制度自身的蜕变。"①

　　写到这里，笔者深为吴于廑先生的理论所折服。其对两种现代化道路趋同性的认识源于对当今世界历史发展性质的准确判断；其对两种工业化（现代化）和工业文明演化之间的较量趋势的分析，准确地概括了当今世界性经济政治冲突的现状。两个世界"并存竞争"、"相互制约、相互影响"的判断，也准确地说明了目前以美、欧为首的发达国家结成一方，千方百计阻遏以新型经济体国家为代表的发展中国家的现代化发展，它们虽然百般设置障碍，却难挡社会主义工业文明崛起的现实情况。无论是东欧剧变、苏联解体还是颜色革命，抑或中东乱局，都反映出"两种现代化道路和模式的较量"。后起的发展中国家要在现有发达国家为主导的世界体系内崛起，必须在吸收其成功经验的基础上另辟蹊径，突破限制和制约，为快速而可持续的科学发展创造源源不绝的动力；而两种道路和模式的斗争还会长期存在。鉴于世界资源的有限性，后发展国家在现代化崛起过程中，必须不断总结经验教训，寻找新的发展途径。而发达国家也必须改变称霸世界或固守世界体系中心地位的传统思维，改变自身不合理的制度。两种工业文明由对抗转化为对话，由"不同"趋向"相同"，求同存异，追求世界共同发展。吴于廑先生提出的"世界历史的合理未来"包含着丰富的内容：合理地生产、合理地分配、合理地应用科学技术、合理地满足人类群体和个体不断提高的物质生活和精神生活的需要，这样的理想就是我们为之奋斗的"大同世界"，即共产主义理想。

（原载于《世界历史》2013 年第 2 期）

---

　　① 同上书，第 81—86 页。

唯物史观与民族史学思想

吴怀祺

以唯物史观为指导，研究民族史学思想，是建设有中国民族特色马克思主义史学的需要，也是充分释放民族史学内在精神力量的需要。白寿彝先生说："我们建设有民族特点的马克思主义史学，必须是在我们过去的历史学的基础上，在对我们过去的史学遗产的总结的基础上来进行工作。"① 研究民族史学思想是建设有中国特色马克思主义史学的重要组成部分。

人们认识历史、社会，从事社会变革的活动，总是受一定的历史观点、史学思想的影响。关心史学思想问题，不应当只是史学圈子内的人的事。学习历史是为了推动历史，这表明了史学思想的正能量所在。

一　振兴民族：史家治史的追求

具有民族特色的中国马克思主义史学，是以唯物史观为指导，在民族史学地基上形成的，其中心的理念是振兴民族。马克思主义史学家，努力以唯物史观观察历史，思考历史发展规律，寻找民族的前途，在风雨如晦、灾难深重的岁月里，探求民族文化生命力之所在。他们要以世界史的眼光对待传统文化，振奋民族精神。

在中国史学史上，大凡有成就的史学家，都不是把治史作为个人的一己私事，而总是体现出对民族大业的关心。虽然史学家所处的时代不同，他们的治史理念却是相通的。司马迁作《史记》的旨趣是"亦欲以究天人

---

① 白寿彝：《关于建设有中国民族特点的马克思主义史学的几个问题》，《中国史学史论集》，中华书局1999年版，第383页。

之际，通古今之变，成一家之言"。他把自己的治史，把《史记》的编撰，作为"继《春秋》、绍明世"的大事。宋人张载的治学信念与追求则是"为天地立志，为生民立道，为往圣继绝学，为万世开太平"①。而民族史学思想中对"开太平"的追求，也是对历史前途的看法。

关注现实，是史学的活力所在；以史经世，是中国史学的优良传统。唐朝杜佑是政治家，但同时也是大史学家，他在繁忙的政务生涯中，写成了皇皇巨著《通典》200卷。在《通典》卷一开篇他就明确宣称，他关心历史的目的是"征诸人事，将施有政"。中国近代史学家梁启超1902年在《新史学》中认为，史学是"爱国心之源泉"②。1902年6月，章太炎致书梁启超，谈修《中国通史》一事，深有感慨地说："然所贵乎通史者，固有二方面：一方以发明社会政治进化衰微之原理为主，则于典志见之；一方以鼓舞民气，启导方来为主，则亦必于纪传见之。"③ 这无疑也是着眼于不同体例的史籍的社会功用。

二　民族史学思想的民族性与时代性

民族史学思想在近代学术大背景下得到了更好的彰显，特别是，由于唯物史观的指导，民族史学思想的合理内核比以往展现得更为清晰，鲜明地体现了民族史学思想的民族性与时代性。

20世纪的中国史学家，面对西方学术潮流涌入中国，对于传统史学在近代史学中的地位，就有自己的看法。其中固然有全盘西化的主张，但更多的中国学人，在意识到传统史学要变革的同时，还是没有否定传统史学的价值。他们意识到所面临的文化危机的严峻，在文化的自我反省中要求民族史学的发展与更新。在史界革命的口号下，梁启超率先打起了新史学的大旗，章太炎等一批史学家也都表达了自己的主张。一时间，中国学人努力学习世界文化，使民族史学思想带上了深深的时代烙印。其学习和探讨路径大体如下：

一是在日本接触、了解、研究世界的各种学术思潮。李大钊、梁启

---

① 见《张载集·张子语录》，中华书局1978年版，第320页。此语又见《张载集·近思录拾遗》，第376页，文作"为天地立心，为生民立道，为往圣继绝学，为万世开太平"。

② 梁启超：《新史学》，《饮冰室合集·文集之九》，中华书局1936年版，第1页。

③ 汤志钧：《章太炎年谱长编》上册，中华书局1979年版，第139页。

超、郭沫若、王国维以及章太炎、刘师培等，都曾直接或间接地在日本接触、了解当时的世界学术思潮，这对他们的史学都产生了程度不同的影响。

二是从欧美那里了解世界上的各种学术思潮。如，侯外庐早在法国留学时便开始翻译《资本论》，这对他以后史学思想研究的进展产生了十分重大的影响。傅斯年在德国、胡适及何炳松等在美国受到的学术影响，也直接影响了他们的史学观念。

三是从俄国包括以后的苏联学习马克思主义历史理论。如瞿秋白等在苏俄对马克思主义理论的学习，就对他们的史学研究产生了很大的推动作用。

四是外国学者在中国的学术活动和讲演。这大大拓宽了中国学者的学术视野，从而也直接或间接地作用于民族史学。

20世纪的中国马克思主义史学家，把唯物史观的基本原理与中国民族史学结合起来，努力建设有中国特色的中国马克思主义的新史学，谱写了中国史学的新篇章，走出了一条治史的新路径。他们的治史理念在很大程度上是相通的，都是为追求学术的真理，追求中国民族的解放与复兴，这是他们史学的共性。同时，在史学的具体探讨上，他们又有差异，而这是他们史学的个性。他们的学术探讨显示出，他们是在以唯物史观为指导立足于民族史学的地基上，建设有中国民族特点的马克思主义史学。

马克思主义唯物史观的传入带来的辩证的历史思维，对传统的历史思维作了更新。中国传统的通变思维具有辩证的特性，与唯物史观的思维具有相通的一面。唯物史观传入中国后，民族历史思维便融入新的潮流中，使中国的马克思主义史学蕴含了传统辩证思维的因子。

郭沫若的《中国古代社会研究》是中国马克思主义史学的奠基之作，而其中第一篇就是"《周易》时代的社会生活"。他的研究，沟通了《周易》辩证思维与黑格尔的辩证思维，成为他对中国古代社会研究的思维路径。①

侯外庐先生以信仰为生命，以信仰为家业，他决心要宣传所信仰的科学真理——唯物史观，而这个真理就是来自《资本论》。10年译读《资本论》使他的思维能力、思维方式得到了宝贵的训练。他说："我在历史研

---

① 《郭沫若全集·历史编》，人民出版社1982年版。

究中所注重的研究方法，相当程度取决于我对马克思的唯物史观理论的形成和发展过程的认识。"① 他深情地回忆说：

> 为译读《资本论》下十年苦功夫，由此而奠定的对马克思主义的信仰，是一种对科学的信仰，由此所把握的方法论，则是科学的方法论。它无论是对我的政治观点和学术观点，都产生了深刻的影响，使我得益匪浅。早在北平、山西的那些年里，我已探入史学境地，当发现，《资本论》使我如有利刃在手，自信敢于决疑，我曾是何等的喜悦。②

侯外庐先生的探索，足以表明唯物史观对于研究史学的重大意义。在《侯外庐史学论文选集》的《自序》中，侯外庐先生对研究中国社会史、中国思想史的"研究原则和方法"作了总的说明和具体分析：

> 总的说来，依据马克思主义的理论和方法，特别是它的政治经济学理论和方法，说明历史上不同社会经济形态发生、发展和衰落的过程，物质生活的生产方式制约着整个社会生活、政治生活和精神生活的过程，以及经济基础与上层建筑、意识形态之间的辩证关系，是我五十年来研究中国社会史、思想史的基本原则和基本方法。
>
> 历史从哪里开始，思想进程也应从哪里开始。应该强调中国思想史的研究必须以研究中国社会史为基础，把二者结合起来，才会有收获。

总之，侯外庐先生的社会史、思想史研究是一座丰富的宝库，他的治思想史的方法论是精品。今天我们要认真学习侯外庐先生的著作，对于他在马克思主义史学理论民族化方面的开创性工作更要深入研究，以推动我们当前的史学工作。③ 发展民族史学，迫切要求我们从思想史的角度，总结中国传统的史学。

---

① 侯外庐：《韧的追求》，生活·读书·新知三联书店 1985 年版，第 91 页。
② 同上书，第 92 页。
③ 吴怀祺：《学习侯外庐先生在史学理论上的贡献》，《史学史研究》1993 年第 3 期。

一是，进入 20 世纪，中国传统文化的形态发生变化，原有的经、史、子、集的"四部之学"被解构，并重新组合，成为哲学、史学、文学、社会学、政治学、民族学、经济学以及美学、逻辑学等现代学科。这时的"史学"与古代的"史"有着直接联系，却又不是一回事。四部的"经"、"子"，成为新"史学"的因子。中西的史学内涵不同，应当引起人们注意。这些只有从思想、思维层面上，才可说得更明白。

二是，思维的新路向带来了近代史学学科体系的大变动，加之思维路向的变化，受到西方学术话语权的控制，导致对传统史学认识上的误解以及对传统民族史学价值的误判。西方相当多的学人，总以为虽然从典籍上看中国是历史大国，但史学思想却是贫乏的。这样的认识，产生了广泛的负面影响。对此，海内外学人纷纷著书立说，与西方史家对话，讨论中国史学。朱谦之的《中国哲学对欧洲的影响》，分《前论》与《本论》两部分，要说明的中心观念，就是东西文化接触是文明世界的强大动力。① 但是西方学人对中国民族文化的价值并没有真正地理解和认识，由此，对中国哲学、史学思想，也就不可能有正确的认识。

以唯物史观来认识中国民族史学思想，以民族性与时代性加以分析，才可以看到民族史学思想是产生在一定时代的大环境下，虽有其不足的一面，但亦有其珍贵的有活力的一面。

关于"什么是历史"的问题，确实，中国古代史学并没有下定义，但民族史学的表述形式是"寓论断于序事"中，实际上已经有了回答，而"易之三义"，即变易、不易、简易，也是对什么是历史的深刻的认识。再如，关于"疏通知远"、"彰往察来"、"畜德致用"、"经世致用"，等等，也是对历史功能的清晰认识。

中国民族史学思想是丰富的、深邃的。"究天人之际"的理念，历史兴衰大势论，历史发展中的通变思想、民本思想、协和万邦观念，史学的资鉴观念、经世史学思想，历史编纂学的二重性的意识，经史关系论，治史的史才、史德论，"成一家之言"的史学创新论，等等，无不散发着人类文明的智慧之光。民族史学思想的人才论，表明了人才直接影响历史盛

---

① 参见朱谦之的《中国哲学对欧洲的影响》，上海世纪出版集团 2006 年版。作者写作该书，用了 40 年时间。该书 1962 年写的《前言》中说到写作的艰辛："本书撰成，资料方面有赖以前外国汉学家之研究资料甚多，认为一人之力，不如谓出于集体之帮助。国内学者贡献亦不少。"其他学人如杜维运、汪荣祖等，为彰显民族史学的意义，也做了大量的工作。

衰变动，人才是治理社稷最重要的部分；历史兴衰中的民为邦本观念，风俗人心关乎国之盛衰的认识，则可以帮助人们深刻理解一个时代的变动，这些都是政治、经济、文化建设所要思考的问题；而天人相关理论所体现的生态建设的整体思维，对当今推动可持续发展的世界主题，无疑具有极强的指导意义。

这些都是我国史学宝库中的珍品，也是世界史学的宝藏。其中有四个问题有必要作详细的解读，从而使我们更深刻地认识中华文化、民族史学思想的时代价值。

第一是天人关系的问题。这是历史的根本问题，涉及宇宙观、历史观的相关问题。对于天人关系的讨论，表明人类历史与自然历史是分不开的，生态、环境、资源、地理等任何一项，都与一个民族、一个国家，以至于全球的社会历史紧密相关。

第二是历史盛衰的问题。历史是一个盛衰变动的过程，盛衰又是相互包含、见盛观衰，这些观念对世界史研究也颇有指导意义。对于通史、断代史、专史，乃至妇女史、性别史、环境史、风俗史等，人们如果能用这样的观念去思考，会得出很多更有价值的认识。

民族史学思想中历史盛衰论的中心思想是"以人为本"的观念，民本思想是历史思想的根本观点，而历代思想家所提出的民本思想则是总结历史兴衰的基本点。《尚书》的"殷鉴"思想，重在论说"保民"对于社稷稳固的重要，指出："人无于水监，当于民监"（《酒诰》）。爱民容民，也就可以天下无敌。明代黄宗羲说："盖天下之治乱，不在一姓之兴亡，而在万民之忧乐。"[1] 在古代史学家看来，保民、重民、容民、悦民、爱民，才是振兴国家社稷的关键。正如唐太宗所说：若安天下，必须先正其身；为君之道，必须先存百姓。[2]

第三是忧患意识的问题。这是民族向前发展的清醒意识，也是史家的时代感与责任感的体现，是史学家从事史学工作的出发点。

第四是史学走向世界的问题。为了建设 21 世纪的史学，我们要注意吸收世界上的先进文化，更要重视民族史学的话语权，对我们民族史学的丰富遗产进行认真总结，使民族史学走向世界。同时，史家也要以全球的

---

① 黄宗羲：《明夷待访录·原臣》，中华书局 2011 年版。
② 吴兢：《贞观政要·君道》，上海古籍出版社 2006 年版。

视野，思考人类的命运，思考民族的未来，观察当代中国社会的变化。巴勒克拉夫在《当代史学主要趋势》中说：扩展历史学家的视野成为当务之急，并且成为当代历史学研究中的主要趋势之一，是由于第二次世界大战即 1945 年以后整个世界形势的巨大变化。[①] 当今，以敏锐的开阔的深邃的历史眼光分析中国和世界的问题，显得格外重要。史家在 21 世纪的自觉，有必要作进一步的考察。

三 史学思想与全球视野

经济全球化趋势对史学思想的发展，是一股强大的推动力量。我们要适应新的形势，努力吸收世界上各种先进的思想文化，弘扬民族史学的优良传统，把史学思想的研究推向新阶段。

要求当代史学工作者精通社会政治、经济、军事、法律、科学以及风俗民情等方方面面的内容，当然是不太可能的，但新时代的"太史公"治史，也确实要通古今之变，述往思来，要有多学科的素养和全球化的眼光。

经济全球化是当代历史发展的新问题，需要格外引起注意。中国历史与世界历史是相互影响的，因此，应当把中国史与世界史联系起来思考，并在此基础上讨论中国史的进程，认识中国史发展的大趋势，讨论历史学的建设问题。在全球化过程中，唯物史观关于政治经济文化发展的不平衡规律，对讨论民族性的特点有重大指导意义。中国与世界之间的影响是相互的，中国文化与外国文化是互补的，历史研究者要充分认识并揭示这种关联。民族性是 21 世纪中国历史学的鲜明特色，民族历史学建设对世界史学发展同样具有重大意义。史家要从中国，也要从全球的视野，思考人类的命运，思考民族的未来，观察当代中国社会的变化。

民族史学思想具有的时代性，在于思考历史的走向，讨论当代世界的大事，这些思想具有一定的前瞻性和现实性。厘清民族史学思想的要义，便可以帮助我们深刻认识民族史学思想的魅力和当代价值。[②] 而这些方面

[①] 巴勒克拉夫：《当代史学主要趋势》，上海译文出版社 1987 年版，第 148、218 页。

[②] 我们在《中国史学思想通论》的"总论卷"与"思维卷"（福建人民出版社 2011 年版）中系统论证并展示了中国民族史学思想的丰富性及其思维特征，指出了民族史学思想的当代价值所在，在此不再赘言。

的总结，是要以唯物史观为指导的。我们要加强以下几个方面的工作。

一是以辩证联系的整体思维认识世界的变动与中国历史变化的关联。传统史学思想的史学通识，不是孤立地论说王朝的盛衰，而是把中原地区与周边"四裔"联系在一起。《文献通考》中的"四裔典"有 25 卷之多，其中有大量海疆、海洋的内容。重视海洋文化研究，是我国古代史学的传统之一，近代在魏源、姚莹那里，更是学术的亮点。这一传统在新时期还需要进一步发扬。尤其是在当今国际局势变幻莫测、南海形势日益复杂的背景下，回应这种时代需要，也是我们民族史学研究的题中应有之义。

二是加强文明、文化与民族史学思想的比较研究，在世界范围内的诸子争鸣中，弘扬中国史学思想的价值和意义。

三是研究文化形态，研究物质文化与非物质文化的关系，不断丰富民族史学思想的内容。

四是要研究宗教文化与史学思想的关系。朱熹发展儒学，是泛滥释老数十年，而后求之于《六经》。传统的史著中虽也有《释老传》一类的内容，但相对来说，研究还比较薄弱，亟待加强。

五是要讨论当代科学技术的发展对史学思想的影响，思考科学技术的发展对历史发展的重大意义以及带来的思维方式的变化。我们要了解世界学术研究的进展，以确定创新的起点，建立起一种激活创新史学的机制，要辩证地看待科学技术发展对社会的影响。

人们通常把历史学仅视为人文科学，但历史学与自然科学的发展也是密不可分的。自然科学的每一步进展，文字媒质与传播方式的每一次变动，都对历史学产生了巨大的冲击，以至于使历史观念发生变化。近代实证科学的进展对于近代新史学的出现，其促进作用就是众所周知的事实。

当代信息化的发展不但是历史研究的新内容，而且也对研究产生了重大影响，甚至有的学者指出，大数据"帮助人类把握未来"[1]，强调其价值是有利于"懂历史的韵律，进而寻找到通往未来的钥匙"[2]。这种尊重现实、尊重科学的态度，可以帮助我们大大丰富史学思想的内容。

我们的民族史学思想研究，任务很艰巨，却很光荣，我们史学工作者要努力以唯物史观为指导，做好总结、传播民族史学思想的工作。同时，

---

[1] 《竞逐大数据　创新才会赢》，《人民日报》2013 年 2 月 1 日。

[2] 同上。

也希望更多的西方学人，能够从东方文化和中国文化的特点出发，从人类历史发展的要求出发，体察中国民族史学思想精粹之所在。

［原载于《廊坊师范学院学报》（社会科学版）2013 年第 4 期］

崛起的中国需要历史学家的在场

王学典

中国崛起是当今世界所发生的最伟大的事件之一。这一崛起与其说是物质财富的暴增，毋宁说是一个古老文明的复兴。这一复兴在中国文明史乃至世界文明史上的巨大意义已经引起全世界的关注。20世纪90年代以来，有关中国崛起的话题，已经跨越学科的边界，几乎成为国内所有人文社会科学的话语中心。众多人文社会科学，都在通过对中国崛起的讨论和思考，积极参与这一重要的历史进程。但令人遗憾的是，在众声喧哗当中，唯有历史学家缺席。无论其他人文社会科学对中国崛起的讨论如何热闹，史学家们好像都无动于衷。实际上，最不应该成为中国崛起看客的就是史学家，因为文明的复兴，仰赖于历史的被唤醒，而史学家是现在与过去之间的唯一中介；在中国崛起的进程当中，史学家们最有资格也最应该成为积极的一员。绝不能因为历史学面对的是静寂的历史，就有理由躲避火热的现实。史学家完全应该也能够在创造历史中研究历史。必须明确，在中国文明复兴的挑战中，历史学家肩负着特殊的重任。这是生活在大时代的史学家的宿命。衡量当今中国史学家的社会责任无疑有多重维度，在笔者看来，至少有两种责任不可回避：构筑能够解释中国的宏大理论，更紧密地关注现实。

构筑有关历史的宏大理论是崛起的中国对历史学最大的也是最紧迫的要求。宏大理论是一个国家知识体系的压舱石，代表一个国家理论思考的深度。历史的宏大理论反映了一个国家和民族对其自身发展历程的深刻自觉。国家需要历史理论告诉自己从哪里来、长时期社会形态如何演变、何种动力在推动历史发展以及为什么只能这样演变和发展。只有弄清这些问题，才会明了国家和民族到哪里去。一个对这些基本问题处于懵懂状态的国家，无法看清历史大势，因而也就无法找到超越兴乱周期、实现持续繁荣之道。大历史呼唤大理论，从世界文明史的角度看，大的社会转型一定会推动历史宏大理论的诞生。西方的宏大历史理论，完全是建立在 15 世纪以来地理大发现、工业革命、资产阶级大革命等重大历史事件之上的。中国现在进行的转型，是在一个有着五千年连绵不断的文明史、960 万平方公里的土地和十数亿人口的大国中进行，无论在规模上、深度上还是在典范性上，这一转型都绝不亚于西方。因此，中国社会的大转型，也一定能够催生规制恢宏、统摄全局的宏观历史理论。这是历史发展本身对中国历史学发出的律令。

我们必须形成这样一个基本判断，即有关中国历史的宏大理论建设目前还处于徘徊阶段。1902 年新史学诞生之前的中国传统史学不过是"二十四姓之家谱"，运行其中的是传统的天道观念；1949 年后，中国历史为西方话语所笼罩，为西方程序重新编码；改革开放之后，理论建设并未改变"被殖民"的状态，仍然是从西方引进名词、概念、话语体系，毫不犹豫地以它们为准绳，来衡定中国、改造中国，甚至"漠视中华文明作为一种历史悠久的宏大文明独立存在与不断发展所固有的意义和价值，根本不承认或很少考虑在观察传统中国、中国传统及中国路径时，需要建立一种和近代西方文明不完全一样的甚至很不一样的独立的坐标系统"[1]。所以，自从中国现代史学诞生之后，有关中国历史本身的一系列重大问题并没有在高度自觉的前提下得到系统的不受干扰的清理。"五种生产方式"说对中国历史的解释口径受到质疑之后，替代概念和理论框架的建构迟迟得不到突破性进展，是中国历史研究最大的无奈。重回中国历史本体的研究，让中国历史的躯体挣脱西方话语的"洋马褂"的束缚，使中国史重返中国，推动国人在中国史实的基础上重新认识中国历史整体发展的时序与规律，是中国史学的当务之急。

应该看到，微观史学的盛行，客观上削弱了史学界探讨宏大历史问题的兴趣。走向微观研究，是近二三十年来世界史学界的潮流，中国史学也步其后尘，微观史研究大行其道，导致许多人因此生出"史学碎片化"的担心。应当承认，微观史的兴起，是对过去那种不切实际、更多带有意识形态钳制意图的宏大叙事的反叛，但有一点必须牢记，西方微观史学和中国微观史学完全是在两种不同的学术背景下进行。西方的微观研究以崛起

---

① 姜义华：《走出思想上文化上的"被殖民"》，《社会科学》2012 年第 5 期。

于 18、19 世纪的宏大叙事为参照，这种对微观史的强调，并不能撼动宏大叙事的框架和价值观，这从后现代史学的迅速退潮可得到证明。在很多方面，微观史是对宏大叙事的调整与补充。但是，中国在知识体系上从来就没经历过一个源自本土的宏大叙事阶段。所以，中国史学并没有放弃宏大叙事的资本。曾经统率中国历史学几十年的"五种生产方式说"只是对欧洲宏大叙事的拷贝。近年来日渐活跃的微观史学，其深层原因实际在于"五种生产方式说"遭受质疑后，没有一个统摄全局的宏大理论可供依凭。史学家各自专注于某一特定历史题材，只低头拉车，不抬头看路，是当前中国史学的基本生态。

西方中国学的兴盛也反衬出国内史学缺乏理论建构的尴尬。20 世纪80 年代以来，海外中国学提出的理论一直在中国史研究中推波助澜，一些有关中国历史的重大命题，多由西方中国学提出。施坚雅的"区域经济理论"、萧公权与周锡瑞等的"士绅社会"理论、罗威廉的"市民社会"理论、黄宗智的"经济过密化"分析、杜赞奇的"权力的文化网络"及乡村基层政权"内卷化"的研究、艾尔曼的"文化资本"解释方法、彭慕兰的"大分流"理论等各领风骚，为缺乏理论建构能力的国内史学界所艳羡。西方中国学对中国历史研究的开拓性贡献表明理论能够给中国史研究带来多大活力，理论建构对于拓展中国史研究的空间是何其重要。与此形成鲜明对照的是，由于受到"学问家凸显，思想家淡出"风气的影响，太多中国史学工作者斤斤自守于考证之学，以接续民国新考据学统为治学之最高境界。这一点从胡适、傅斯年、陈寅恪等人所受到的追捧就可看出。必须承认，拘泥于考证，无法对中国历史作出宏观性解释。

对许多中国史学工作者来说，对宏大叙事的排斥，已成为矜夸其职业素养的标志。但在西方主流学界，并不存在这种刻意回避宏大叙事的做作。近年来，美国史学家已开始纠正对宏大叙事的疏离，试图重建新的宏大叙事体系。① 全球史的兴盛，也反映了历史学构筑新的宏大叙事体系的努力。像大卫·克里斯蒂安这样的史学家，已经把研究领域扩展到整个宇宙，时间范围扩展到 100 亿年到 200 亿年之间。在他看来，"在历史学科中，像是在任何学科一样，如果想理解细节的含义，理解它们是如何有机

---

① 参见程群《宏大叙事的缺失与复归——当代美国史学的曲折反映》，《史学理论研究》2005 年第 1 期。

联系在一起的，就必须有超越细节的眼光。如果要搞清我们学科任何一个部分的来龙去脉，我们就需要构建大的图景"①。而在历史学界之外，宏大叙事的论述进路仍然备受重视。弗朗西斯·福山在新近出版的《政治秩序的起源》第 1 卷中就以罕见的学术雄心展示了宏大叙事的抱负。书中所展现的大视野、大线条、大模式，使得该书甫一面世，就引起世界学术界的普遍关注。在该书中，福山从渺远的史前起步，对人类数千年政治制度的历史起源和政治衰颓进行了全程考察，对人类漫长历史进程中现代政治秩序的形成过程进行了全景式追索。这一学术考察，纵贯数千年，覆盖东西方，几乎古往今来所有重要国家都被纳入研究框架。福山意欲从宏大的历史进程入手，深度透视政治秩序得以形成的深层机制，凸显政治发展的进化规律。这一努力被学者称为"超级宏大叙事"，"绝对是极度推高了的宏大叙事"，"不是一般不关注因果关系与普遍规律的历史学家所可承担"②。因此，必须克服那种人云亦云式的对宏大叙事的嘲笑，从更宏观的角度和层面来透视中国、解释中国。

美国历史协会主席里德曾经说过，历史学家的社会责任在于为当前解释过去。马克·布洛克也强调，史学家必须与全部生活之源泉——现在保持不断的接触。这不仅是说现实可以帮助历史学家们认识历史，更重要的是，史学家们必须关注和回应现实所涌现与提出的问题。这是当今史学家们所承担的更重要的社会责任。

中国的崛起，并不光是如歌的行板，里面贯穿着一系列颇具张力的冲突和矛盾，传统与现代、革命与改良、趋新与守旧、危机与转机、压制与反抗、价值与历史、沉沦与救赎等诸种对立因素存在激烈的对抗。改革在今天所遭遇的困境，已经显示出诸多历史负面因素强大的惯性对中国崛起的牵制。这些都逼迫着人们到历史里寻找智慧。现实的需要，决定着哪些历史将被唤醒，哪些沉默不语的文献将重新开口说话。克罗齐对"历史"和"编年史"所作的区分仍然值得史学家警醒。在克罗齐看来，历史是活的历史，编年史是死的历史；历史是当代史，编年史是过去史。一切历史当它不再被思考，而只是用抽象词语记录，就变成了编年史。能否体现现

---

① 大卫·克里斯蒂安：《为"大历史"辩护》，载夏继果、杰里·H. 本特利主编《全球史读本》，北京大学出版社 2010 年版，第 67 页。

② 任剑涛：《为现代政治秩序背书》，《东方早报》2013 年 1 月 20 日。

实关怀，决定着你所书写的是"历史"还是"编年史"。一切历史都是当代史，对现实的热忱，决定着史学家所提供的历史认识的温度。从现实生活中提炼出重大的理论命题，然后从历史的角度进行探索，是当今史学家无法推脱的使命。福山对中国政治史的研究能够给我们以很好的启示，他在《政治秩序的起源》第一卷中用大量篇幅考察了中国政治史，其最终目的不过是为了提出这样的问题：现代政治制度由强大的国家、法治、负责制组成，中国今天在经济上迅速增长，但三条之中只拥有一条，即强大的国家，这样的情境能否长久？没有法治或负责制，中国能否继续维持经济增长，保持政治稳定？经济增长所引发的社会动员，到底受控于强大的威权国家，还是激起对民主负责制的强烈追求？国家和社会的平衡长期偏向于前者，如此社会能否出现民主？没有西式的产权或人身自由，中国能否拓展科学和技术的前沿？中国能否使用政治权力，以民主法治社会无法学会的方式，继续促进发展？[①] 这些问题关涉重大，每一个问题的回答都关系到中国的现状与走向，而所有对这些问题的回答和探讨都必须从历史出发。

能否针对现实提出重大理论命题，不仅考验史学家的智慧，还决定着史学能否回到学术舞台的中央。当前中国史学家面对的一个尴尬是，除少数史学家外，很少有历史学家参与今天的舆论议程，一些重大问题，更多的是法学家、社会学家、经济学家在探讨，很少有历史学家参与其中。比如，有关"中国模式"的讨论一直是热点话题，但参与这一讨论的多是经济学家、政治学家。本来，所谓中国模式，其根本是对中国历史发展道路的总结，历史学家是最有资格探讨这一话题的群体。中国自古以来的政治模式和社会结构，对这一模式的形塑起到至关重要的作用，但很少有历史学家从此入手进行讨论。如果说放逐现实、回避问题可以代表20世纪90年代学风的话，历史学界汉学心态的弥漫则可看作其中的典型。为历史而历史成了不少人的追求。史学界很少提出能引发大的学术讨论的话题，甚至引起轩然大波的"告别革命"说这一典型的史学话题，也是由美学家和文学评论家提出的。面对现实，一些史学家选择了自我放逐。

史学家对现实关注的弱化，当然也与现行学术制度有关。其中，基金

---

① 参见弗朗西斯·福山《政治秩序的起源——从前人类时代到法国大革命》，广西师范大学出版社2012年版，第472页。

和课题对学术的规制尤其突出。出于功利性考虑，基金和课题总是要贯彻集团和组织自身的意志。基金和课题的投放，实质上是对学术的征用。在现行体制下，基金和课题成为学术研究的指挥棒，越来越多的学者围绕基金和课题打转转，于是，猜度和迎合学术研究组织者"圣意"，满足基金和课题的期许，甚至取悦于组织和集团，就发展成为学者的自我约束。学者忙着追逐基金和课题，就无力把眼光从充满诱惑的经费身上转移到现实生活上来，从而也就丧失了真正的创造力和批判力。争取基金和课题，成为学者躲藏在由此带来的实惠背后而回避现实问题最好的借口。基金和课题对学术研究的规制越来越具有体制性，后人究竟如何评价这段由基金和课题主导的学术史，值得人们思考。

据实而论，今天谈论历史学家的社会责任不免有几分难为情。史学在今天中国的影响力，不但无法与经济学、社会学、法学等社会科学门类相提并论，即使与哲学、文学等人文学科相比也已落下风。哲学已通过理论上的新陈代谢融入国际主流话语，文学则以诺贝尔奖证明了其所取得的进步。唯有史学，特别是历史理论，至今仍处在"文革"造成的巨幅震荡之后的盘整阶段，甚至还滞留在"亚文革"状态。造成中国史学今天窘境的因素是多方面的，其中社会责任感的弱化是重要原因。古语云："器大者声必闳，志高者意必远。"史学家应该尽快走出书斋和书院，有力回应社会现实对他的期待，如此，才会改变一段时间以来被边缘化的遭际，重新赢得知识界的尊重。

（原载于《史学月刊》2013 年第 5 期）

作者附记：本文是在郭震旦博士的帮助下草拟而成。震旦不仅提供了文字初稿，而且，文中所提出的微观史在东西方史学界的不同作用、近一段时间以来的学术史基本上由基金和课题所宰制，这两个富有学术含量的判断，也属震旦的发现。特此说明，并致谢忱！

开拓唯物史观研究的三重路径

王　力

　　近期学界关于唯物史观的争论充分表明作为马克思主义理论核心的唯物史观仍然需要创新和发展。争论的焦点之一是马克思和恩格斯的哪一部分表述最能准确反映他们的历史观，问题在于马克思和恩格斯的唯物史观不是一次性完成的，他们在不同的著作中从社会的不同层面和侧面、依据不同的逻辑前提得出了相应的结论，都有一定的道理。但是，忽视时空和问题域的转变，单纯追求理论自身的逻辑自洽，仍然不能解决唯物史观面临的严峻挑战，因此需要进一步拓展唯物史观的研究路径：一是依循原著开展唯物史观的整体性研究，全面梳理马克思和恩格斯唯物史观相关论述的立论前提；二是紧密结合新科技革命和全球化引发的资本主义以及世界社会主义的新变化，关注新问题、吸纳新理论；三是密切关注非马克思主义对唯物史观的批判乃至责难。创新唯物史观研究路径，开拓唯物史观研究新视野，是当前亟待解决的重大理论和现实问题。本文试图厘清开拓唯物史观研究的新路径，为进一步开展此项研究做一些基础性工作。

一　依循原著开展唯物史观的整体性研究

　　马克思、恩格斯深受启蒙思想的影响，在对法学、法哲学、伦理学、政治学、神学直至政治经济学的全面深入的批判中，形成对人类历史的看法。他们在不同时期提出了"五种所有制"说、"三种依赖关系"说和四种经济形态说，以及世界历史理论，要特别注意区分每一观点提出的特定语境和立论基础，绝不能把他们探索人类历史某一领域发展态势的理论成果看作关于整个人类历史的发展规律。

　　第一，在《德意志意识形态》中，他们仅仅从"分工"和"所有制"

的角度把人类历史划分为"部落所有制"、"古代公社所有制和国家所有制"、"封建的或等级的所有制"、"资产阶级私有制"、"共产主义所有制"。在继承和运用黑格尔辩证法的基础上,从"所有制"阐明人类由低级向高级、由野蛮向文明阶段演进的大趋势,并未提出历史规律。在这里,他们还发现进而初步探讨了人类"意识"这个世界上最为复杂的问题。

他们从现实的人出发,从人与自然关系这个一切人类活动的开端始,探讨了生产方式和生活方式、物质生产与自我意识的关系问题,这可谓他们探讨人类历史的开端。他们认为:"人们用以生产自己的生活资料的方式,首先取决于他们已有的和需要再生产的生活资料本身的特性。这种生产方式不应当只从它是个人肉体存在的再生产这方面加以考察。更确切地说,它是这些个人的一定的活动方式,是他们表现自己生活的一定方式、他们的一定的生活方式。"① 人类在刚刚诞生后相当长的历史时期几乎全部活动就是用来从自然界获取满足自身基本生存需要的物质生活资料,人类活动基本上受物欲本能所支配,人类的祖先还没有任何文化活动,生产就是生活,生活就是生产,生产活动成为人类生活的主要内容,生产方式几乎完全决定着生活方式,直至马克思他们生活的时代乃至当代,那些每天八小时站在流水线机器旁边的人,他们的生产活动几乎就是生活的全部内容,在这一前提下,马克思、恩格斯的论断是正确的。

但是,随着生产力的不断进步,当人类剩余劳动能够使一部分人分离出来从事文化和精神生产的时候,生活方式逐步脱离生产方式的制约成为人类历史发展相对独立的要素,直至消费社会等现象的出现,这是他们没有料到的,也是唯物史观必须面对的现实问题。

第二,在 1847 年的《雇佣劳动与资本》中,马克思根据生产关系把人类历史划分为三种以私有制为基础的社会形态。他指出:"各个人借以进行生产的社会关系,即社会生产关系,是随着物质生产资料、生产力的变化和发展而变化和改变的。生产关系总和起来就构成所谓社会关系,构成所谓社会,并且是构成一个处于一定历史发展阶段上的社会,具有独有的特征的社会。古典古代社会、封建社会和资产阶级社会都是这样的生产关系的总和,而其中每一个生产关系的总和同时又标志着人类历史发展中

---

① 马克思、恩格斯:《德意志意识形态(节选本)》,人民出版社 2003 年版,第 11—12 页。

的一个特殊阶段。"① 这三种以私有制为基础的社会形式和上述的古代部落或公社形式、共产主义形式，也构成五种社会关系形态，只是这里是从生产关系角度来说的。

第三，在《1857—1858 年经济学手稿》中，马克思从资本批判和作为关系存在物的人的角度提出"人的依赖关系"、"以物的依赖性为基础的人的独立性"、"建立在个人全面发展和他们共同的、社会的生产能力成为从属于他们的社会财富这一基础上的自由个性"② 三个发展阶段的理论。他认为在一个受资本逻辑支配的社会，人变成了受资本控制的"异己物"，"各个人在一定的狭隘的生产关系内的自发的联系"，③ 使人产生了自以为自由的错觉，即"各个人看起来似乎独立地（这种独立一般只不过是错觉，确切些说，可以叫作——在彼此关系冷漠的意义上——彼此漠不关心）自由地互相接触并在这种自由中互相交换"，④ 事实上，个人则从属于独立存在的外部关系而失去了独立性，这种"物的联系"只是历史的产物，在这一历史阶段，人还不能控制和支配自己的社会关系。当人类认识到自身被这种物的联系所束缚时，就会力图冲破它进入理想社会。

在《〈政治经济学批判〉序言》中，马克思从生产方式界定人类历史经历了亚细亚的、古代的、封建的、资产阶级的四种经济形态，并完整地阐述了生产力、生产关系、生产方式和人类意识之间的复杂关系。他指出："物质生活的生产方式制约着整个社会生活、政治生活和精神生活过程。"⑤ 生产方式只是制约人类的精神活动，马克思没有深入地研究也从来没有否定人类精神活动的超现实性及其在人类历史发展中的作用。科技革命彰显人类智力活动和精神力量对于社会发展的作用，同样需要马克思主义者关注。

第四，关于人类历史发展的多重观点已经表明不能把唯物史观简单地理解为历史规律论。马克思和恩格斯主要从人类经济活动的视角探讨经济社会发展的规律性，重点关注的是人类物质生产活动和物质劳动在人类历史发展中的地位，从没有把整个人类历史说成是物质生产活动的产物，更

---

① 《马克思恩格斯选集》第 1 卷，人民出版社 1995 年版，第 345 页。
② 《马克思恩格斯全集》第 30 卷，人民出版社 1995 年版，第 107—108 页。
③ 同上书，第 112 页。
④ 同上书，第 113 页。
⑤ 《马克思恩格斯选集》第 2 卷，人民出版社 1995 年版，第 32 页。

没有使用过"历史决定论"这样的词语。他们在探讨人类物质生产活动的规律性，探寻从物质生产中实现人类解放的路径。物质生产只是"把经济的社会形态的发展理解为一种自然史的过程"①，而"整个所谓世界历史不外是人通过人的劳动而诞生的过程，是自然界对人来说的生成过程"②，劳动也有生产性劳动和非生产性劳动之分，历史是人类劳动实践过程的产物，离开了人的活动就没有历史可言。在《哲学的贫困》中，马克思批驳蒲鲁东对黑格尔的辩证法采取庸俗的、机械的、线性的理解，把纯粹理性的辩证运动的历史观当做永恒的规律。如果把唯物史观解释为被动的历史决定论，把人视为受历史奴役的、无个性和能动性的奴隶，显然是对唯物史观的歪曲和误解。只是受时代限制，马克思和恩格斯他们没有详细探讨人类精神生产和精神交往在历史生成中的作用，这正是唯物史观在当代面临的又一重要问题。

马克思和恩格斯对人类历史发展趋势的探索历程表明，他们既没有垄断对历史进行规律性探讨的权利，更没有把自己的理论成果当作真理的终结和行动的教条。正如有学者指出，"唯物史观并不是一种封闭的、主观思辨的逻辑体系，它并没有穷尽真理，而是开辟了通向真理的宽广的道路"。③ 只有不断从现实中汲取养分的理论，才有不竭的生命力。

二 全球化、新科技革命及中国社会主义市场经济是创新唯物史观的重要向量

实现唯物史观的现代形态转化，使唯物史观具有更广大的包容性和更科学的解释力，需要紧密关注马克思主义诞生一百多年以来世界的新变化，特别是科技革命和全球化引发的资本主义乃至整个人类社会的重大变化，以及中国特色社会主义建设的鲜活实践。

第一，科技革命张扬了人的智力和知识在推动社会发展中的作用，中产阶级的扩大改变了资本主义国家的阶级结构，生产力中以物的要素为尺度的判断标准逐步让位于以人的智识要素为尺度的要求，教科书模式的唯

---

① 《马克思恩格斯选集》第 2 卷，人民出版社 1995 年版，第 101—102 页。

② 马克思：《1844 年经济学哲学手稿》，人民出版社 2000 年版，第 92 页。

③ 叶汝贤：《唯物史观的发展趋势》，载《马克思与我们同行》，中国社会科学出版社 2003 年版，第 95 页。

物史观的局限性也就显露出来。人类社会的生产方式正在从工业社会向后工业社会转变，生产的集中和科技含量的倍增，使得新的科学技术的发明以及在生产过程中的应用成为经济竞争的主导力量。同时，由于自动化技术可以代替大量的劳动力并大幅度提高生产效率和产品数量，由此引发产品交换的实现过程成为影响再生产的重要环节，这一转变推动更多的劳动力进入产品销售环节，以及无法用机器完成的服务性行业，这也推动企业乃至整个社会经济发展战略和企业管理策略等发生重大改变，人们的生活方式也随之发生巨大变革。每一次生产方式的重大革命都带来劳动力的转移和人类个体需求主旨的变化，直至当代社会，人类劳动的内容正在由以体力为主向以智力为主转化。

发达资本主义国家的教育普及，使得贫民阶层与资本家阶层享有接受教育的平等机会，这些原本依靠资本积累永远无法摆脱经济困境的弱势群体有可能通过知识的积累和智力的释放很快摆脱贫穷而进入中产阶级行列。科技革命使得中产阶级数量增大，而无产阶级与资产阶级之间的矛盾逐步趋缓，暴力革命在一定历史时期可以避免。但无论何种途径，只要无产阶级的处境发生有利变化，这也是马克思和恩格斯所期望的，因为在他们生活的时代，他们看不到通过和平改良的途径解决问题的希望。由此可看出，唯物史观在经历三次科技革命所带来的人类社会的重大变化后，应把人类的"智识"纳入其中。"被马克思作为原始资本主义发展特征来分析的直接生产者的'实际累积'或生产单元，在当今以网络技术为特征的高科技生产力水平时代，已经显得落后了，它落后于正式独立单元下的一种新的意义上的非正式累积，因为这种独立允许一个企业让另一个陌生企业的一部分或所谓的雇佣企业主以及表面上的独立者为自己劳动。"① 科技革命带来的交往方式的变化深刻影响着人与人的关系，削减了资本家与工人在直接雇佣关系下的对抗程度。

第二，经济全球化引发的世界政治和文化的广泛交流也为马克思主义的发展带来新的契机，当代世界特别是资本主义的新变化为我们重新认识和发展马克思主义的唯物史观提供了重要的资源。新科技革命催生出新的经济形态和新的交往方式，当今社会正在走向一个交往普遍化和紧密化的

① ［德］沃尔夫冈·豪格：《十三个尝试——对马克思主义思想的再阐释》，朱毅译，东方出版社 2008 年版，第 31—32 页。

"全球化社会",一个由信息化、网络化、数字化为构造机制的"技术化社会",一个充满不确定性和风险的"风险化社会",一个民族国家主权正在削弱、"世界公共社会空间"日益增长的"跨国社会",人的存在也正在日益成为"去中心化"、"去地域化"的"世界历史的人",即"世界公民"。所有这些都表明人类社会形态正在发生深刻的巨变。① 人类的生产方式和生活方式以及交往方式带来的深刻变化,直接影响着个体生命对于生存意义的体验和人类历史的走向,直接影响到人们的传统价值观和道德观。人类在创造了辉煌文明的同时,也生发出环境危机、资源枯竭、生态失衡、贫富差距、恐怖主义、种族冲突等全球性的重大疑难问题,这些重大现实问题迫切需要唯物史观作出有力诠释并提出解决之道。

同时,新问题催生的新理论也成为唯物史观创新的重要资源。西方马克思主义的消费社会、景观社会、风险社会、符号社会等新理论对于我们全方位认识资本主义社会发生的深层变革具有重要的参考价值,为发展马克思主义的唯物史观提供了重要参考。正如德国学者沃尔夫冈·豪格所指出的:"今天的客观就是超越国界的高技术资本主义带来的全球联网的五彩纷呈的新世界;在这个关系之上,马克思主义的复兴将以分析、批判、新的道路实践、反抗等形式活跃起来,马克思主义运动将得到创新。我们现在能做的、以至于必须做的就是把对社会变化的思考提上议事日程。"② 必须在对现实世界有一个准确判断的基础上,发展马克思主义。"一种世界观,只有当它同时属于即将生成的历史——而不仅仅属于过去的历史时,也就是说,只有当它去回答现实所提出的问题时,它才是有生命的,它的现实性才会由它自身所体现出来。"③

第三,关注中国社会主义市场经济引发的深层社会变革,正视中国社会主义的现实运动与唯物史观之间的紧张。改革开放以来中国社会的新变化,特别是市场经济体制带来的生产力与生产关系的新变化对科学社会主义原创理论形成巨大挑战和压力。同时,我们也应清醒地认识到,"任何一个社会都不可能完全按照思想家的理论构想发展,社会发展路径更不可

---

① 赵剑英:《深刻变化的世界与当代马克思主义哲学的使命》,《中国社会科学》2004 年第 1 期。

② [德]沃尔夫冈·豪格:《十三个尝试——对马克思主义思想的再阐释》,朱毅译,东方出版社 2008 年版,第 20 页。

③ 同上书,第 37 页。

能遵循严格的逻辑原理"。① 实践对理论的一定程度的偏离是正常的,实践与理论的内在张力是理论发展的动力。问题的关键是把马克思主义理论与社会主义实践的"内在紧张"② 主动转化为马克思主义理论创新的内在动力和现实机遇,而不是自暴自弃或抱残守缺。

三 积极应对非马克思主义者对唯物史观的批判③

非马克思主义者大多采取否定和曲解的态度对待唯物史观,马克思主义哲学研究界对此关注较少,未能在学理上构成真正意义上的回应。

卡尔·波普尔把马克思的历史唯物主义理解为经济的历史唯物主义或经济主义,曲解为否定主体能动地位的经济决定论和历史宿命论。在他看来:"马克思主义是一种纯粹的历史理论,一种旨在预测经济和政治的发展的未来进程,尤其是预测革命的未来进程的理论",④ 他认为社会主义在贫穷的基础上依靠付出无数物质牺牲的革命精神建设起来,这本身就表明观念的作用,而不是经济的作用。他认为,"科学社会主义不是一种社会工艺学;它不教授建设社会主义的途径和手段",⑤ 指责"马克思把历史舞台上的人间演员(包括所谓'大'人物)都看做是被经济线路——被他们无法驾御的历史力量——不可抗拒地推动着的木偶"。⑥ 马克思从来都没有向无产阶级许诺革命成功后人类会变成人间天堂,马克思和恩格斯明确指出:"创造一切、拥有一切并为这一切而斗争的,不是'历史',而正是人,现实的、活生生的人。'历史'并不是把人当作达到自己目的的工具来利用的某种特殊的人格。历史不过是追求自己的目的的人的活动。"⑦ 他们毕生都在探寻人的解放和自由全面发展的实现途径,又怎么能说马克思

---

① 王力:《当代中国语境中的马克思与哈耶克》,中国社会科学出版社 2007 年版,第 39 页。

② 侯惠勤:《试论马克思主义理论的"内在紧张"》,《中国社会科学》2007 年第 3 期。

③ 非马克思主义者对唯物史观的批判主要集中在卡尔·波普尔的《开放社会及其敌人》、《历史主义贫困论》和哈耶克的《致命的自负》、《自发秩序原理》等论著中,由于篇幅所限,本文仅指出他们的主要论点,并做简单批驳,目的是引起唯物史观研究者的关注。从马克思主义的角度对哈耶克自发秩序理论的详细研究将另文展开。

④ [英]卡尔·波普尔:《开放社会及其敌人》第 2 卷,郑一明等译,中国社会科学出版社 1999 年版,第 142 页。

⑤ 同上书,第 149 页。

⑥ 同上书,第 168 页。

⑦ 《马克思恩格斯全集》第 2 卷,人民出版社 1957 年版,第 118 页。

主义把人当做玩偶呢！这显然是对唯物史观的曲解和误读。

哈耶克则把唯物史观简化为历史规律论，并对此表示明确否定，主张自发秩序。他认为，"从规律支配着进化产物必然经历的各个阶段，因而能够据以预测未来的发展这个意义上说，无论是生物进化还是文化进化，都不承认有什么'进化规律'或'不可避免的历史发展规律'。……对于复杂现象，只能限于我所说的模式预测或原理预测"。① 所谓自生自发秩序，就是那些无数追求自己目的的个人之间通过自发的相互交往生成的一种整体的社会秩序，它是一种抽象而非具体的秩序，不依特定目的而产生，也不为特定目的服务，它是人之行动而非人之设计的产物，它的复杂程度超越了人类心智的理解限度。哈耶克认为整个人类的文明成果是于偶然之中获致的，非一般人所想象的，是条理井然的智识或设计的产物。

哈耶克自发秩序理论的依据是资本主义社会的自发性，而这正是马克思所批判的。事实上，马克思早就把资本主义社会的自发性作为批判对象，他曾讽刺地指出，"这种在一定条件下不受阻碍地利用偶然性的权利，迄今一直称为个人自由"②，在他看来，这种受偶然性和自发性支配的所谓个人自由远离了人类的本真自由，是虚幻的自由。他批评经济学家把人类社会制度划分为"人为"和"天然"两种，无非是想以此来论证资产阶级的生产关系是天然的，"是想以此说明，这些关系正是使生产财富和发展生产力得以按照自然规律进行的那些关系。因此，这些关系是不受时间影响的自然规律。这是应当永远支配社会的永恒规律"。③

马克思与波普尔、哈耶克等人的理论对立主要源于他们对资本主义生产自发性对于人类未来的影响所做出的截然相反的判断。马克思在反思 19 世纪资本主义生产方式时指出："一方面产生了以往人类历史上任何时代都不能想象的工业和科学的力量。而另一方面却显露出衰颓的征兆，……技术的胜利，似乎是以道德的败坏为代价换来的。随着人类愈益控制自然，个人却似乎愈益成为别人的奴隶或自身卑劣行为的奴隶。甚至科学的纯洁光辉仿佛也只能在愚昧无知的黑暗背景上闪耀。我们的一切发现和进步，似乎结果是使物质的力量成为有智慧的生命，而人的

① ［英］F. A. 哈耶克：《致命的自负》，冯克利等译，中国社会科学出版社2000年版，第24页。

② 马克思、恩格斯：《德意志意识形态（节选本）》，人民出版社 2003 年版，第 66 页。

③ 《马克思恩格斯选集》第 1 卷，人民出版社 1995 年版，第 151 页。

生命则化为愚钝的物质力量。"① 哈耶克看到了自发的市场经济给人们带来的自由，但是，他们建基于有限理性和有限知识基础上的自由不能保证人类个体在自由行动的同时不会给社会带来无法预知的负面影响。事实证明，这种不计后果的无数个体的自由行动在给人类带来"繁荣"的同时也产生了无法回避的生存困境和意义危机。生态环境的恶化和生命价值的模糊逼迫人类不得不对自由理念做出深刻反思，在这个张扬自由理念、力倡自由精神的时代，我们应时刻反思自由观念究竟会把人类引向何方这样一个关系人类存亡的大问题。

哈耶克在阐发自发秩序原理的同时承认人类行为除了受本能和理性支配以外，还受到处在本能和理性之间的习俗和传统的支配。人类通过学习或模仿他人的行为逐步学会按照规则行事而克服纯粹本能的指使，"人类通过发展和学会遵守一些往往禁止他按本能行事的规则（先在狭小的部落里，然后又扩展到更大的范围），从而不再依靠对事物的共同感受，由此建立了文明"。② 正是由于人类遵循了这些已诉诸文字和未诉诸文字的抽象规则，才逐步形成了当今的社会秩序。试问这些"传统"和"习俗"中难道没有包含马克思所说的生产力和生产关系吗？马克思早就说过："历史的每一阶段都遇到有一定的物质结果、一定数量的生产力总和，人和自然以及人与人之间在历史上形成的关系，都遇到有前一代传给后一代的大量生产力、资金和环境，尽管一方面这些生产力、资金和环境为新一代所改变，但另一方面，它们也预先规定新的一代的生活条件，使它得到一定的发展和具有特殊的性质。由此可见，这种观点表明：人创造环境，同样环境也创造人。"③ 人与环境是互动关系，生产力所决定的物质条件是人类一切其他活动和关系的"开端"，正如海德格尔所言："在思想领域中有一种努力，就是更原初地去深思那种原初地被思考的东西，这并不是一种要恢复过去之物的荒谬意志，而是一种清醒的期备态度，就是要面对到来者而惊讶于早先之物。"④ 开端虽然并不就决定一切，但这些原初和开端的事物

① 《马克思恩格斯选集》第 1 卷，人民出版社 1995 年版，第 774—775 页。
② ［英］F. A. 哈耶克：《致命的自负》，冯克利等译，中国社会科学出版社 2000 年版，第 8 页。
③ 《马克思恩格斯全集》第 3 卷，人民出版社 1960 年版，第 43 页。
④ ［德］马丁·海德格尔：《演讲与论文集》，孙周兴译，生活·读书·新知三联书店 2005 年版，第 21—22 页。

所具有的价值还是未被哈耶克和波普尔等自由主义者所重视，他们还没有完全理解唯物史观的真意。

总之，必须对唯物史观开展整体性研究，才能使其更具科学性和实践性，人类历史的发展昭示我们必须不断发展马克思主义的唯物史观才能使其具有强大的生命力。

（原载于《广东社会科学》2013 年第 1 期）

历史研究是马克思理论贡献的科学基础

姜义华

《资本论》第 1 卷德文第 1 版于 1867 年出版，德文第 2 版于 1872—1873 年出版，法文版于 1872—1875 年出版。同时在撰写的《资本论》第 2 卷，原计划分上下两册，上册分析资本的流通过程，下册论资本主义生产总过程。计划中的第 3 卷，探讨理论史，已接近成稿。马克思原希望第 2 卷 1878 年或 1879 年付印。但是，马克思却旋即转向人类学和世界历史的研究。给我们留下了 1878—1880 年间所作的《人类学笔记》和 1881—1882 年间所作的《历史学笔记》。《资本论》第 2 卷推迟出版，固然因为面对英国新的工业危机，马克思觉得不少问题需要重新加以研究，而将主要精力转向人类学和世界历史的研究，显然还有更为重要的理由。

马克思的《人类学笔记》包含以下五个手稿：《柯瓦列夫斯基〈公社土地占有制，其解体的原因、进程和结果〉一书摘要》，《摩尔根〈古代社会〉一书摘要》，《梅恩〈古代法制史讲演录〉一书摘要》，《拉伯克〈文明的起源和人的原始状态〉一书摘要》和《菲尔〈印度和锡兰的雅利安人农村〉一书摘要》。《人类学笔记》也被称为《民族学笔记》、《古代史笔记》、《东方社会笔记》或《马克思晚年笔记》。1972 年，由美国人类学家劳伦斯·克拉德编纂、整理、注释，并写有长篇绪论，在荷兰出版，书名为《卡尔·马克思的社会文化人类学笔记》。前四个手稿收入《马克思恩格斯全集》第 45 卷，第五个手稿以《马克思古代社会史笔记》为书名，58 万字，由人民出版社于 1996 年 8 月出版。

《历史学笔记》共有四个笔记。恩格斯在整理这部手稿时，加上"编年摘录"的标题。因此，后来也有人将这部《历史学笔记》称为《世界史编年摘录》，或《编年大事记》。中文本《历史学笔记》系根据苏联《马

克思恩格斯文库》翻译，1992 年 9 月方才由红旗出版社出版。2005 年 11
月，中国人民大学出版社修订再版，180 万字。这是马克思生前写下的最
后一部手稿，也是他篇幅最大的一部著作。

《历史学笔记》按年代顺序摘编了公元前 1 世纪初至公元 17 世纪中
叶，世界各国特别是欧洲各国的历史事件发生发展过程。世界历史上的许
多重大事件都被他纳入了视野。诸如西罗马帝国的兴亡，蛮族的征服和西
欧封建制度的形成，阿拉伯帝国、塞尔柱突厥帝国、成吉思汗帝国和奥斯
曼土耳其帝国的兴衰，花剌子模人的历史，十字军远征，14 世纪中叶以前
的北欧和东欧诸国的历史，意大利的社会制度及文艺复兴、宗教改革，尼
德兰革命、英国社会演变和资本原始积累，英国国会和法国三级会议的产
生，西欧的宗教改革和扎克雷运动、瓦特·泰勒起义以及捷克的胡斯战争
等农民战争，货币成为主导的社会力量，黄金热席卷西欧，航海技术的提
高，美洲的发现，西欧城市与王权的联盟，16 世纪在德国、意大利和法兰
西发生的内战，欧洲的三十年战争，一些大的君主国形成，参战各国的历
史、它们的相互关系、它们的对外政策，自然科学和哲学发展，等等。围
绕这些事件，马克思一一作了摘记，并就欧洲封建制度的形成与瓦解，资
本主义发展时期现代民族国家的起源，资产阶级为确立自己的统治所进行
的斗争，以及与这一时期欧洲历史有关联的一些亚洲和非洲国家的历史，
专门作了批判性的评述。特别引人注目的是，比之先前将一切历史运动都
归结为阶级斗争，马克思这时更多关注国家与国家之间的关系，民族与民
族之间的关系，文明与文明之间的关系；比之先前将一切历史运动都视为
由经济运动所决定，马克思这时更多关注政治的、社会的，尤其是文化的
因素所产生的影响；比之先前集中注意西欧历史与现状，马克思这时对欧
洲和欧洲以外世界的交往及其作用给予了更多的关心。至于对许多重大历
史事件和重大历史变革的概括性叙述，更凝聚了马克思多年相关探索的
心得。

马克思在其一生的历史学研究中至少还做过六个编年史摘录，分别
是：克罗茨纳赫笔记中关于法国和德国的两个编年史，巴黎笔记中关于古
罗马的简短编年史，1857 年 1 月关于俄国的编年史，1860 年 6 月关于欧
洲历史的编年史，1879 年《印度史编年稿》。1881—1882 年《历史学笔
记》和这些编年史显然有别，不仅篇幅宏大，而且内容更为丰富。与《历
史学笔记》同时，马克思还写下了关于各民族经济史的笔记。这是马克思

一次全面的世界历史再研究。

值得深入研究的问题是马克思在他生命的最后这几年，为什么不赶紧将《资本论》第 2、3 卷大量手稿整理出版，却将最宝贵的这段时间用来专心致志地研究前资本主义时代的历史？尤其是他的夫人燕妮·马克思去世后，马克思受到巨大打击，健康急剧恶化，1882 年 2 月至 10 月不得不去阿尔及尔、法国南部及瑞士治病、疗养，他在治病和疗养期间，仍完成这部大篇幅的《历史学笔记》，究竟是为什么？是什么紧迫的使命感，推动着他去这么做？国内外学术界对此有过多种解释，笔者觉得，还可再深入作一些探讨。

笔者以为，马克思 1877 年 11 月《给〈祖国纪事〉杂志编辑部的信》，针对俄国自由主义民粹派思想家米海洛夫斯基对唯物史观和《资本论》的曲解所说的一段话，可以给我们提供思考的线索。马克思在信中严正指出："他一定要把我关于西欧资本主义起源的历史概述彻底变成一般发展道路的历史哲学理论，一切民族，不管他们所处的历史环境如何，都注定要走这条道路，以便最后都达到在保证社会劳动生产力极高度发展的同时又保证人类最全面发展的这样一种经济形态。但是我要请他原谅。他这样做，会给我过多的荣誉，同时也会给我过多的侮辱。"① 这段话清楚地表明，马克思已非常强烈地意识到，他关于西欧资本主义起源的历史概述具有很大的独特性，不应该也不可能将它套用到世界其他地区、其他民族。世界其他地区、其他民族历史究竟是如何发展的，需要对它们作独立的、专门的研究。这应当是推动马克思集中精力从事人类学和历史学研究的一个直接原因。《历史学笔记》用编年史形式，对于公元前 1 世纪至 17 世纪历史作系统的、过细的、实证的研究，很明显，正是要通过对欧洲特别是西欧这段历史的全面梳理，将以往"西欧资本主义起源的历史概述"具体化，以便清楚地说明，是什么样的历史传承，什么样的文化积淀，什么样的政治、经济、社会结构，同欧洲以外世界什么样的交往，使欧洲特别是西欧走上了资本主义这样一条发展道路，形成欧洲独特的国家制度、国家政策和国家关系。这是对昔日"西欧资本主义起源的历史概述"的全面检验、补充乃至修正，也是为对这一根本性的重大问题重新进行思考和做出新的论述所作的精心准备。

---

① 《马克思恩格斯全集》第 19 卷，人民出版社 1963 年版，第 130 页。

在编撰这部编年史时，1881 年 3 月马克思在给维·伊·查苏利奇的复信草稿中再次重申：

> 我在《资本论》中指出，封建生产向资本主义生产转变是以剥夺生产者为出发点的，并特别指出，"这整个发展的基础就是对农民的剥夺"（法文版第 315 页）。接着我又说："这种剥夺（剥夺农民）只是在英国才彻底完成了……西欧其他一切国家都正在经历着同样的运动。"（同上）

> 可见，我明确地把这种"历史必然性"限于"西欧各国"。为了使人们对我的意思不致发生任何怀疑，我在第 341 页上说："私有制作为公共的、集体的所有制的对立物，只存在于……劳动的外部条件属于私人的地方。但是私有制的形式依这些私人是劳动者还是非劳动者而改变。"

> 由此可见，我所分析的过程，是微不足道的少数人的资本主义所有制代替劳动者私有的、分散的所有制形式的过程（1. C. ［同上］，第 342 页），是一种所有制形式代替另一种所有制形式的过程。这怎么能应用到土地不是而且从来不是农民的"私有财产"的俄国呢？①

马克思在这封复信的几次草稿中，都特别突出这一结论。结合他 1877 年 11 月《给〈祖国纪事〉杂志编辑部的信》，可以更清楚地了解《历史学笔记》编撰的背景或动因。

在研究《历史学笔记》时，我们还必须注意马克思毕生所致力的政治经济学批判的总构想、总计划。1857 年 8 月他在《〈政治经济学批判〉导言》的最后，提出了他的"五篇构想"：第一篇：一般的抽象规定；第二篇：构成资产阶级社会内部结构的三大范畴：资本、雇佣劳动、土地所有制；第三篇：资产阶级社会在国家形式上的概括；第四篇：生产的国际关系；第五篇：世界市场和危机。1858 年 2 月 22 日他在致拉萨尔的信中提出了"六册计划"，说全部著作将"分成六个分册：1. 资本（包括一些绪论性的章节）；2. 土地所有制；3. 雇佣劳动；4. 国家；5. 国际贸易；6. 世界市场。"他 1858 年 4 月 2 日致恩格斯的信中，

---

① 《马克思恩格斯全集》第 19 卷，人民出版社 1963 年版，第 268—269 页。

重申要按照"六册计划"出版《政治经济学批判》:"1. 资本;2. 土地所有制;3. 雇佣劳动;4. 国家;5. 国际贸易;6. 世界市场。"1859年他在介绍自己进行社会批判的总计划时说过:"我考察资产阶级经济制度是按照以下的次序:资本、土地所有制、雇佣劳动;国家、对外贸易、世界市场。在前三项下,我研究现代资产阶级社会分成的三大阶级的经济生活条件;其他三项的相互联系 [每个社会之间的国际性联系] 是一目了然的。"已出版的《资本论》第1卷,以及第2卷上下册手稿,实际上只讨论了资本和雇佣劳动问题。在深入研究土地所有制问题时,马克思发现,必须在先前《政治经济学批判(1857—1858年手稿)》"资本主义以前的各种形式"对亚细亚的、古代的、日耳曼的所有制形式及公社制度生产关系研究的基础上,花更大工夫研究有关俄国及世界其他地区农村公社、地租和土地所有制关系的大量文献。1876年5—6月,马克思对毛勒的《马尔克制度、农户制度、乡村制度、城市制度和公共政权的历史概论》、《德国的马尔克制度史》等著作作了详细的摘录。同年12月,马克思阅读了汉森、德默里奇、乌提舍诺维奇、卡尔德纳斯关于农村公社在塞尔维亚、西班牙等国演变情况的著作。而《人类学笔记》更为集中地研究各国农村公社如何演变,土地所有制在这一过程中发生了什么样的历史演化。马克思对柯瓦列夫斯基的《公社土地占有制,其解体的原因、进程和结果》和菲尔《印度和锡兰的雅利安人农村》作了详细的摘要和评注。柯瓦列夫斯基对印第安人、墨西哥、秘鲁、印度和阿尔及利亚等地作为原始社会遗迹的农村公社制度,从历史演变和相互对比中进行了广泛的研究。菲尔所描述的是19世纪的印度特别是孟加拉以及锡兰(今斯里兰卡)农民的农业、村社和家庭状况,也描述了农民同地主、高利贷者,同政府捐税、司法机关的关系。马克思特别重视这些材料,是因为他在《1857—1858年经济学手稿》中的《资本主义生产以前的各种形式》里,已专门探讨过农村公社问题,现在这些材料有助于他在世界历史范围内更为全面地考察农业公社现象,探索农业公社的本质和发展趋势。这些自然是马克思为撰写政治经济学批判中土地所有制部分准备更为充分的资料。

但无论是《人类学笔记》,还是《历史学笔记》,关注点都不仅仅是土地所有制的历史演化问题。《政治经济学批判》现存手稿中,1859年社会批判的总计划中所说"国家、对外贸易、世界市场"这三大部分,几乎完全没有专门论述。《人类学笔记》密切关注家庭、私有制、国家、文明的起源和发展，《历史学笔记》特别关注国家制度的变迁及国际关系与世界总格局的演变，应当说，正是为完成他的社会批判总构想、总计划另外三个部分做积极准备。所以，《人类学笔记》和《历史学笔记》不是原先政治经济学批判研究的中断，而是它的继续，它的进一步扩展、补充和深化。

可惜，很长一段时间以来，人们对马克思这两部著作并未给予重视。尤其是《历史学笔记》，过去各版《马克思恩格斯全集》都未收录。对马克思如何研究历史本身，也甚少专门研析。这反映了人们对历史研究在马克思理论创新、理论贡献中的基础地位缺乏应有的认识。

马克思毕生都特别重视历史研究。他在和恩格斯共同撰写的《德意志意识形态》原稿中曾有一段名言："我们仅仅知道一门唯一的科学，即历史科学。历史可以从两方面来考察，可以把它划分为自然史和人类史。但这两方面是不可分割的；只要有人存在，自然史和人类史就彼此相互制约。自然史，即所谓自然科学，我们在这里不谈；我们需要深入研究的是人类史，因为几乎整个意识形态不是曲解人类史，就是完全撇开人类史。意识形态本身只不过是这一历史的一个方面。"恩格斯所说马克思的两大贡献，一是唯物史观或世界史观，二是剩余价值论。唯物史观或世界史观，自然是立足于对历史深刻的认识；剩余价值论，其实也是根植于对历史深刻的认识。放在我们面前的《资本论》，不仅仅是一部经济学著作、一部经济学史和经济史著作，而且是一部商品、货币及资本主义产生和发展活生生的历史著作，一部融经济史、政治史、社会史、法制史于一体的历史著作。事实充分证明，对人类历史的洞察和全面而准确的把握，乃是马克思全部理论创新、理论贡献的科学基石。

阅读马克思的所有著作，特别是他卷帙浩繁的手稿、笔记时，人们不能不为马克思宏大的历史视野、深邃的历史洞察力和极为严谨周密的研究功力所折服。

历史研究之所以成为马克思理论创新、理论贡献的科学基石，首先因为马克思始终将历史研究和社会改造、社会革命事业紧密联系在一起。马克思在《德意志意识形态》中明确指出："共产主义对我们来说不是应当确立的状况，不是现实应当与之相适应的理想。我们所称为共产主义的是那种消灭现存状况的现实的运动。这个运动的条件是由现有的前提产生的。"为了在"消灭现存状况的现实的运动"中从自发走向自觉，从自在走向自为，就必须全面、深入、正确地认识现存状况、现实运动以及它们由以形成的"前提"，正是这一需要，推动着马克思一直那么认真地研究历史，这是因为所有这一切，都是历史的产物，都是由先前一代又一代历史在不断继承又不断变革中形成的。也正是这一需要，推动着马克思特别关注历史发展中决定人类历史的有哪些社会基本力量、它们究竟如何形成、历史进程如何演化出各种制度等这样一些根本性的重大问题。

历史研究之所以成为马克思理论创新、理论贡献的科学基石，还因为马克思秉承他一贯的锲而不舍的钻研精神，尽可能全面掌握相关的历史文献和前人的研究成果，经过认真比较、精密考证，将宏观考察与微观分析紧密结合起来，以透过表象了解历史本质，超越纷繁复杂的个别现象而了解历史全貌。在《历史学笔记》中，马克思所使用的主要文献材料是德国历史学家施洛塞尔的《世界史》（18 卷）、博塔的《意大利人民史》、科贝特的《英国和爱尔兰的新教改革史》、休谟的《英国史》、马基雅维利的《佛罗伦萨史》、卡拉姆津的《俄罗斯国家史》、赛居尔的《俄国和彼得大帝》、格林的《英国人民史》。它们是 19 世纪欧洲史学一批最具代表性和权威性的研究成果。马克思的研究清楚地表明，要了解真实的历史，不能依靠概念的演绎，也不能满足于以往的认识，而必须坚持从历史实际出发，吸取各种新的研究成果，充实和订正自己原先的认识，才能一步步接近历史的真相。在这方面，马克思为我们作出了表率。

马克思的《人类学笔记》和《历史学笔记》无疑是一笔十分珍贵的思想遗产。恩格斯依据《人类学笔记》撰写了《家庭、私有制和国家的起源》，《历史学笔记》所编定的 180 万字的编年史及其中评语，显示马克思在国家、文明和世界性交往的发展方面有了许多新的思考，它应当给我们以什么样的启示，这一工作似乎至今还没有人认真去做，这不能不说是一件很令人遗憾的事。当然，今天，我们学习马克思，坚持马克思主义，并不是都去读一读《人类学笔记》和《历史学笔记》，而是要像马克思本人那样充分重视历史研究，要像马克思那样将理论研究、理论创新和社会变革的实践都切切实实地根植于对本国的及世界的历史与现实全面、深刻、真实、准确的了解。尊重我们自己"独特的文化传统，独特的历史命运，独特的基本国情",坚定不移地"走适合自己特点的发展道路",才正是遵循和坚持了马克思所确立的认识论和方法论,遵循和坚持了马克思主义的根本精神。

(原载于《学术月刊》2013 年第 12 期)

马克思主义历史哲学：在史学与哲学之间

马克思主义历史哲学是一门学科体系日臻完善的交叉性学科，它在跨越学科边界的意义上实现了史学与哲学的对话、"和解"，在史学具体性与哲学抽象性的张力及共振中寻求平衡，形成了自身的生成逻辑，实现了对史学与哲学学科的超越。随着全球化的推进，当今社会生活和个人生活境况发生了深刻的历史变化，马克思主义历史哲学正是在此背景下得以复兴。在马克思主义历史哲学的视野中观察当今纷繁多变的国际环境，对于科学地认识世界图景有着具体的指导意义；对于我国的社会主义市场经济建设及协调发展，特别是对于摆脱顾此失彼、失衡发展的思维惯性具有指导作用。

一　生成逻辑与深刻意蕴

随着当今社会从传统走向现代，从一元走向多元，在学术科研领域也出现了一个不可否认的基本事实，即没有哪一个学科单纯依靠本学科的力量就能够解决某一个重大理论和实践问题，学术研究越来越多地需要学科与学科之间互相借鉴、融合。打破不同学科间的壁垒，在学科对话中寻求更加富有现实张力与创造力的突破口，成为当下学术研究的一个新的生长点和崭新空间。

具体而言，在史学与哲学各自的研究领域，许多学者都明确意识到克服史学的具体性与哲学的抽象性，在两者之间找到有效平衡点的重要性，由此开始致力于学科之间的广泛对话和频繁交流。有学者就认为："我们现在所提出的历史学与哲学的对话，实际上可能恰恰是缘起于当代中国学术研究过于硬化的学科边界和学科际存在的陌生性……而对话即是推倒学科间的屏蔽之墙，打破学科壁垒，探索我们在面对今天的总体性社会生活时所共通共识的理论方法。"① 马克思主义历史哲学正是在以史学和马克思主义哲学为主体的学科对话与超越自身的"和解"中得以复兴，其基本路径是：将马克思主义哲学的基本立场、观点、方法的宏观指导进一步贯穿于史学研究之中，使实证性的史学研究在马克思主义哲学的统领下反思与重构而"真正获得科学的尊严"②，形成与时俱进、适合当前社会发展需要的史学学科基础理论体系和价值评判标准，提升史学研究"人文"内涵；使马克思主义哲学从史学的已有研究成果中汲取营养，凸显历史性维度，形成历史性认识机制，丰富马克思主义哲学体系的相关内容。史学与马克思主义哲学的充分融合与学科超越，构成了马克思主义历史哲学内在生成逻辑。

马克思主义历史哲学凭借其内在生成逻辑，使其具备了史学与马克思主义哲学单个学科所不具备的深刻意蕴。马克思主义历史哲学研究的问题域已超出了纯马克思主义哲学、纯史学的界限，单凭马克思主义哲学、史学已无法回答其问题域，它集马克思主义哲学和史学的知识、基本功能于一身，使它们以新的形式有机结合（并非两部分的机械相加），产生"合流"：既使马克思主义哲学理论体系具体化，也使史学渗透了马克思主义哲学的基本方法和原则，彰显出抽象性特征。马克思主义历史哲学的基本内容包括历史本体论与历史认识论两个方面，至少涵盖：人类社会历史的起源、社会交往与世界历史、社会的组织结构、社会形态的更替、社会历史发展的动力、社会历史发展的规律、社会进步与人的发展、社会未来发展等具体方面。马克思主义历史哲学"着意在哲学层面上，动态地、全方位地概括人类实践活动的过程及其价值，总结以往的经验，揭示现实的艰难，展望未来的辉煌"，它"超越于具体的、特殊的历史事件和过程，既注重于对历史的宏观的、整体的把握，又具有高度的抽象性和普遍适用性"③。马克思主义历史哲学不是单纯研究历史事实的学科，也不是单纯研究历史规律的学科。马克思主义历史哲学既用历史事实来说明问题，又强调其中蕴含的科学规律，在事实的真实性中，通过对事实相互间因果关系

---

① 孙麾、吴晓明主编：《唯物史观与历史评价》，中国社会科学出版社 2009 年版，第 144 页。

② 俞吾金：《历史事实和客观规律》，《历史研究》2008 年第 1 期。

③ 《万斌文集：历史哲学》，杭州出版社 2004 年版，第 10 页。

的理解，揭示规律的真实性，即通过"微观具体层次"的史学和"宏大叙事层次"的马克思主义哲学的视域融合产生"中观"层次的马克思主义历史哲学。

马克思和恩格斯在《德意志意识形态》中曾经指出："我们仅仅知道一门唯一的科学，即历史科学。"① 马克思和恩格斯试图融合史学与哲学，创立了唯物史观，使史学由描述历史现象和偶然事件的学说抽象化、思辨化，从而哲学化。马克思主义历史哲学就是马克思和恩格斯运用唯物史观进一步对社会历史的发展过程、规律和其他各个方面全面整体的研究，从哲学的角度对历史整体的思考，对人类社会历史综合、立体、全方位、整体性的透视，使历史哲学真正成为既包含具体历史事实又包含哲学逻辑抽象的能够揭示人类社会历史发展规律的科学。

笔者认为，马克思主义历史哲学与马克思主义唯物史观有共通之处或交叉关系，但它们的区别也是明显的，其深刻关系体现为：唯物史观是马克思主义历史哲学的核心和真正源头，马克思正是通过对传统历史哲学的批判和反思，结束了以往与唯物主义相对立的唯心主义世界观的思辨历史哲学，建立了以唯物主义为前提的世界观历史哲学体系。它们之间的交叉与重叠并不表明两者可以等同，正如有学者所说："马克思主义历史哲学以历史唯物论为指导，但并不包含所有历史唯物论的观点，它有着自己确定的内容……而历史唯物论客观上强调历史本体论和历史规律论，对历史认识论的内容则论及很少。只有马克思主义历史哲学才包含所有这三方面的完整内容。"② 马克思主义历史哲学是唯物史观在史学中运用的逻辑结果，这一逻辑结果包含着唯物史观没有阐述或没有重点阐述的范畴与问题，如历史真实事实及反映历史真实事实的历史时空、历史结构；具有史学特性的历史认识规律等。马克思主义历史哲学在理论建构与理论创新上意义重大——从现实人的物质生产出发来揭示历史认识论基础与社会整体性结构，以经济生活为主轴来诠释社会发展的基本规律和动力系统，以人的自由全面发展和人的"类解放"为历史终极目标等——成功地实现了对传统历史哲学的全面超越，实现了历史本体论、历史认识论与历史方法论的内在历史性统一，实现了历史认识论、历史价值论与历史审美论的统

① 《马克思恩格斯选集》第 1 卷，人民出版社 1995 年版，第 66 页。
② 周世敏：《对马克思主义历史哲学的再认识》，《江西社会科学》1991 年第 6 期。

一，在历史高度上丰富了马克思主义理论体系与内容。正因为它们之间不能等同，也就体现了马克思主义历史哲学研究不可替代的价值，如果以唯物史观来取代马克思主义历史哲学，否定其学科地位，是不正确的。

特别需要指出的是，当代史学研究始终没有脱离从主观性理论的总体视角来探讨历史这一困境，而马克思主义历史哲学的复兴在一定意义上是当代史学研究走出其困境的基本出路。史学研究曾被胡适讥讽为"历史是一个任人打扮的小姑娘"，一度陷入主观唯心主义历史观中。现代著名史学家狄尔泰、克罗齐、柯林伍德都将史学家的直觉与个性看成是史学研究的主题，后来发展的新史学、分析史学、年鉴学派和新年鉴学派等各个派别，也未能使史学研究走出其面临的主观性、历史相对主义困境而得以重建。不同于传统的历史哲学流派，马克思主义历史哲学并不完全是关于历史发展的认知图式，也不完全是对于历史发展的具体设计，而是包含了对社会历史发展事实背后的根源的客观本质表达和方法论揭示，是随着社会历史实践的发展而发展的学说。马克思主义历史哲学最本质的方法就是现实历史沿革与逻辑发展统一的方法、历史主体与历史客体辩证统一的方法、多维度诉求的整体方法、辩证思维探讨历史规律的方法、历史的现实性与可能性双重解读的方法等，正是马克思主义历史哲学的最本质的方法论原则以及这些原则所具有的开放性特质与内在客观品质决定了其在当代的理论价值，特别是在史学研究中对学科本质探索的方法论意义。

英国历史哲学家柯林伍德在对马克思及马克思主义历史哲学的高度评价中曾表明，马克思和马克思主义历史哲学对于史学的研究而言，无论是赞成者还是诋毁者，都是一个无法绕开的话题和问题。他形象地说："对某种学说进行激烈的论战，乃是争论中的学说在作者的环境中形象高大甚至对他本人具有强大的吸引力的一种更确实无误的标志。"[①] 英国史学家巴勒克拉夫在评价马克思主义历史哲学在史学中的地位时也曾指出："今天仍然保留着生命力和内在潜力的唯一的'历史哲学'，当然是马克思主义……当代著名历史学家，甚至包括对马克思的分析抱有不同见解的历史学家，无一例外地交口称誉马克思主义历史哲学对他们产生的巨大影响，

---

① 柯林伍德：《历史的观念》，何兆武、张文杰译，商务印书馆2007年版，第24页。

启发了他们的创造力。"①

二 世界图景审视的原则高度

马克思主义历史哲学具有强大生命力与强大诠释功能，它不仅能审视过去和现在的世界图景，也能把握未来世界图景。其当代价值既体现在对现存的世界全球化、对资本主义命运的把握和态度上，也体现在对未来社会发展的总趋势所进行观察的方法论和解释学意义。马克思主义历史哲学在史学具体性与哲学抽象性的张力中，对世界图景的"宏观"与"微观"相结合的"中观"把握——澄清世界发展的前提、划清各种是非界限（用史学思维澄清历史事实，用哲学思维揭示历史表象背后的本质性）——使得对世界发展图景的审视具有原则性高度。

科学地洞察世界，断定本国在世界中的地位和发展的方向，只有借助世界历史之"镜"，通过全面自觉把握世界历史发展潮流，在对世界历史作出整体把握的基础上，进行澄清前提、划清界限的有原则高度的审视。经济全球化是当今世界的一大趋势，如果不具备科学的世界历史眼光，不考察世界历史发展的前提、划清是非界限，就无法理解经济全球化背景下的必然性及其内在矛盾。马克思主义历史哲学考察世界历史的方法，特别是运用生产力与生产关系的基本原理及其历史哲学的基本原则来审视全球化，澄清前提，划清界限，是深刻认识全球化"双刃剑"效应实质的钥匙。

当今世界全球化的发展是一种客观现实。从生产力角度而言，是其发展到一定阶段的必然产物与历史结果，是一个客观的"自然"历史进程，因此我们不能回避而应正视这一趋势，必须在经济、政治、文化的关联中自觉融入全球化体系，这种融入并不是简单的顺应，而是积极扬弃，有所作为。从生产关系角度而言，全球化是资本扩张与资本增值运行的产物，是资本主义制度发展的结果。全球化和现代性最根本的支柱之一就是资本及资本积累，这种积累使得资本主义具有了贪婪的扩张性。全球化发展趋势不是抽象的、宿命论式的必然性，它既体现了现实历史的必然性，也体

---

① 杰弗里·巴勒克拉夫：《当代史学主要趋势》，杨豫译，上海译文出版社1987年版，第263页。

现了逻辑发展的必然性，是现实历史沿革与逻辑发展的统一。

面对历史与逻辑必然性相统一的全球化发展，特别需要运用马克思主义历史哲学的思维方法，将历史分析与逻辑判断、具体事实分析与抽象思辨相结合及多维度诉求的整体性原则来看待全球化，审视全球化的问题及发展前提。全球化在马克思主义历史哲学的具体性与抽象性统一的视野中不是十全十美的，应该看到全球化的资本主义制度扩张性前提以及所导致的严重不足。历史事实与逻辑演进已经证明，当今世界经济格局被西方发达国家控制，如果盲目地顺应经济全球化，可能会误入发展的尴尬境地，陷入被动与依赖的发展局面。同时，资本主义全球化欲把各个国家都纳入资本主义的框架之中，甚至企图从经济扩张的前提中和经济的依赖性中，在意识形态上改变发展中国家原有的社会性质。因此，我们对全球化的批判应该具有历史哲学的原则高度，必须澄清的前提和划清的界限是：经济全球化并不等于全球一体化，不能在经济全球化的"裹挟"下推行政治全球化或文化全球化。每个国家的社会制度性质和文化、民族传统都各具特色，在以国家为"基本单位"的世界体系中，社会的基本矛盾是具体的，它决定了不同国家具有差别的现存的社会形态，在世界范围内也不可能有完全"普适"的上层建筑，经济全球化的意义不应该被泛化和扩大化。在经济全球化与西方国家控制全球化主导权的境况中，发展中国家不能机械地抛弃原有的政治形态，抛弃民族的文化特色，应敏锐地发现经济全球化过程中的"被政治"、"被文化"现象及其可能的冲击，清醒地认识自己民族的根本利益之所在，在发展道路与发展模式的选择上增强独立自主性。

在看待资本主义同社会主义的关系问题上，也应该运用马克思主义历史哲学的基本原则与方法。马克思主义认为，社会发展不是作为单纯地域性的存在，而"是以生产力的普遍发展和与此相联系的世界交往为前提的"①。用"世界交往前提"分析社会存在及社会制度关系问题，是当代学者无法避开的课题之一。社会主义与资本主义同处于世界历史的背景下，两者联系密切。中国特色社会主义发展道路的鲜明"特色"，并不是与资本主义世界相隔绝、脱离世界整体联系形成的，而如何在世界整体联系中看待资本主义也要求我们树立正确观念。美国学者福山曾抛出"历史

---

① 《马克思恩格斯文集》第 1 卷，人民出版社 2009 年版，第 539 页。

终结论"，宣扬西方资产阶级民主自由制度是人类社会发展的"终极理想"，并认为这一理想已变成事实，宣称资本主义私有制是最符合人的本性的完美制度，不存在社会基本矛盾，这种论调显然是站不住脚的。当今的历史现实并不能证明资本主义私有制的优越性，全世界以私有制为基础的国家很多，少数资本主义国家在运作方式和表现形式上呈现出一定活力，但绝大多数国家的资本主义制度并没有表现出明显的优越性。深刻认识资本主义的当代发展，认识资本主义同社会主义在世界整体中的共存关系，站在历史哲学澄清前提、划清界限的原则性批判高度，运用马克思主义历史哲学现实历史沿革与逻辑发展统一的方法、整体研究的方法、辩证思维探讨历史规律的方法，有助于社会主义国家在与资本主义国家的较量中认清其本质。

马克思主义历史哲学的原则与方法对于我们认识世界未来历史发展的总趋势具有启迪意义。近代以来的世界历史发展过程表明，世界历史的形成就是资本逻辑在生产力中作用的结果，而世界历史的发展和走向将何去何从？马克思主义经典作家对于世界历史与共产主义关系的深刻论述，并不是一般地论及世界历史的后果与实质，重点在于从过程论的视域，即从历史发展的维度来研究世界历史发展趋势问题。共产主义实现的趋势是世界历史发展的必然，其本质是由社会发展的若干规律决定的，其中世界历史的形成、生产力的空前发展与大众思想觉悟的提高是共产主义实现的历史性前提，为共产主义取代资本主义奠定了物质与思想基础。马克思主义历史哲学在原则高度上对共产主义实现的前提及其实现的可能性进行了科学论证：资本主义异化的消除并不具有随意性，"这种'异化'（用哲学家易懂的话来说）当然只有在具备了两个实际前提之后才会消灭。要使这种异化成为一种'不堪忍受的'力量，即成为革命所要反对的力量，就必须让它把人类的大多数变成完全'没有财产的'人，同时这些人又同现存的有钱有教养的世界相对立，而这两个条件都是以生产力的巨大增长和高度发展为前提的"①。世界历史的发展不仅扩大了资本主义内在矛盾的范围，也加剧了劳动与资本之间矛盾的对立，由广泛的世界交往所引起的发达国家与发展中国家的竞争可能走向激化。"现代的工业劳动，现代的资本压迫，无论在英国或法国，无论在美国或德国，都是一样的，都使无产

---

① 《马克思恩格斯文集》第 1 卷，人民出版社 2009 年版，第 538 页。

者失去了任何民族性"①。因此，"大工业却创造了这样一个阶级，这个阶级在所有的民族中都具有同样的利益，在它那里民族独特性已经消灭，这是一个真正同整个旧世界脱离而同时又与之对立的阶级"②。世界历史的发展，本身也锻造了世界性的无产阶级，培养了埋葬资本主义的"掘墓人"。资本主义越是发展，它所积累的社会主义因素及其创造的否定自身的因素就越多。在全球化背景下，劳动力国际性与资本集中性（仍为少数个人和集团占有）等世界性矛盾的克服、消除，必然依靠共产主义过程化的基本方式与基本路径来解决。马克思主义历史哲学原则高度的运用，对于当今世界图景的把握具有划时代的意义。

三　顾此失彼思维惯性的消解

在马克思主义历史哲学的总体观照下，我们能够在原则高度上明晰全球化的意义和局限、资本主义制度的发展逻辑以及共产主义实现的充分可能，由是观之，马克思主义历史哲学在当代仍具有世界意义。

马克思主义历史哲学在当今中国的市场经济与现代化建设中还具有解释学意义，其价值与实际指导作用是多方面的，特别值得重视的是：在我国经济高速发展的今天，如何摆脱顾此失彼、失衡发展的思维惯性，指导经济社会科学发展、协调发展，马克思主义历史哲学的作用尤其明显，和谐发展构成马克思主义历史哲学的理论取向和现实实践目标诉求。

中国经济的发展速度及其发展模式，得到了国际社会的充分肯定和高度评价，但随着时间的推移，在市场经济发展过程中各种矛盾日益凸显，在发展过程中要面对的诸多风险开始显现。例如，人口众多与人均资源占有量少，贫富差距、城乡差距、地区差异的存在和不断扩大，就业和社会保障压力日增，教育、卫生、文化事业发展相对滞后，生态环境质量逐渐下降，作为国家核心竞争力的自主创新能力不强等。这就要求我们对社会发展的认识不能仅仅停留在经验层面上，必须要有切实可行的"协同"理论做指导。而马克思主义历史哲学通过融合具体性与抽象性，对社会历史分析具有历史的、政治的、经济的、文化的多维度诉求，以客观历史事实

---

① 《马克思恩格斯文集》第 2 卷，人民出版社 2009 年版，第 42 页。
② 《马克思恩格斯文集》第 1 卷，人民出版社 2009 年版，第 567 页。

为前提，形成历史性认识机制，体现出全面性与历史厚重感，必将成为我国市场经济条件下协调性发展实践的重要思想资源库。

马克思主义历史哲学在当代中国发展中的指导价值体现在当今社会主义现代化建设的实践中。从历史哲学多维度诉求的视野来看，市场经济建设不仅仅是单纯的经济学问题，即不能简单地把市场经济看成资源分配和劳动力配置的问题，更为重要的是经济与政治、文化、社会、生态的整体协调建设发展的问题。20世纪以来，南斯拉夫、波兰、匈牙利、苏联等一些社会主义国家都进行过以市场经济为导向的改革，但是均以失败告终。政治建设、经济建设、文化建设、社会建设与生态建设"五位一体"的关系问题，始终是社会主义现代化建设与市场经济建设无法绕过的难题。人们在这个问题上走极端的根源在于——思维的惯性：强调经济建设就容易忽视政治、文化、社会、生态建设等。[1] 历史事实警示我们：要重视政治建设、经济建设、文化建设、社会建设与生态建设的辩证统一，以科学的指导思想"规划"市场经济和市场经济改革，自觉地走出顾此失彼的思维惯性与"怪圈"，始终是我国现代化面临的重大课题。

马克思主义历史哲学认为，历史的本质是人通过人的劳动而诞生的过程。从代际传递关系看，历史是一个过程，是在前人留下的生产力条件下进行的。从生产力决定生产关系出发，历史实质上是物质资料生产方式发展和变化的历史，评价历史是否进步的重要标准只能是社会生产力的发展。因此，在社会主义市场经济建设中毫无疑问应当以经济建设为中心，因为雄厚的物质基础与发达的生产力是社会进步的先决条件。但社会主义市场经济绝不仅仅是纯粹以追求经济增长为中心，而是要实现经济建设与政治建设、文化建设、社会建设、生态建设等协调发展。

在马克思主义历史哲学的视野中，我们既要继承过去的历史，也要立足现在的实际，创建理想的未来；既要推动生产力的提高，也要追求政治文明、精神文明、生态文明等全面协调的进步。人类在创造历史的实践活动中包含着主体选择性和目的性，采取何种方式来发展经济，如何使这种发展有利于整个社会结构的均衡、协调，都必须以客观规律为依据。"历史不是作为'源于精神的精神'消融在'自我意识'中而告终的，历史的

---

① 张奎良：《历史唯物主义的政治诉求》，《哲学研究》2012年第10期。

每一阶段都遇到一定的物质结果，一定的生产力总和。"① 人类的延续是社会发展的基本前提和基本要求，每一代人的发展都应该为下一代人的更好生存和发展留出"地盘"，马克思在《〈政治经济学批判〉序言》中就指出："社会的物质生产力发展到一定阶段，便同它们一直在其中运动的现存生产关系或财产关系（这只是生产关系的法律用语）发生矛盾。于是这些关系便由生产力的发展形式变成生产力的桎梏。那时社会革命的时代就到来了。随着经济基础的变更，全部庞大的上层建筑也或慢或快地发生变革。"② 我们要为生产力发展创造宽松的空间和条件，在理论上应该认清我们对于历史发展所应承担的责任，理解马克思主义历史哲学的基本精神与学科本质，关注马克思主义历史哲学的多维度诉求，提高马克思主义历史哲学干预现实社会的能力，深入分析社会主义市场经济建设与马克思主义历史哲学之间的内在关联，由此，才能充分实现我们所追求的社会和谐发展与可持续发展的目标。

（原载于《天津社会科学》2013 年第 2 期）

---

① 《马克思恩格斯文集》第 1 卷，人民出版社 2009 年版，第 544 页。
② 《马克思恩格斯文集》第 2 卷，人民出版社 2010 年版，第 591 页。

马克思主义国家观视域中的国家认同问题

李崇富

近些年，关于民族国家认同（nation-stateidentity）问题的研究，是国内外学术界探讨的一个理论热点。在"后冷战时代"，世界多极化、经济全球化、社会信息化和区域经济一体化已成为一种时代潮流。在此背景下，国家间的经贸关系和社会联系日益紧密，人员交往和国际性流动日渐频繁，不同的民族文化和意识形态之间，也势必会发生交会、碰撞和影响。在总体上，这些都是有利于人类历史进步的社会现象。但与此同时，西方发达资本主义国家通过为其所掌控、所主导的全球性和国际性金融及经贸组织，在极力扶持本国巨型私人财团、跨国公司和全球公司趁机进行全球性经济扩张中，根本无视《联合国宪章》的宗旨、原则和国际关系准则，侵蚀他国的，主要是广大发展中国家的国家主权；伴随这种经济扩张、市场垄断和资源掠夺并为之服务的，还有其军事威慑、政治渗透和舆论造势，甚至靠编造诸如所谓"人权高于主权"、"人权外交"和"价值观外交"等借口，而不择手段地干涉别国内政，乃至公然军事入侵和推翻被其厌恶的他国政权。在这种情况下，我们在研究国家认同时，就更应以马克思主义国家观作为理论基础，坚持马克思主义的阶级观点和阶级分析，即只有马克思主义国家观的视域中，才能正确地理解、引导和增进国家认同。

一　马克思主义国家观是研究国家认同的理论基础

所谓"国家认同"，就是指认识主体对自己生活于其中的并作为认识客体的国家持有肯定性的认识、态度、情感及信念。普遍而真实的国家认同是国家稳定的民意基础，也是国家兴旺的重要前提。

当我们对国家认同问题进行学术探讨和理论研究时，就应懂得国家的本质及其历史演变的规律性，即必须以马克思主义国家观作为理论基础，才能逐步深化对国家认同问题的理论思考，应对各种学术争鸣。当然，就当代中国共产党人和其他先进分子而言，如果学习掌握了马克思主义的国家观，就有利于在这种视域中自觉地使自己并帮助他人确立和增进我们的国家认同。所以，只有坚持马克思主义国家观，才能引领人们沿着正确的思路，确立和增进国家认同，也有利于国家认同的学术研究并推动其发展。

马克思主义国家观是由马克思和恩格斯创立，并由列宁、毛泽东等后继者不断加以发展的思想理论。简略地说，马克思主义国家观包括以下三方面内容。

（一）国家的起源和本质

马克思主义国家观告诉我们，国家是人类历史发展到一定阶段的产物，是人类文明史的社会开端。恩格斯指出："国家并不是从来就有的。曾经有过不需要国家，而且根本不知国家和国家权力为何物的社会。在经济发展到一定阶段而必然使社会分裂为阶级时，国家就由于这种分裂而成为必要了。"[①] 恩格斯这一在继承、综合和发挥摩尔根的《古代社会》和其他人类学研究新成果的基础上所作出的论断，科学地揭示了国家的起源及其本质的"历史之谜"。

关于国家的本质，在马克思之前，人们或多或少对其加以研究，但都没有科学地揭示其本质。最具代表性的是，以往的政治学理论把国家说成是超阶级、超历史、代表全民利益的社会机构，并给"国家"下过种种似是而非的定义。但只有马克思主义经典作家第一次科学地揭示了国家的本质。恩格斯认为："实际上，国家无非是一个阶级镇压另一个阶级的机器，而且在这一点上民主共和国并不亚于君主国。"[②] 列宁也指出："国家是维护一个阶级对另一个阶级的统治的机器。"[③] 具体而言，"国家"的内涵包括这么几点。

---

① 《马克思恩格斯文集》第4卷，人民出版社2009年版，第193页。
② 《马克思恩格斯文集》第3卷，人民出版社2009年版，第111页。
③ 《列宁全集》第37卷，人民出版社1986年版，第66页。

其一，国家作为实行阶级统治的社会公共权力机构，是阶级统治的"政治形式"。这从奴隶制国家，到封建主义国家，再到资本主义国家，历来如此，没有例外。鉴于"国家的存在证明阶级矛盾不可调和"，① 故而统治阶级才需要和利用国家以维护其阶级利益和统治秩序。在形式上，这就使国家公共权力作为"调停人"出现，以"表面上凌驾于社会之上的力量"而发挥管理社会的作用。实际上，国家政权采取社会公共权力的形式，是在掩盖并维护其阶级利益。正如马克思所揭示的那样："现代国家的最完善的例子就是北美。法国、英国和美国的一些近代著作家都一致认为，国家只是为了私有制才存在的，可见，这种思想也渗入日常的意识了。因为国家是统治阶级的各个人借以实现其共同利益的形式，是该时代的整个市民社会获得集中表现的形式，所以可以得出结论：一切共同的规章都是以国家为中介的，都获得了政治形式。"②

其二，国家是特殊的暴力机器。列宁说："国家是阶级矛盾不可调和的产物和表现。"③ 所以"系统地使用暴力和强迫人们服从暴力的特殊机构……就叫作国家"。④ 作为一种暴力机器，国家不同于氏族社会的武装组织的特殊之处就在于：国家不仅有武装部队，而且还有监狱和各种强制机关等物质附属物，即常设的暴力机关，而氏族社会的武装组织不过是由其社会成员自愿组成的组织。国家的暴力为统治阶级所专有，并作为政治工具，来维护统治阶级的利益，维持社会秩序，以及对付外敌，而氏族社会的武装组织由全体成年居民组成，主要用于对付外敌，在氏族内部则主要是以原始民主、原始崇拜、道德习俗等习惯力量，来维持其秩序；国家所采用的往往是系统的暴力，也是有精致包装的暴力，而氏族社会的武装组织，则不具备国家暴力的系统性和精巧性。

其三，国家必须履行社会管理等公共职能。尽管一切剥削阶级国家在本质上都是阶级的统治工具，但在形式上，却表现为一种超然于社会之上的独立力量。这样，在统治中，国家就必须履行其他一些社会管理和组织职能。如古代国家已承担起铸造钱币、制定度量衡标准、平抑物价、救济灾荒、兴修水利、管理经济和其他社会事务等职能；而现代资产阶级国

---

① 《列宁全集》第31卷，人民出版社1985年版，第6页。
② 《马克思恩格斯文集》第1卷，人民出版社2009年版，第584页。
③ 《列宁选集》第3卷，人民出版社2012年版，第114页。
④ 《列宁全集》第37卷，人民出版社1986年版，第62—63页。

家，其经济干预和社会管理职能，就更为复杂而多样了。因为"政治统治
到处都是以执行某种社会职能为基础，而且政治统治只有在它执行了它的
这种社会职能时才能持续下去"。① 国家实行阶级统治和社会管理的两重
性，正是统治阶级利益得以实现的客观要求，是其阶级利益在社会上的实
现形式，并体现其国家性质。

（二）国家的发展、更替和消亡

在阶级社会的历史发展和社会形态更替中，伴随奴隶制、封建主义制
度、资本主义制度的产生和历史性更替，分别形成的是奴隶主阶级的、地
主阶级的和资产阶级的国家。这些不同类型的国家，虽然在政治形式上已
经由古代君主专制发展演进为现代民主共和国，但都是由统治阶级对被剥
削、被压迫的阶级实行阶级专政。这也是它们具有剥削性质的国家的共同
本质。

必须肯定，历史上通过相应的社会革命所实现的社会形态及其国家的
发展和更替，都是人类历史发展的制度性飞跃和社会进步，推动这种历史
进步的直接动力，则是以生产力发展为基础所出现的社会基本矛盾运动，
以及剥削阶级与被剥削阶级之间的斗争。当然，新兴的剥削阶级（奴隶主
阶级、地主阶级、资产阶级）在其革命和上升时期，也都发挥过积极进步
的历史作用，甚至是革命性的作用。但究其根本，只有广大劳动人民才是
人类历史发展的真正动力，正是他们的生产劳动和对剥削制度的反抗斗
争，才促成剥削阶级用一种新的比较文明的剥削形式，去取代前一种野蛮
的、过时的旧剥削形式，由此推动了社会变革和历史进步。恩格斯指出：
"奴隶制是古希腊罗马时代世界所固有的第一个剥削形式；继之而来的是
中世纪的农奴制和近代的雇佣劳动制。这就是文明时代的三大时期所特有
的三大奴役形式；公开的而近来是隐蔽的奴隶制始终伴随着文明时代。"②

既然国家是剥削阶级的统治工具，那么国家也就必然会随着阶级的消
灭走向消亡。马克思主义认为，阶级的"这种划分是以生产的不足为基础
的，它将被现代生产力的充分发展所消灭"，③ 因而随着阶级的消失，国家

---

① 《马克思恩格斯选集》第3卷，人民出版社2012年版，第559—560页。
② 《马克思恩格斯文集》第4卷，人民出版社2009年版，第195页。
③ 《马克思恩格斯选集》第3卷，人民出版社2012年版，第813页。

也不可避免地要消失。国家消亡是一种历史必然，也是无产阶级革命的最终产物。国家消亡的根本条件是社会主义经济和政治民主的高度发展。那时，通过社会民主的高度发展，公共权力就逐渐地从占国家人口少数的公务人员手中，转移到大多数人乃至全体社会成员手中。这样，政治民主作为一种国家形式、一种国家形态，连同其政治权力本身，也就失去了存在的必要、可能和实际意义。"那时，国家政权对社会关系的干预在各个领域中将先后成为多余的事情而自行停止下来。那时，对人的统治将由对物的管理和对生产过程的领导所代替。国家不是'被废除'的，它是自行消亡的。"①

（三）无产阶级国家的崭新性质和过渡性质

无产阶级国家即社会主义国家，是通过无产阶级革命胜利而取代资产阶级国家的新型国家。马克思和恩格斯在《共产党宣言》中指出："工人革命的第一步就是使无产阶级上升为统治阶级，争得民主。无产阶级将利用自己的政治统治，一步一步地夺取资产阶级的全部资本，把一切生产工具集中在国家即组织成为统治阶级的无产阶级手里，并且尽可能快地增加生产力的总量。"② 只有这样，才能为建成社会主义和实现共产主义奠定政治前提和物质技术基础。

马克思主义国家观阐明了无产阶级国家具有崭新性质和过渡性质。马克思在总结巴黎公社经验的基础上，认为"工人阶级不能简单地掌握现成的国家机器，并运用它来达到自己的目的"，③ "公社的真正秘密就在于：它实质上是工人阶级的政府，是生产者阶级同占有者阶级斗争的产物，是终于发现的可以使劳动在经济上获得解放的政治形式。"④

对此，恩格斯曾指出，巴黎公社"已经不是原来意义上的国家"。⑤ 列宁对其作了进一步的发挥和阐明。他写道："'巴黎公社已经不是原来意义上的国家'，——这是恩格斯在理论上最重要的论断。看了上文以后，这个论断是完全可以理解的。公社已经不再是国家了，因为公社所要镇压的

---

① 《马克思恩格斯文集》第 9 卷，人民出版社 2009 年版，第 297 页。
② 《马克思恩格斯文集》第 2 卷，人民出版社 2009 年版，第 52 页。
③ 《马克思恩格斯选集》第 3 卷，人民出版社 2012 年版，第 95 页。
④ 同上书，第 102 页。
⑤ 同上书，第 348 页。

不是大多数居民，而是少数居民（剥削者）；它已经打碎了资产阶级的国家机器；居民已经自己上台来代替特殊的镇压力量。所有这一切都已经不是原来意义上的国家了。"① 这就是说，无产阶级国家与包括资产阶级民主共和国在内的一切剥削阶级国家，具有根本性和本质性的区别，尽管它们都具有相应的阶级专政的职能，但其性质是完全相反的。因为，在所有剥削阶级国家中都是极少数剥削者享有真正的民主权利，绝大多数人民没有或仅有形式上平等或极为有限的民主权利，而在实质上则是剥削和压迫劳动阶级的政治工具；恰恰相反，无产阶级国家是对广大人民群众实行民主，其目的在于维护和发展社会主义事业，以镇压极少数剥削者的反抗和复辟企图。所以，列宁说："无产阶级专政的实质不仅在于暴力，而且主要不在于暴力。它的主要实质在于劳动者的先进部队、先锋队、唯一领导者即无产阶级的组织性和纪律性。无产阶级的目的是建成社会主义，消灭社会的阶级划分，使社会全体成员成为劳动者，消灭一切人剥削人现象的基础。"② 即是说，无产阶级国家是"新型民主的（对无产者和一般穷人是民主的）和新型专政的（对资产阶级是专政的）国家"。③ 因此，当无产阶级的社会主义国家在经济、政治和文化上发展到比较巩固、发达和不可逆转之时，处于向无阶级社会的过渡形态和"自行消亡"中的国家，可称为"半国家"。④

　　笔者认为，在当今世界存在着社会主义和资本主义两类国家及其具有本质区别的情况下，我们只有基于唯物史观，坚持马克思主义国家观，结合当代世界和中国的实际看问题，才能正确地看待和引导人们确立和增进国家认同。因为，只有当人们对于国家的来龙去脉、国家的本质和国家公共权力的阶级基础及其作用等基本问题有起码的了解和认识以后，才能够正确而自觉地获得关于国家认同应有的认识、态度、感情及信念。否则，他们就只能是受其直接利益驱使的，甚至是被迫持有的一种从众、无奈和盲目的国家认同或不认同。

---

① 《列宁选集》第 3 卷，人民出版社 2012 年版，第 169 页。
② 《列宁专题文集·论社会主义》，人民出版社 2009 年版，第 139 页。
③ 《列宁选集》第 3 卷，人民出版社 2012 年版，第 140 页。
④ 同上书，第 124 页。

二 以马克思主义的阶级观点来看待和分析国家认同

国家认同问题，实际上是同国家发生、发展、更替和消亡共始终的问题。但以学术观点看，它主要是研究当今世界法制环境下的国家认同问题。当今世界各国中，既有社会主义国家与资本主义国家的本质区别，也有垄断资本主义国家与发展中国家的差异。其实，我们的世界（除了仅有的几个社会主义国家以外）在总体上还是阶级社会，即便是现有的社会主义国家，离完全消灭阶级和阶级差别，仍有很长的路要走。而且，即便是社会主义国家的公民，当他们必须思考对自己国家的认同问题时，也必然会同资本主义国家相比较，而决定自己的认识、态度、情感及信念的选择。因此，我们的研究就不宜停留于"国家认同的一般"的层面，而应坚持用马克思主义的阶级观点和视域，来看待和分析具体人们对具体国家的认同问题。

当今世界各国都是复杂的社会有机体。故而在国家认同的明确意识中，至少有三个基本层次，包括由其宪法所规定的国体即国家制度的阶级性质；为其国体所要求的、由宪法和法律所规定的并适应其民族文化特点所形成的政体即国家权力体制；对由执政党和上层领导集团所实行的施政纲领的认识和态度。就资产阶级国家特别是西方发达国家的执政当局而言，其法律保障、理论辩护和舆论宣传的政治取向，自然都是企望所有公民都能对国家广泛认同、忠诚不渝，对执政当局行使政治权力，给予全面认同和支持，并通过资产阶级两党制或多党制竞选等形式上的民主程序，以巩固其执政地位，并争取获得永久执政的合法性。

然而，这些国家的全体公民是划分为不同阶级的，是存在着阶级矛盾的，而且，不同阶级对其国家认同的情况和程度，自然会有所不同，甚至存在本质差别，因而受其影响的国家认同必然存在着裂隙。

就发达国家的资产阶级特别是垄断资产阶级而言，它们作为国家的统治阶级而对资本主义的国体和政体之认同存在着本能的政治亲和力，所以在他们那里一般都不存在国家认同问题。他们在国家认同上可能会有差异，但最多只是对于执政党和上层领导集团持异议，而这往往取决于现任政府及其政策是否能够较好地代表他们所在阶级、阶层和利益集团的实际利益。其实，资产阶级往往都是天然的实用主义者，它们对任何国家和政府的态度，都要以是否有利于资本利润最大化为标准，这一点在西方垄断资产阶级身上表现得最为突出。从这个意义上说，他们所谓"国家认同"和"爱国主义"往往是个可以任意捏弄的"面团"。正如列宁所说："资产阶级最崇尚的原则是：'哪里好，哪里就是祖国。'"①为此，他们通常采取双重标准，高唱"人权高于主权"等论调，推行"人权外交"和"价值观外交"，而干预第三世界国家的内政。所有这些都是服务于其政治霸权和经济扩张的，即只允许自己搞国际扩张，而罔顾《联合国宪章》的宗旨、原则和国际关系准则，并把别国人民对自己国家的主权和国家认同的坚守视为大逆不道，而极力分化瓦解之。

就处于世界资本主义体系外围的第三世界国家的资产阶级而言，对其大致可分为两部分：一部分是依附于西方垄断资本的买办资产阶级，他们大多抱着"有奶便是娘"的心态，并不真正认同自己的祖国，而是对西方大国推行的霸权主义和强权政治唯唯诺诺、亦步亦趋；另一部分是民族资产阶级，他们在一定程度上能够认同自己的祖国，还会对国际垄断资本对该国的主权侵蚀、经济扩张和资源掠夺，特别是对其企业利益的伤害等有所抵制。

而对于资本主义各国工人阶级来说，情形就大不相同。他们虽然在资产阶级革命后已获得了"政治解放"，并成为法权平等的国家公民，但因为并未真正成为国家的主人，因为这种公民权大多有名无实，所以他们对所在的资本主义国家，在阶级本质上难以有根本的共同利益和真正的归属感。正如恩格斯在驳斥法国著名的资产阶级民主主义者加尔涅－帕热斯所说的"法国人都是平等的，他们全都过着同样的生活，对他来说，在法国只存在着法兰西公民"的言论时所揭露的："这就是说，'让资本家继续垄断全部生产力，让工人照旧靠极少的几个钱去过活；但是为了补偿他所受的苦难，我们赠之以公民的称号'。"②从那时以来，西方发达资本主义国家中工人阶级的经济、政治和文化生活，虽然有所改善和进步，但其大体情况，依然如此。

理论和实际都表明，在阶级社会中，当一个阶级在物质上占统治地位，同时也就在精神上占统治地位。支配着物质生产资料的阶级，同时也

---

① 《列宁选集》第3卷，人民出版社2012年版，第775页。
② 《马克思恩格斯全集》第4卷，人民出版社1958年版，第433页。

支配着精神生产资料，因此那些没有精神生产资料的人的思想，一般是隶属于这个阶级的。在资本主义国家中，当工人阶级还只是一个"自在的阶级"时，他们中大多数人在国家认同上往往难以认清其本质，而"隶属于"资产阶级。对此，恩格斯指出："只要被压迫阶级——在我们这里就是无产阶级——还没有成熟到能够自己解放自己，这个阶级的大多数人就仍将承认现存的社会秩序是唯一可行的秩序，而在政治上成为资本家阶级的尾巴，构成它的极左翼。"① 显然，在这种情况下，即使无产阶级群众以某种形式表达出国家认同，那也只是没有其他选择的一种无奈的认同。在西方发达国家中，至今仍然深受工联主义影响的工人群众，乃至多数工会及其工人运动，基本上都是追随资产阶级的。而那些介于工人阶级和资产阶级之间的社会中间层，在国家认同上就更是如此。这是当今西方资本主义发达国家虽然在推行普选制，但垄断资产阶级及其政治代理人在强化国家机器（如军队、警察、特工等），以管理和服务社会之时，依旧能够通过强大的舆论和政治网络，操纵名曰"民主政治"，实则"金元政治"，而实现国家政权依法运作的基本原因。

然而，正如邓小平所说："我坚信，世界上赞成马克思主义的人会多起来的，因为马克思主义是科学。"② 各国工人阶级终究会觉醒，因为只有他们才代表着人类的未来。2008 年以来，在肇始于美国的次贷危机并波及全球的金融危机、债务危机等经济危机中，资产阶级国家极力维护金融垄断资产阶级的利益，而大力压缩社会公共福利开支，所造成的对工人阶级的利益伤害，其实已经开始唤醒西方各国工人阶级和广大人民。这包括从发端于当今世界资本主义老巢的"占领华尔街"运动开始，扩散到该国几十座城市，随后还蔓延到欧洲多国多座城市的人民抗议资产阶级国家转嫁经济危机的群众运动。其中，有些人士已把斗争矛头指向资本主义制度。身处资本主义社会的人们已向垄断资本家及其政府发出了"我们是 99%，你们是 1%"的怒吼，甚至有不少人由此关注和看好马克思主义，并想从《资本论》中寻找理论解释，思考资本主义的制度替代问题。这表明，资本主义统治动摇有了新迹象，也在冲击着其国家认同。西方资本主义，并不是遍地鲜花！

---

① 《马克思恩格斯选集》第 4 卷，人民出版社 2012 年版，第 190 页。
② 《邓小平文选》第 3 卷，人民出版社 1993 年版，第 382 页。

　　至于有些学者把国家认同简单地视为现代国家的合法性基础，应当说是不够全面的。因为，仅依"票决"获得合法性，往往是一种程序性、形式上的合法性，而不是实质的合法性。在马克思主义国家观看来，任何国家是否具有真正的合法性，一要看它是否有利于社会生产力的长远发展，即是否具有其经济必然性和历史正当性；二要看它是否符合广大人民的长远利益和社会进步利益；三要看人民群众实际获得的政治参与权利，是在前进，还是在停滞和后退，即要看它是否有利于政治文明在某个历史阶段的发展，以及向更高阶段转进。

　　在共产党人看来，所有局限于资产阶级需要并肯定其合法性的积极意义的国家认同，只能是教育、训练、组织工人阶级的一种条件和有限手段，而不是工人阶级的根本目的和政治希望本身。工人阶级在阶级本性上只会倾向于社会主义。但自发的工人运动只能产生工联主义，而科学社会主义要想在工人运动中生根、开花和结果，就要靠自觉的理论"灌输"。资本主义各国工人阶级要想从雇佣劳动制度下获得彻底解放，只有靠其先锋队即共产党长期不懈地坚持运用马克思主义理论来教育、唤醒和武装工人群众，使之由一个"自在的阶级"提升为"自为的阶级"，使他们较普遍地认同社会主义和共产主义，而拒斥资本主义和帝国主义。这种情况的出现，既要靠历史必然性和历史主潮流发挥作用，也要靠共产党人团结带领工人阶级和革命人民自觉地进行长期的艰苦奋斗。

三　社会主义初级阶段国家认同的主体结构及其态度分析

　　在西方社会发展到垄断资本主义阶段的历史条件下，各国无产阶级革命只能在各自民族国家内独立自主地进行探索和实践，同时尽可能地"以各国工人的兄弟联盟来对抗各国资产者的兄弟联盟"。① 因此，各国工人阶级和革命人民，特别是社会主义各国人民及其执政党的政治意识，应是面向未来的国家认同与民族认同、爱国主义与无产阶级国际主义的有机统一。列宁曾说过："真正的国际主义只有一种，就是进行忘我的工作来发展本国的革命运动和革命斗争，支持（用宣传、声援和物质来支持）无一

---

① 《马克思恩格斯选集》第 1 卷，人民出版社 2012 年版，第 316 页。

例外的所有国家的同样的斗争、同样的路线，而且只支持这种斗争、这种路线。"① 如果把这里讲的"革命"理解为广义的，并能使之同当代的历史条件相结合，那么，其精神实质就依然是正确的和有指导意义的，而且也有利于增进我们社会主义制度下人民群众的国家认同。

我国在社会主义初级阶段，特别是在改革开放的条件下，对国家认同问题更需要作深入的研究和正确的引导，而且应当优化国家认同的各个层次的主体结构，同时应采取多种措施，以增进国家认同的自觉意识和正确态度。

当前，就我国公民对国家认同的状况而言，总体上是乐观的，但必须有紧迫感。应首先肯定，认同和热爱我们社会主义祖国，是我国各民族、各阶级和各阶层人民的主流意识，否则，我国就不会有改革开放、中国特色社会主义建设的巨大成就。但同时我们也面临多种严峻的挑战，虽然尚未发展为引发"国家认同危机"的地步，但在少数人那里，也确实存在国家认同弱化，乃至发生动摇和弃之不顾的情况。

从国家认同的主体结构及其基本态度看，其支柱的社会力量，首先是作为我国领导阶级的工人阶级。伴随社会的发展，我国工人阶级的综合素质已有明显提高，并在继续发展壮大。他们中的绝大多数人（包括农民工），尽管在从事最辛勤的劳动，获得低廉的工资，但他们热爱和认同祖国，仍然是中国特色社会主义事业的顶梁柱和主要的依靠力量，是改革开放和现代化建设的主力军。尤其是在国有企业改革中下岗的老工人，为改革开放所付出的代价最大却受惠不多。仅从他们默默接受党和政府的这种安排，虽然有些意见和牢骚，但没有因此发生较大的社会动荡来看，就充分显示出这个群体对祖国、对社会主义事业深藏于内心的政治认同和诚挚感情。

其次，从作为我国政治柱石——工农联盟——的基本构成的农民阶级看，他们仍占我国 13 亿多人口的近一半，依然是我国改革开放、建设中国特色社会主义的主力军。在社会主义体制改革中，这个阶级在实践探索中最先站出来，作为我国全面体制改革的探路先锋，作出了历史性贡献。但就其中的大多数人而言，他们在改革开放中虽受益最早但也受惠较少。然而，这个阶级不等不靠，尽量利用党和国家的政策优惠，主动自找门

---

① 《列宁选集》第 3 卷，人民出版社 2012 年版，第 54 页。

路，谋求生存发展。特别是那些来自农民群众的农民工，作为我国产业工人的主体部分，为国家工业和城市发展已经作出了并在继续作出自己的突出贡献，可是他们至今尚未获得平等的市民身份。仅从这两方面的情况能够持续至今，而同时维持着国家大局稳定、经济繁荣和城乡和谐的发展态势来看，就表明农民阶级中的绝大多数人对我们祖国、对中国特色社会主义是认同和拥护的。

再次，从我国知识分子和六个"新社会阶层"的社会成员看，他们是我国改革开放中最活跃、最引人注目的社会力量和经济力量的主体，为推进中国特色社会主义事业已经作出了并正在作出不可替代的重要贡献。尽管这些阶层的社会地位差别明显，在改革开放中受益程度也大小不等，同西方发达国家同类人群境况的反差也较大。他们中绝大多数人对我们祖国、对中国特色社会主义认同和拥护的程度上，可能存在一定差别：其中有些人自觉而坚定，有些人持基本肯定的态度，有些人在大体认同的前提下还有不同程度的疑虑。然而，他们在期盼我们祖国繁荣富强、实现中华民族伟大复兴上，同全中国各族人民都是，至少理应都是心心相印、休戚与共的。

最后，从我国社会主义事业的核心领导力量——中国共产党的状况看，它是我国工人阶级的先锋队，同时也是中国人民和中华民族的先锋队，是我们国家和民族的主心骨，是中国特色社会主义事业的中流砥柱。中国共产党现有 8200 多万党员（截至 2013 年年底，总数为 8668.6 万人），相当于整个德国的人口总数，是世界第一大政党，而且正在领导 13 亿多中国人民致力于在世界社会主义运动的历史前沿进行理论和实践探索，在创造着世界历史上最伟大、最艰巨和事关人类未来的宏图大业。尽管在目前的工作中，仍有诸多不尽如人意的现象，但从中国共产党仍然保持着工人阶级政党的性质，以及从绝大多数党员的实际表现看，不仅基本上不存在国家认同问题，而且他们正用自己的言行作表率，在引领和不断推进着全国各族人民的国家认同。不然，我们就无法解释我们党和国家已经创造并正在创造的辉煌业绩。

阳光普照万物，但也伴有阴影。全体中国人在国家认同上同样也会参差不齐，甚至有些不尽如人意之处。中国共产党是伟大、光荣、正确的党，但在改革开放中，也有不少党员领导干部不仅"前腐后继"发生腐败，而且有成千的犯罪嫌疑人叛逃到海外；此外，还有一批"身在曹营心在汉"的所谓"裸官"。由于复杂的原因乃至具体的家庭原因,也有极少数青年知识分子,因为已经移民或入外国籍,就有可能淡化原有的国家认同和民族认同。对这类情况,既要作具体分析,也需要党和国家加强教育、舆论和政策上的引导。我国的企业家及高级管理者,在探索发展社会主义市场经济,并在国际市场竞争中,既为国家和人民作出了,并正在作出重要贡献,但其中也合法、不合法或打擦边球地产生了一个"暴富"群体。我国宪法和物权法已从法律上庄严宣布,并在实际地维护包括富人群体在内的一切公民的合法财产和其他合法权益。然而其中仍有少数人尚存疑虑,并想通过投资移民把其全部或部分私有财产转移到海外。据北京理工大学法学院、中国与全球化研究中心共同发表的《中国国际移民报告(2012)》得出结论:"中国目前正在经历第三次移民潮",这次移民潮会将中国新近获得的财富带往海外。[①] 另据《福布斯》中文版发表的《中国大众富裕阶层财富白皮书》估计,中国共有1026 万人可以被认定为富裕。在这个群体中,2.6% 已经移民,21.4%的富人正"计划移民"。据中国招商银行和贝恩公司共同发布的《2013年中国私人财富报告》显示,2012 年可投资资产规模在 1000 万元人民币以上的高净值人士超过 70 万人。其中,5000 万元以上的高净值人士近 10 万人,1 亿元以上的超高净值人士达 4 万人。他们中约有 60% 的受访高净值人士称正在考虑或已完成投资移民。[②] 人民网还报道:根据联合国 2013 年《世界移民报告》称,2013 年中国以 930 万人的移民数量,成为继印度、墨西哥、俄罗斯之后,排名第四的移民输出国。[③] 应该说,正常的私人对外投资和适度的投资移民,是国际经济合作和人员流动的常态,无须大惊小怪。但中国富人中这么高比例的移民意向,就意味着其中有些人的国家认同存在问题。

最为严重的一种情况是,在国外敌对势力策动和支持下,一些所谓"藏独"、"台独"和"疆独"等分裂势力,在挑战我国主权统一和领土完整。需要指出的是,这不是简单的国家认同问题,而是一种背叛和分裂祖国的犯罪问题,可以说,这是我国在一定范围内长期存在的阶级斗争的一

---

① 参见王辉耀、刘国福《中国国际移民报告(2012)》,社会科学文献出版社 2012 年版。
② 参见《从"创造财富"转向"财富保值"——报告称中国经历第三次移民潮》,《参考消息》2013 年 5 月 9 日第 15 版。
③ 人民网:《中国去年 930 万移民,美国、加拿大成首选》2014 年 6 月 7 日。

部分。对上述诸问题，我们应当分辨其性质和程度，而及时采取适当的措施和必要的政策，加以关注、引导、应对和解决。

总之，国家认同问题是世界各国，特别是第三世界广大国家中都不同程度存在和需要不断加以解决的一个现实问题。我国在社会主义初级阶段，国家认同主体的结构和态度是多层次的并在不断变动的，其总体结构呈现为橄榄型。其中自觉而坚定地认同我们社会主义祖国的，是相对的少数；那些对国家认同发生动摇，或以其言行在否定国家认同，乃至丧失国格和人格，直至演变为有政治问题的人，则是极少数；而介于两者之间的，即对国家认同问题缺乏充分考虑、认识肤浅而具有基本的国家认同（包括少部分人有所淡化），因此处于中间层的人们，则是绝大多数。笔者认为，党和国家、理论界对国家认同问题，应从坚持中国立场、全球视野和长远眼光的高度，本着实事求是、清醒冷静、积极稳妥的原则和工作取向，给予更多的关注、进行更深入的研究、作出更周密的政策设计和更有效的正确引导，以不断优化我们社会的国家认同的主体结构，并使人们不断增进国家认同的自觉意识。

（原载于《中国社会科学》2013 年第 9 期，本刊发表时作者略改动）

历史学应更多关注生产力研究

——从一次中日学术会议谈起

武　力

马克思主义的唯物史观以深邃的眼光看到了眼花缭乱的政治纷争和光怪陆离的文化现象背后的最终决定因素——生产方式，又从生产方式的演变中，看到了生产力是最活跃的决定因素。但是，在历史研究中，长期以来，我们对生产力的研究，尤其是对科技进步的研究却没有受到足够的重视，我们往往把它视为生产关系和经济政策的自然产物，而忽略了生产力本身发展的规律。这固然与新中国成立以来探索适合中国国情的经济体制和发展道路始终处于突出位置有关，也与从事历史学和经济学研究的学者缺乏基本的科技知识有关。在今天，当科技创新已经成为处于国家发展全局的核心位置后，就历史研究来说，加强生产力和技术进步研究就更加紧迫了。

一

2012 年 10 月 25—27 日，以"从历史角度看中日两国技术进步与社会经济发展"为主题的第二届中日传统知识与现代国际研讨会在日本九州的佐贺大学召开。

历史研究从来都与当时的社会需要分不开，有的直接为了"资政育人"，有的则间接地为了社会和文化发展需要。正如中国古人所说的"言于古必有验于今"，亦如著名学者克罗齐所说"一切历史皆是当代史"。从历史研究的角度，来探索技术进步在人类历史发展过程中的作用以及与现代的关系，本来是我们这些秉持唯物史观的学者应该下大功夫去做的事情，可惜这些年来由于改革开放和社会转型的需要，国内的研究多关注于制度及变迁，对生产力发展及其核心技术进步的历史研究很不够，这也是促使笔者参与这次会议的主要原因。

这次会议由佐贺大学地域历史文化研究中心主办，清华大学、中国社会科学院世界经济与政治研究所合办。中方参加会议的学者共有来自中国社会科学院、中国中医科学院、清华大学、中国人民大学、山西大学的8位学者，日方提供学术论文并作大会发言的学者17人，总共参加会议的人数约50人。会议召开期间，还考察了佐贺市的历史博物馆，了解了佐贺市发掘复原"三重津造船及海军基地"情况，与佐贺市民及小学生就历史文化研究进行了互动，听取了日本两名小学生关于佐贺现存历史文物"惠比须"神像的两个调查报告。

从这次会议的论文和发言看，主要集中在四个方面。一是研究中国的技术进步与经济发展关系。如：倪月菊的《江南造船厂：从近代企业到现代企业的演变》，武力、荣文丽的《论中国技术进步的跨越式发展——以钢铁工业发展历史为个案的考察》，林柏的《1979—1991年中国工业技术引进及绩效分析》。

二是研究日本的技术进步问题。如：长野的《幕府末期佐贺的反射炉》，佐藤的《江户时代来自荷兰的土地测量技术》，海原的《19世纪上半叶地方（藩）医生的医书和学问》，米切尔的《传统与革新：江户和明治时期的医疗器械和设备》，福田的《幕府末期的日本军事近代化和武器弹药制造》，片仓的《幕府末期佐贺藩的情报收集和海防体制》，高濑的《日本城郭石墙建造的传统技法》，鬼塚的《从土木建筑学看古代中日韩坟墓的建筑风格》，福田的《幕府时期的佐贺城地图：今天佐贺市街道形成的起点》，大串、日野的《从水利学的视角的城原川流域的传统治水研究》，真崎的《真崎铁工场与当地社区组织》，本多的《幕府末期加农炮的铸造：西洋技术与传统技术的融合》，前田的《幕府末期佐贺藩三重津海军所的造船、修船设施》，成富的《九州·山口的近代化产业遗产群之一三重津海军所遗址简述》。

三是中日之间的比较，包括历史上的日本人怎样看中国。如：李毅的《传统知识与产业可持续发展的历史路径选择——日本的历史经验对中国产业可持续发展的意义》，陈建的《日本明治维新时期与中国洋务运动时期的技术引进比较》，牛亚华的《江户时期的日本解剖学译著与中国传统医学》，岩松的《幕府末期佐贺藩人眼中的中国》，周见的《涩泽荣一的中国观》。

四是运用新的科技手段研究历史。如：张涛等人的《考古信息化探索与研究》，田端正明等人的《幕府末期、明治初期三重津海军所遗址发掘文物 X 光分析》，协田久伸等人的《对近代佐贺钢铁冶炼原料及成品的 XRD、XPS、ICP-MS 分析》。

二

会议论文中有三篇论文专门讨论中国近代以来的技术进步，并有两篇兼及与同期日本技术进步作比较的论文。从论文内容来看，中方的学者基本上是运用唯物史观，从政治制度、经济体制以及政府政策等大处着眼，而从小处着手来研究问题。例如倪月菊的论文以江南造船厂150年的发展历史来看在不同的政治、经济制度下，国有企业不同的发展路径和结果，说明不在于是否国营或民营，关键是谁来经营、怎样经营。武力、荣文丽的论文，则以钢铁工业为个案，叙述了新中国工业在60多年里是如何实现技术进步的跨越式发展的，论证了社会主义基本经济制度的优越性和政府"有形之手"如何发挥作用这两个中国经济学中的重大命题。林柏的论文则论述了改革开放初期（1979—1991年）中国工业技术引进及其绩效，论证了这个阶段中国技术引进方式和政策的变化、技术引进的效果以及在技术引进的选择，引进后消化、扩散、创新等环节中的基础，改革开放和市场化机制等内容。陈建的论文是通过比较中国洋务运动时期与同期的日本明治维新时期的技术进步，来论证为什么其结果会差异如此大。李毅的论文则从吸取日本历史经验的角度，针对中国当前产业发展中出现的"去制造业"现象，论述了中国如何保证产业可持续发展这个重要问题，提出在传统基础上通过创新来实现技术进步、产业升级和优化要素配置，从而进一步实现发展方式的转型，而不是盲目地学习西方发达国家过分提高第三产业比重，日本在这方面既有经验也有教训。武力在代表中方学者的大会致辞中也表达了这个意思，认为"他山之石，可以攻玉"，我们应该认真研究和吸取日本这方面的经验教训。

生产力有共性，但是经济结构、发展水平、人口与资源的关系各不相同，再加上生产力发展的路径和条件不同，因此，反映在生产关系和上层建筑方面也就有所不同。

就论述日本技术进步方面的论文来看，如前所述，主要集中在两个方面，一是具体的技术层面，探讨历史上具体的技术及进步情况，虽然题目不大，但是都是著名教授所写，反映出日本历史研究的细节化和严谨，即有创新意识和不说空话，每研究一个问题就要有所创新，否则不写论文；二是有关历史上涉及中国方面的人物和事件，看来主要是为了配合这次会议的主题。其中片仓的《幕府末期佐贺藩的情报收集和海防体制》、岩松的《幕府末期佐贺藩人眼中的中国》、周见的《涩泽荣一的中国观》对研究中国近代史颇有启发。这两个方面的论文虽然离中国当代史颇远，但是听起来也津津有味，颇受启发，尤其是鸦片战争以后日本有识之士对中国及儒家文化的认识，可谓洞若观火，入木三分，既反映出日本这个民族崇尚强者和实用主义的文化传统，也为中国最终选择了社会主义发展道路以及实行改革开放提供了国外的历史注脚。

这次会议除了开展中日两国的历史比较研究外，由于参与者不少从事自然科学史研究，因此在研究方法和角度上也有不少学科交叉和创新。例如，将医学理论和方法运用于分析明治时期的医学著作和技术进步；将冶炼铸造、建筑、水利、城市规划用于分析历史上的冶炼、造船、建筑、水利工程、城市建设等；用现代科学手段来分析文物，用信息技术来处理考古中的海量信息等。

通过日方学者提供的论文看，其研究对象主要集中在 19 世纪中期，即幕府末期和明治前期。通过这个阶段日本在冶炼、铸造、造船、炸药、测量、医疗等方面的技术进步，可以看到技术进步的确是需要成长的文化基础和氛围的。而日本在此之前"兰学"的传播，以及各藩之间因竞争而产生对技术的需求，已经突破了占主流地位的专注于义理的儒学的束缚，尤其是在明治维新前，已经有不少知识分子和武士转而学习西学了。而中国由于高度的中央集权和儒学的强大势力以及科举制的影响，直至半个世纪后的清末新政，才废除科举，使得西学进入课堂。而没有大批知识分子参与科技的传播、应用和创造，以洋务运动为代表的技术引进，只能停留在表面，与国民经济成为两张皮，起不到改造国民经济的作用。

三

恩格斯曾经说过："社会一旦有技术上的需要，则这种需要就会比十所大学更能把科学推向前进。"① 这句话的确反映了唯物史观的基本原理。技术创新来源于社会需要，但是也必须有从事科学技术研发的基础，即必须有这方面的人才和机制。每一次重大科学发现和技术创新，都会带来经济的大发展，从而带来社会的进步。但是在没有从事科学研究的社会里呢？在政府也没有打算去大力发展科学技术以改变产业结构的情况下呢？

在技术进步方面，近代以前的中日两国，作为农业文明社会，都是在19世纪中期以后在西方列强入侵东方以后开启工业化的，但是其结果却大不相同。在这两届中日研讨会上，中方学者始终在探讨这个问题。中国在长期封建社会里形成了以儒家文化为核心和以科举制度为导向的，以治理国家和教化人民、规范秩序为特点的世俗思想和文化。而对于自然科学和技术进步，则基本上不在知识分子的视野里。因此中国古代的科学也就具有了明显的"伦理化"倾向。例如程颐就说："学也者，使人求于内也，不求于内而求于外，非圣人之学也。"② 朱熹也认为中国真正的学问是"穷天理，明人伦，讲圣言，通世故"。至于研究和认识自然界和生产技术等的学问，朱熹则很不以为然，他说："乃兀然存心于一草木一器用之间，此是何学问？为此而望有所得是炊沙而欲成其饭也。"③ 其结果就如1898年康有为的奏折中所说："若章句瞀儒，学问止于《论语》，经义未闻《汉书》，读《礼记》则严删国恤，学《春秋》则束阁《三传》。……若问以亚非之舆地，欧美之政学，张口瞪目，不知何语矣。"④

反观日本，明治维新以后，即将"产业立国"作为基本国策。1868—1877年，日本政府用于引进机器设备的对外支付额，平均每年为2462万日元，约占当时政府财政收入的46%左右。正如1896年时任日本农商务

---

① 恩格斯：《致瓦·博尔吉乌斯（1894年1月25日）》，《马克思恩格斯全集》第39卷上册，人民出版社1974年版，第198页。

② 《二程遗书》卷二十五。

③ 朱熹：《晦庵先生文集》卷三十九。

④ 康有为：《戊戌奏稿》。

次官金子坚太郎在一次会议上明确表示的那样："建设一个工业国即以工业立国，已成为我国民之决心。"①

同样，新中国 60 多年的历史也证明，中国之所以取得令全世界瞩目的成就，是与中国共产党从新中国成立之日起就以马克思主义为指导，全力推进工业化分不开的。中国共产党始终重视科学技术的发展。毛泽东提出"向科学进军"，邓小平提出"科技是第一生产力"，江泽民提出"科教兴国"，胡锦涛提出"创新驱动战略"。这都反映出中国共产党高度重视科学技术的发展，重视以工业化和农业现代化为标志的物质生产。但是，反观作为哲学社会科学重要分支的历史学，则对生产力的核心技术进步历史研究很不够。以技术进步最快的新中国 60 多年的历史来看，研究这段历史的机构和学者不算少，而专门研究生产力发展历史的人虽不能说没有，但是很少，而且基本上集中于产业部门和企业。因此，当历史学者研究历史时，多关注政治史、经济制度和政策史、文化史、社会史就不奇怪了，其研究的局限性也就不言自明了。这方面的事例非常多。例如由于对新中国前 30 年的农业技术进步，例如水利、土地改良、化肥、农业、品种改良等，缺乏研究和量化分析，因此，对于 20 世纪 80 年代前期以及后来的农业发展，就很难讲清楚哪些是改革的作用，哪些是科技发展的作用。又如中国的钢铁、石油和化工、电子、机械制造、汽车等产业的技术进步历史，研究成果基本上来自产业部门，经济史专业的学者很少涉及，结果研究往往是就制度讲制度，就政策讲政策，未从细节上去研究生产关系与生产力究竟是怎样互动的，因此研究也就很难进一步深入，使得成果要么局限于制度细节的考察，要么用功于个案研究，对目前的发展方式转变和"创新驱动"基本上提供不了历史借鉴作用。

四

通过参加这次学术研讨和与佐贺市民关于历史文化遗产的互动会议，我有五点感想。

第一，从事历史研究，尤其是当代史研究，一定要眼界开阔，有全

---

① 转引自陈建《论近代日本基本国策的历史演变》，第一届中日传统知识与现代国际研讨会论文集，2011 年。

球意识。要将中国历史放到整个世界历史中去思考、去研究，千万不能"就中国讲中国，就当代讲当代，就专业讲专业"，一定要看到中国与世界千丝万缕的联系，或隐或显的互动。否则不仅研究不能深入，坐井观天，结论有失浅显或片面，还容易在研究中走极端，或盲目自大，或历史虚无。二是要适当开展比较研究，中国属于后发的发展中国家，在工业化、市场化、城市化以及社会建设、生态文明建设等方面，可以从现行的国家的历史中吸取很多经验、教训，避开别人已经走过的弯路，节省别人已经为此付出的不必要代价。例如，以日本来说，它在20世纪70年代以来吸取工业化中人口与资源、增长与环境的矛盾及处理不当的后果，在节约和环境保护方面取得了明显的成效，对我们建设资源节约型和环境友好型的"两型"社会就可以提供很好的经验；再从日本大街上跑的小轿车看，大多数都是排量小的两厢型汽车，这种汽车既节省能源，又节省空间。

第二，中国传统文化中以儒学为代表，是专注于伦理道德、管理国家和治理社会的。近代以来，中国内外交困，阶级矛盾和民族矛盾此起彼伏，危机四伏，已经没有了依靠发展生产力的渐进式改良空间，革命成为改造社会、摆脱民族危机的有效良药。而新中国成立以后，虽然毛泽东在社会主义三大改造完成以后提出"向科学进军"；邓小平提出了"科学是第一生产力"；江泽民提出"科教兴国"战略；胡锦涛提出"创新驱动型发展战略"，指出"科技创新提高社会生产力和综合国力的战略支撑，必须摆在国家发展全局的核心位置"。但是哲学社会科学领域，尤其是经济学领域，自新中国成立以来，实际上，其主流始终是生产关系、政府与市场关系、政策制定等经济体制和对策方面，而对于科技本身的研究则仅有较少的人关注，经济史领域始终是一个薄弱环节。这种状况已经不能适应今天这种经济发展方式转变的迫切要求了。

第三，在当代中国史研究和宣传中，目前我们面临的一项重要任务是反对历史虚无主义。考察历史虚无主义得以形成和泛滥的条件，就会发现，我们对生产力的发展和科学技术进步的细节研究非常薄弱是一个重要原因。现有的由历史学者写的历史教科书，很少有系统全面介绍中国是在什么样的条件下，是怎样实现生产力的大发展和取得今天这些技术进步成果的。而这些可以提高我们对中国特色社会主义制度的自信心，提高作为中华民族的自豪感。

第四，我们反对目前历史研究中的"碎片化"，但是并不反对历史研究的"细节化"。这里所谓的"碎片化"是指没有大局观，没有唯物史观，没有历史正义感，没有历史学者的使命感和责任感，不分轻重缓急，过度关注于细微事件和个案，只见树木，不见森林。而研究的成果虽然翔实，但是判断囿于此对象，一叶障目，不见泰山，不仅于正确认识和把握大局无补，且以偏概全。

但是这并不意味着我们反对历史研究的深入和"细节化"，即根据轻重缓急，认真考证每一个历史细节，聚沙成塔、集腋成裘，来尽可能完整细致地展现历史真相，或者纠正那些当事人和当时文献中的讹误，以及弥补研究中的缺失。正如著名历史学家郭沫若先生指出的那样："要讲考据就不能嫌'烦琐'——占有材料。烦琐非罪，问题是考据的目的何在？"①在这方面，日本的研究者对历史细节的认真态度和执着，值得我们学习，尤其是那种研究要创新、论著要有创新内容的研究意识和职业道德。通过这次交流，虽然对日方学者的历史观以及对日本近代以来重大事件和人物的评价不甚了解，但是从他们的研究成果来反观自己，感到中国近代以来，尤其是当代历史研究的空间还非常大，有许多问题还没有人开展研究。仅从技术进步的角度看，我们对近代以来各行各业的技术进步史都还有不少空白点，尤其是总体的判断，例如鸦片战争前后，新旧中国交替之际，改革开放前后等，更是不够。

第五，我们应该重视历史学的教育和方法的培养，从小学生开始，就应该培养正确的历史观、培养对历史的兴趣，培养对历史学方法的了解甚至初步掌握。这次在学术研讨会后，与会全体学者还参加了佐贺市举行的"历史文化遗产与现代"研讨会，会议实行开放式，市民可以自由申请参加。这次会议除了由中日双方各有一位学者做主题演讲外，另一个内容就是由两个小学的学生宣读他们对佐贺市的"惠比须"的调查报告。佐贺市市长不仅作了大会致辞，还自始至终参加了会议。"惠比须"是日本本土的一个神，相当于中国的"财神爷"、"灶王爷"、"月下老人"、"土地爷"等保佑人民发财或家庭安康、婚姻幸福等的神祇，而佐贺市的惠比须拥有量是日本城市中最多的，800多座惠比须雕像不仅时代不同，有古代、近

---

① 郭沫若：《对〈词海〉未定稿的审阅意见》（1961年5月13日），《中国社会科学报》2012年11月14日第六版。

代和当代的，而且种类和形态各式各样。这次两所小学组织三到五年级的学生，分成若干个小组，对居住地周围的惠比须雕像的数量、建造年代、形态和护佑功能以及周围居民对其态度等各方面进行调查，写出调查报告。这种方法，既增加了小学生对居住城市文化和历史的关心、了解，增加了对历史的兴趣和历史学功能的了解，也学到了进行历史研究的方法，提高了动手能力。笔者认为，这种普及历史知识、培养学习历史兴趣的方法很值得我们学习。

（原载于《史学理论研究》2013 年第 2 期）

后现代主义和历史认识理论

于　沛

后现代主义（postmodernism）今天虽已是一种世界性的文化思潮，但要概括回答"什么是后现代主义"，仍是一件难事。一般认为，后现代主义产生于20世纪60年代的欧美；70年代末、80年代初，雅克·德里达（Jacques Derrida）、米歇尔·福柯（Michel Foucault）、J. F. 利奥塔（J. F. Lyotard）等，将西方后现代文化形式的讨论上升到具有广泛意义的哲学高度。他们在批判现代主义（modernism）的基础上形成后现代主义哲学，扩大了后现代主义的传播。20世纪90年代初，已可清楚地看到后现代主义在中国史学界的影响。绝大多数中国学者最初因其理论充斥着大量抽象、武断与晦涩的概念，而不屑一顾，但随着后现代主义在国内外史坛的咄咄逼人，特别是一些人公开提出"用后现代主义史学理论推进中国史学的发展"，中国史学将发生一场"深刻的革命"，中国史学的出路寄希望于"后现代主义"等，我们就不能继续失语，不予理会了。

近年来，一些学者开始深入研究后现代主义对历史研究的挑战，不断深化对所谓"后现代史学"[①]的认识。笔者不揣肤浅，仅就"后现代主义与历史认识"略陈管见，主题是坚持对马克思主义的自觉自信，在与"后现代史学"的撞击中发展马克思主义历史认识理论。

一　从后现代思潮到"后现代史学"

19世纪70年代，英国的美术界在批判印象主义画派时，最早使用了

---

① 所谓"后现代史学"这个术语或概念并不准确，具有完备科学形态的"后现代史学"在哪里呢？谁也没有见到，至少在今天并不存在。论及"后现代史学"时，实际上多指后现代主义对历史学所产生的诸多影响。鉴于"后现代史学"似约定俗成地在使用，本文为叙述方便也借用。

"后现代"（postmodern）概念，一般认为，19 世纪德国哲学家尼采（F.
W. Nietzsche）代表的非理性主义哲学，是"后现代主义"的重要源头。
尼采宣称"上帝死了"，要"重估一切价值"。他的叛逆思想以及他所宣
扬的非理性主义和虚无主义，成为后现代主义的理论来源之一。1919 年，
法国画家马塞尔·杜尚（Marcel Duchamp）给达·芬奇笔下的蒙娜丽莎加
上式样不同的山羊胡子以示与传统"决裂"，形象地宣示了后现代主义
精神。

　　后现代主义对史学的影响或挑战，有一个渐进的过程。后现代主义对
史学发生影响的关键一步，是对语言在历史叙事建构中所起作用方式的分
析。这一步是因费尔迪南·德·索绪尔（Ferdinand de Saussure）20 世纪初
提出的理论而实现的。索绪尔将语言区分为共时性的语言和历时性的语
言。语言是由某一言语群体（speech community）中的主体在言语行为中积
累下来的"存储的宝库"组成的。他认为语言是一种符号系统，包括"能
指"（signifier）和"所指"（signified）两部分。"把语言看成是由（作为
听觉因素的）'能指'和（作为他所指称的概念的）'所指'构成的符号
链条的研究途径，使历史学家能够摆脱将历史描述的客体解释为外在于语
言，有待于运用言辞进行系统陈述的做法。"① 索绪尔首先提出在语言形成
过程中意指行为的任意性。20 世纪 50 年代末，罗兰·巴尔特（Roland
Barthes）、列维 – 施特劳斯（Claude Lévi-Strauss）和拉康（Jacques Lacan）
等，赞扬他的理论有革命性的意义。德里达提出"解构主义"（deconstruc-
tionism）的理论，即与索绪尔有关。"解构主义"是一种文本阅读模式，
是一种理论，也是一种实践。

　　在论及"后现代史学"的发展，即史学的"后现代转向"（postmodern
turn）时，除作为广阔的背景要述及"语言学转向"（linguistic turn）外，
在西方史学自身的发展中，多涉及法国年鉴学派，认为年鉴学派是"后现
代史学"发展进程中的一个重要阶段，或重要事件。1947 年，费尔南·布
罗代尔完成的《菲利浦二世时代的地中海和地中海世界》，是与西方传统
史学分道扬镳的标志性作品。这部作品是不是仅仅探求"个人规模的历
史"是如何发生的，而是探究"群体和集团史……这些深海暗流怎样掀动

---

　　① 维克多·泰勒等编：《后现代主义百科全书》上，章燕等译，吉林人民出版社 2011 年版，
第 294 页。

了地中海的生活"，更重要的是探究"人与他周围环境的关系"是如何发展变化的。① 该书不以政治、军事史为主，而首先是地理与生态环境、文化与心态结构，其次是社会人口和社会经济形态，最后才以这些为基础，来阐述政治史、军事史。他提出历史研究中的短促迅速与动荡的"短时段"、节奏缓慢的"中时段"和几乎静止的"长时段"概念。《菲利浦二世时代的地中海和地中海世界》问世后，遭到一些名家的批评，② 布罗代尔对此并不予理会。1966 年，这部著作再版时，虽有大量的增补和改写，但其理论与方法及基本内容没有本质性改变。

将"后现代史学"的发展与年鉴学派联系在一起，很容易造成误读，即认为前者与后者在理论与方法上有直接的渊源，而实际上绝非如此。③之所以将"后现代史学"与年鉴学派联系在一起，可能是基于年鉴学派问世时相对于西方传统史学而言的那种"标新立异"、"离经叛道"、"反传统"，以及对西方传统史学的剧烈冲击。迈开史学"后现代转向"的关键一步，是与"历史的语言学转向"或"历史哲学的语言学转向"密切联系在一起的，海登·怀特（Hayden White）和弗兰克·安克斯密特（Frank Ankersmit）是这一转向过程的领军人物。

海登·怀特的后现代主义史学思想，集中体现在 1973 年出版的《元史学：十九世纪欧洲的历史想像》（以下简称《元史学》），以及《话语的比喻：文化批评论集》（1978）、《形式的内容：叙事话语与历史表现》（1987）、《比喻实在论：模拟效果研究》（1999）等著作中。"元史学"，英语为"Metahistory"，直译是"史学之后"，一般认为，可能是联想到"形而上学"（Metaphysic，直译是"物理学之后"），才翻译出"元史学"

---

① 费尔南·布罗代尔：《菲利浦二世时代的地中海和地中海世界》，唐家龙等译，商务印书馆 1998 年版，第 8—9 页。

② 这些批评主要来自法国哲学家阿尔都塞（Louis Althusser）、保罗·利科（Paul Ricoeur）等。阿尔都塞批评说：历史学家的观念中只存在各种各样的时代，短期的、中期的、长期的；只探究各个时代的相互关系；历史学家并没有将各个时代作为不同的时代同整体的结构联系起来。保罗·利科认为：布罗代尔在把历史作为研究对象的同时，排除了作为历史研究最为重要的一个方面："叙事"。他在《时间与叙事》中指出，叙事（récit）有两种含义，其一即意味着历史。

③ 如伊格尔斯曾说："'年鉴派'历史学家们、计量史学家们和马克思主义者都沿着同一个方向在行动，尽管他们的社会政治观点不同。他们大家都以自己已经克服了自从兰克以来史学家们把叙事的焦点集中在左右了历史学的伟大事件、人物和思想上的那种狭隘的局限性而感到自豪。"参见伊格尔斯《二十世纪的历史学——从科学的客观性到后现代的挑战》，何兆武译，辽宁教育出版社 2003 年版，第 3 页。

这一术语。在西方，《元史学》被认为是自柯林武德（Robin George Collingwood）《历史的观念》以来史学理论方面最重要的著作，是"后现代史学"的先声。海登·怀特认为，"他在《元史学》这部著作中获得了两项理论成果，一是确立历史作品普遍存在着诗学本质，二是展示了一种被称为'历史的'思想模式的一般性结构理论"。[①] 在他看来，史学是一种研究和表现方式，任何史学作品都包含一种深层结构，它是诗学的，实质上也是语言学的，是一种未经批判而被接受的范式。史学无科学性可谈，人永远不能找到"历史"，因为历史已经逝去，不可能重现或复原，人们只能找到关于历史的叙述，或找到被阐释和编织过的"历史"。怀特强调，真实的历史是不存在的，所以历史不可能只有一种，有多少种理论的阐释，就会有多少种历史。

F. R. 安克斯密特倡导从美学的观点看历史书写。他试图在哲学逻辑中追溯历史叙事的复杂性。在他看来，历史叙述就像肖像画，它不是有关对象的摄影反映，却是人物风神的丰富表现。历史写作在满足理性的、科学的探究要求的同时，审美也是其内在固有的要素。F. R. 安克斯密特认为，"只要我们在处理叙事实体时采取的是美学而非认识论的路数，对历史学家语言的实体化并不会将历史写作变为懒惰的自我反观。这就是美学优于认识论的地方"。[②] 这种观点与海登·怀特的理论在本质上完全相通。

除海登·怀特和 F. R. 安克斯密特外，托波尔斯基（Jerzy Topolski）主编了《现代主义与后现代主义之间的历史编纂：历史研究方法论文集》（1994）、凯斯·詹京斯（Keith Jenkins）著《关于"历史是什么"——从卡尔和艾尔顿到罗蒂和怀特》（1995），艾伦·蒙斯洛（Alun Munslow）著《解构历史》（1997），乔伊斯·阿普尔比（Joyce Appleby）著《历史学视野中的知识和后现代主义》（1997）等。这些著作都为后现代主义在史学中的渗透起了推波助澜的作用。凯斯·詹京斯 1997 年编的文集《后现代历史学读本》，在西方史学界有较大影响。凯斯·詹京斯认为，传统历史学家是由不关心政治的愤世嫉俗者、保守主义者、浪漫主义者、社会民主主义者、基督徒以至一些过时的经验主义、马克思主义历史学家组成的广

---

① 转引自陈新《诗性预构与理性阐释——海登·怀特和他的〈元史学〉》，《河北学刊》2005 年第 3 期。

② 埃娃·多曼斯卡编：《邂逅：后现代主义之后的历史哲学》，彭刚译，北京大学出版社 2007 年版，第 91 页。

泛的信仰群体，传统的历史研究不过代表了"中产阶级的意识形态"，只有后现代主义才能改变这一切。后现代主义五花八门的表现，如否认本体、本源、基础和原则，消解现代性和主体性，主张多元、多变、多维、多样和怀疑，强调模糊性、间断性、散漫性、不确定性、反叛与变形等，在"后现代史学"中，都有直接或间接的具体反映。

二 "后现代史学"的内容和对历史认识的"解构"

在现代西方学术语境中，尼布尔（B. G. Niebuhr）是举足轻重的人物之一。"他把处于从属地位的史学提高为一门尊严的独立科学；他的崇高人格成为后一代伟大历史家的典范或鼓舞力量。"① 19 世纪，史学成为一门学科的重要标志，是史学的科学化消解了与修辞学和文学两千余年的联系，形成一种新的历史意识。近代以来西方的历史认识，其主流都聚集在现代主义（modernism）的旗帜下，现代主义史学建立在启蒙运动以来科学的基础上，将科学、艺术、文化等纳入历史认识视野，现代主义历史研究重视人类历史演变的趋势，崇尚历史进步的观念，认为人类历史是一线发展的统一过程；其研究方法的突出特点，是讲求理性与逻辑，注重实验求证。

进入 20 世纪后，实证主义（positivism）对史学仍有广泛影响，历史知识首先是关于"事实"的知识。1938 年，莫里斯·曼德尔鲍姆（Maurice H. Mandelbaum）在《历史知识问题——对相对主义者的答复》一书中批判了西方广泛流行的"历史知识怀疑论"，用不少于 1/2 的篇幅，对历史相对主义进行了批驳。莫里斯·曼德尔鲍姆信奉并论证了"历史知识的客观性"，强调"历史是对已经发生的事件系列所作的叙述性记事"；历史学家的主要任务是历史记述（account）或叙述（narrative）。他指出，相对主义对无可争论的历史知识的看法是错误的，因为"相对主义者把他们的论证建立在对历史综合做出一种错误理解之上"。② 而"后现代史学"所持的极端历史相对主义立场，比 20 世纪上半叶的相对主义史学走得

① 乔治·皮博迪·古奇：《十九世纪历史学与历史学家》上，耿淡如译，商务印书馆 1989年版，第 92 页。
② 莫里斯·曼德尔鲍姆：《历史知识问题——对相对主义者的答复》，北京大学出版社 2012年版，第 15 页。

更远。

后现代主义全盘否定理性主义和启蒙运动，"它的兴起，使得人们对进步的信念、历史时代划分的方法、个人能知能行的观念，都产生了疑问"。① 这些在历史研究中，特别是在历史认识过程中的具体体现，是直接将理性主义的历史认识引入困境，以致彻底推翻历史认识的前提和基础。"解构主义"是后现代主义思潮的内核之一，也是"后现代史学"的理论渊源之一。"解构主义"形成于20世纪60年代中期，创始人是法国哲学家德里达。他认为符号本身能够反映真实，对单独个体的研究比对整体结构的研究更重要。"解构主义"的基本主张，是强调传统的形而上学的一切领域，一切固有的确定性、既定界线、概念、范畴等，都应推翻；追求真理不过是"西方的一大幻想"，通过历史认识求解历史的真理，自然也在"幻想"之列，历史的真相人们永远无法知道。

1969年，米歇尔·福柯发表《知识考古学》。他认为人根本没有能力推敲出所谓"真实的历史"这一使命。他说："不连续性、断裂、界限、极限、体系、转换等概念的引入给整个历史分析提出的不仅是程序问题，也是理论问题。……然而我们也只是在一个特殊的范围中考察它们，即在那些界限如此不清、内涵如此模糊以致我们把它们称为观念史，或者思想史，或者科学史，或者认识论的学科中来考察它们。"福柯强调："首先应该完成一项否定性的工作，即摆脱那些以各自的方式变换连续性主题的概念游戏。"② 福柯彻底否定历史一线进化的历史理性认识，提出用"考古学"（archaeology）和"谱系学"（genealogy）代替"历史学"（history）。这使一些人声称福柯之后，"没有人再敢说自己发现了历史的真实"，《知识考古学》"敲响了历史的丧钟"。

20世纪70年代，海登·怀特撰写《元史学》的目的，如其所言"是针对实证主义、针对某种实证主义的历史观念的"；它"所做的、或者力图做的，就是要解构所谓历史科学的神话"。③ 怀特在《元史学》中提出

---

① 乔伊斯·阿普尔比等：《历史的真相》，刘北成等译，中央编译出版社1999年版，第184页。

② 米歇尔·福柯：《知识考古学》，谢强等译，生活·读书·新知三联书店1998年版，第23页。

③ 埃娃·多曼斯卡编：《邂逅：后现代主义之后的历史哲学》，彭刚译，北京大学出版社2007年版，第15页。

了一种全新的历史哲学观点，以致一些人认为怀特所启动的叙事的历史哲学（亦称"叙事主义历史哲学"）为西方传统的历史哲学重新开辟了一个崭新的平台。怀特以 19 世纪的四位哲学家和四位历史学家为例，把他们的著作从文字风格、修辞形式等方面做了深入的比较分析。怀特认为，即使历史学家有意识地摆脱政治、宗教等主观因素的影响，他们还会受到文字风格、修辞形式等因素的影响。因为历史著作不可避免要通过语言来叙述，这一"叙述"，实际上就是主观地讲故事（story-telling），历史事件只不过是"故事的因素"；既然是故事就会有情节，于是历史学家写作时，自然而然地就会"情节化"（emplotment）。这样，既然历史和文学都是人们想象的产物，所谓历史的真实性在"编织情节"的过程中就已荡然无存了。历史学家的研究工作与文学家的创作活动，没有根本的区别。如果说有区别，这区别就在于历史学家是在"发现"故事，而文学家则是在"创造"故事。

海登·怀特认为，马克思对历史的理解是"19 世纪将历史研究转变成为一种科学的最一贯的努力"，也是"分析历史意识与历史存在的实际形态之间关系的最富成效的努力。在其著作中，历史反思的理论与实践同它们诞生的社会理论与实践紧密相连"。[①] 但是，他的"叙事的历史哲学"，却与马克思主义的历史唯物主义大相径庭。海登·怀特瓦解了确定历史客观真理的基础，即颠覆了科学的历史认识的基础。否定历史事实的客观性，在"讲故事"的基础上，如何去认识历史，揭示历史的真理性内容？

《元史学》于 1973 年问世后，海登·怀特并没有因受到西方史坛的诸多批评而改变自己的观点。21 世纪初，他为自选集《后现代历史叙述学》中文本专门撰写《"形象描写逝去时代的性质"：文学理论和历史书写》、《讲故事：历史与意识形态》等文章。自 20 世纪 70 年代末以来，格奥尔格·G. 伊格尔斯（Georg G. Iggers）曾多次对海登·怀特的观点提出异议。他认为，怀特用"诗化行为"（poetic act）缩小历史学术研究。"怀特的错误在于他认为因为所有的历史记述包含虚构因素，所以它们基本上是虚构的，可以不受真理的控制。对他而言，不仅事件的任何层面有许多不

---

① 海登·怀特：《元史学：十九世纪欧洲的历史想像》，陈新译，彭刚校，译林出版社 2004 年版，第 52 页。

同的可能解释，文献的任何部分也有许多可能的解释，而且它们有相同的真理价值。"① 海登·怀特还曾讲过，"历史作为一门学科现今处境不佳，因为，它已看不见它在文学想象中的起源。……通过再一次将史学与其文学基础更为紧密地关联起来，我们不但能防止意识形态的扭曲，也将创造一种历史'理论'，没有这种理论，历史就不能成为一门学科"。② 在这里，怀特实际上已将是否接受他的理论，当成评判历史学能否成为一门学科的唯一标准。在他看来，启蒙时代以来的传统的历史学学术研究已经死亡了，代之而起的史学的"后现代转向"，只能建立在后现代主义理论的基础上，尽管他在不同的场合坚称自己是马克思主义者，在政治上是一个社会主义者，从来不承认自己是后现代主义者。③

安克斯密特的《叙事的逻辑：历史学家语言的语义学分析》进一步扩大了"后现代史学"、"叙事的历史哲学"的影响。安克斯密特的历史哲学思想有三个核心概念，分别是："叙述实体"（narrative substance）、"历史表现"（historical representation）和"崇高历史经验"（sublime historical experience）。安克斯密特力图通过对这些概念的阐释，从一个新的视角深化叙事的历史哲学的研究："《元史学》是德里达有名的话'文本之外一无他物'的史学版：在他们两个人这里，对文本的唯一关注让人忽视了文本所指以及文本与世界的关系。……因此，我的观点是，怀特的史学理论对关注历史写作的史学家意义巨大——但它对怎样才是对过去的最好描述的问题没有给出回答。"④ 如果说怀特主要是通过"文学理论"构建史学文本的叙述结构，那么，安克斯密特则是在当代西方"语言哲学"的背景下展开自己的历史哲学的思考。他将美学研究中的某些范畴，如"表现"等纳入自己的研究领域，试图在《历史表现》等著作中对怀特的理论"有

---

① 伊格尔斯：《学术与诗歌之间的历史编纂：对海登·怀特历史编纂方法的反思》，陈恒译，载陈启能、倪为国主编《书写历史》，上海三联书店 2003 年版，第 2—18 页。在这篇长文中，伊格尔斯曾说："我完全被怀特搞糊涂了。"

② 海登·怀特：《后现代历史叙述学》，陈永国等译，中国社会科学出版社 2003 年版，第 192 页。

③ 例如，怀特在接受波兰亚当·密克维茨大学史学理论与史学史助理教授埃娃·多曼斯卡采访时，就有如上表述。参见埃娃·多曼斯卡编《邂逅：后现代主义之后的历史哲学》，彭刚译，北京大学出版社 2007 年版，第 22 页。2007 年 11 月 7 日，怀特在北京"今日历史学：个人的思考"国际学术研讨会（中国社会科学院主办）发言时，他的第一句话是："我是一名马克思主义者……"笔者当时主持了这次会议。

④ F. R. 安克斯密特：《历史表现》，周建漳译，北京大学出版社 2011 年版，第 33 页。

所补救"。然而，安克斯密特的"语言语义学"转向，同样没能清楚回答"怎样才是对过去的最好描述"等重大理论问题。

20世纪90年代以后，安克斯密特开始以"历史表现"概念，取代他原来所用的"叙事实体"、"历史叙事"和"叙事性解释"等术语，因"叙事"更多是与"讲故事"直接联系在一起的。为了避免与"讲故事"有关的一切联想，"历史表现因此就成了一个替代性的选择。从词义上来说，表现（represent）是对于一度在场或出现（present）、而如今已然缺席或不在（absent）的东西的再现（re-present），而历史学文本所要做的，正是要将已经不在的过去的某个部分重新呈现出来，当然，这种重新呈现不可能是、也不应该是兰克'如实直书'那种意义上的对于历史'本来面目'的复原，而是以对于和过去相关的事实性陈述的组织和编排，呈现出对于过去某一部分的解释。历史表现所指陈的，就是作为整体的历史文本，而不仅限于以讲故事为特征的历史文本"。① 不言而喻，这种"对叙事概念进行改造"，并没有改变叙事主义历史哲学的基本内容。"讲故事"从本质上看，还是"讲故事"，这一切与启蒙运动以来的历史认识，无论是感性的、考实性的历史认识，还是理性的、价值判断的历史认识，都风马牛不相及。

三 "钟馗打鬼"：加强马克思主义 历史认识理论研究

2006年6月27日，应中国社会科学院世界历史研究所邀请，美国芝加哥大学历史系教授艾恺（Guy Salvatore Alitto）来所作题为"后现代思潮与历史学"的演讲。② 他说，后现代思潮从产生之日起，批评它的声音就没有间断过。但是在美国学术界，对它所作的批评还远远不够。由于后现代主义者多采取一种恃才傲物、自命不凡的态度，许多批评并没有对它产生实质性影响。艾恺教授希望中国学者能够认清后现代思潮的种种弊病，免受其害，而且还要像"钟馗打鬼"一样，在批判后现代思潮这个"鬼"

---

① 彭刚：《叙事的转向：当代西方史学理论的考察》，北京大学出版社2009年版，第57页。

② 关于这次演讲，本文限于篇幅，不可能更多介绍。有兴趣的读者可以参见于沛《一种值得重视的观点——从芝加哥大学艾恺教授在北京的演讲说起》，《史学理论研究》2010年第1期。

时做出自己的贡献。

艾恺的上述观点，在西方学术界有一定代表性。20 世纪 80 年代以来，对"后现代史学"的批判成为西方史学理论的重要内容之一。如艾尔顿（Geoffrey Elton）认为，后现代主义立场与职业化的历史研究是完全相悖的，"荒谬绝伦"，"毫无意义"，是"异端"、"病毒"。他呼吁年轻的历史学家要抵御"来自德里达和福柯理论中的致癌物质"。理查德·艾文斯（Richard J. Evans）把后现代主义者看成是在历史学科大门口的"智识领域的蛮族"，认为他们正"在历史学的城下逡巡，腾腾杀气扑面而来"。① 劳伦斯·斯通（Lawrence Stone）则"疑惑历史可能正朝向一个变得会灭绝的学科的路上走"，因而，"我们应该与来自极端相对主义者——从怀特到德里达——的攻击，进行战斗；（历史学）这项专业知识是在 19 世纪晚期，从研究证据的过程中好不容易才发展起来的，我们应该为保持这一专门知识而战"。② 鉴于"后现代史学"日益嚣张，他呼吁史家要"并肩作战"。

国内学术界一般认为，后现代思潮对历史学的挑战主要表现在两方面：一是对传统历史认识论和历史编纂学的挑战；二是在后现代史学思潮影响下历史研究兴趣的转移。③ 对当代中国历史科学而言，这两方面的挑战实际上可以归结为一个方面，即对以唯物史观为理论基础的历史认识理论的挑战，因历史认识理论是马克思主义历史观的重要组成部分，所以也是对马克思主义历史观的挑战。至于历史研究兴趣的转移，主要表现为历史研究中的"宏大叙事"（meta-narrative，或 master-narrative）不见了，这仅是外在的表现。"通常情况下，'历史'以一种'宏大叙事'的方式履行其文化导向功能。它通过描述读者所处世界的诞生与发展，使这个世界在其规范的结构中得以合法化，并同时使它拥有了一笔宝贵的经验财富，借助于这笔财富，就可以解决导向问题，以达到社会的一致性。"④ 不言而喻，宏大叙事的消失，与其说是"历史研究兴趣的转移"，不如说是以实证主义和理性分析为核心的现代主义史学正在被瓦解。

---

① 艾文斯：《捍卫历史》，张仲民等译，广西师范大学出版社 2009 年版，第 9 页。
② 于沛主编：《20 世纪的西方史学》，武汉大学出版社 2009 年版，第 232 页。
③ 仲伟民：《后现代史学：姗姗来迟的不速之客》，《光明日报》2005 年 1 月 27 日。
④ 约恩·吕森：《历史思考的新途径》，綦甲福等译，上海世纪出版集团 2005 年版，第 15 页。

"后现代史学"放弃了现代史学强调的"史料优先"传统，不再从原始史料出发，而是刻意凸显话语之间的交流、转换，重点是文本与文本之间的互动，而不是在实证与批判的基础上重建历史的生动图景。在历史叙述之外，不存在任何客观历史。这与马克思所说的"现代历史著述方面的一切真正进步，都是当历史学家从政治形式的外表深入到社会生活的深处时才取得的"，① 截然对立。福柯通过对疯癫、惩罚、性等微观主题的研究，致力于解构启蒙运动以来居历史研究主流的宏大叙事，在"恢复历史的多元面貌"的旗号下，彻底否定以理性为核心的历史进步观、线性发展观和历史连续性。这样，在后现代史学家看来，历史不过是"那些稍纵即逝"没有内在联系的"事件"的堆积。传统历史学研究中的"宏大叙事"，被日常生活、底层人物、突发事件等微观和细节的历史所代替。"宏大叙事"被"碎化"了，历史学的学术功能和社会功能、历史学的科学性及其作为独立学科存在的合理性，自然也都不存在了。

19 世纪中叶，马克思主义的历史观形成时，首先要回答的是社会历史发展是否有规律、社会历史发展的动力等历史本体论问题，而对于历史认识理论的研究则在其次。19 世纪中叶以来，人类社会已经发生翻天覆地的变化。马克思主义学说在实践中与时俱进，马克思主义的历史观自然也随着时代的发展而发展。在深化研究后现代思潮，回应"后现代史学"的挑战中，系统研究历史认识理论的客观要求进一步凸显。"后现代史学"的直接理论成果之一，是叙事的历史哲学的形成，它的价值不在于回答了什么，而在于提出了什么。对于它所提出的问题，如何从马克思主义的历史认识论出发做出科学回答，是摆在广大史学工作者面前的现实任务。

2008 年，笔者曾指出："历史认识论是当代历史唯物主义新的生长点之一。""历史认识理论强调历史认识主体的主体意识和主体性，并非是在否定唯物史观的基本原理，并非是在宣扬主观唯心主义，恰恰相反，这是在坚持唯物史观基本原理的基础上，和庸俗唯物论、机械决定论和历史宿命论划清界限。"② 马克思主义的历史认识论，是回应"后现代史学"严峻挑战的理论武器。

马克思和恩格斯在《德意志意识形态》中曾深刻指出，"迄今为止的

① 《马克思恩格斯全集》第 12 卷，人民出版社 1962 年版，第 450 页。
② 于沛：《历史认识概论》，中国社会科学出版社 2008 年版，第 18、19 页。

一切历史观不是完全忽视了历史的这一现实基础，就是把它仅仅看成与历史进程没有任何联系的附带因素。因此，历史总是遵照在它之外的某种尺度来编写的；现实的生活生产被看成是某种非历史的东西，而历史的东西则被看成是某种脱离日常生活的东西，某种处于世界之外和超乎世界之上的东西"。① 在这部著作中，马克思主义创始人系统阐述了唯物史观基本原理，对 19 世纪上半期以思辨哲学方式出现的使实在神秘化的哲学形态的批判，对于今天认识"后现代史学"仍具有现实指导意义。

马克思主义的历史认识论与历史本体论是一个有机整体，这是马克思主义历史哲学与后现代的叙述的历史哲学的原则区别。马克思主义"把经济的社会形态的发展理解为一种自然史的过程"，② 人类历史发展是服从于一定规律的自然历史过程，历史的发展是绝对的，不取决于人的意志和愿望，这是历史认识的科学前提。科学的历史认识，是认识主体对人类历史过程的正确的反映，其中就必然包含历史的绝对性的内容，虽然这种"绝对性"依然是相对性的认识。社会的进步、科学的发展，包括历史学理论方法论的不断发展，将帮助历史认识主体对人类历史过程有更深刻、更准确的认识，从而使历史认识的相对性和绝对性在新的水平上更加完美、辩证地统一在一起。马克思主义创始人曾预言："无论哪一个社会形态，在它所能容纳的全部生产力发挥出来以前，是决不会灭亡的；而新的更高的生产关系，在它的物质存在条件在旧社会的胎胞里成熟以前，是决不会出现的。"③ "较低的经济发展阶段解决只有高得多的发展阶段才产生了的和才能产生的问题和冲突，这在历史上是不可能的。……每一种特定的经济形态都应当解决它自己的、从它本身产生的问题；如果要去解决另一种完全不同的经济形态的问题，那是十分荒谬的。"④ 整个世界历史进程都充分证明，他们对历史的科学认识无懈可击，他们的结论一次次为确凿的历史事实所证实。

埃里克·霍布斯鲍姆指出："实证主义可以说是 18 世纪启蒙运动的一个迟产儿，在 19 世纪就无法赢得我们足够的尊敬。……实证主义的缺陷在于，它对代表人类社会特征以区别于那些直接从非社会因素的影响中产

---

① 《马克思恩格斯文集》第 1 卷，人民出版社 2009 年版，第 545 页。
② 《马克思恩格斯文集》第 5 卷，人民出版社 2009 年版，第 10 页。
③ 《马克思恩格斯文集》第 2 卷，人民出版社 2009 年版，第 592 页。
④ 《马克思恩格斯文集》第 4 卷，人民出版社 2009 年版，第 458—459 页。

生、或是区别于以自然科学的模式的现象乏善可陈。它对人类历史特征的看法，如果不是形而上学的，就是属于思辨性的。""历史变革的主要动力因此来自以历史为主的社会科学（如德国经济学派的'历史学派'），但主要来自马克思，他的影响家喻户晓。"① 然而，在历史认识问题上，"后现代史学"否定历史的客观实在性和历史矛盾运动的客观规律性，随心所欲地解读历史，这无论对实证主义史学还是对马克思主义史学而言，都是一种倒退。

"后现代状况之下，历史学的根本目的显然不是为了过去而研究过去。历史研究作为一种参与社会实践的独特方式有其现实的意义。""作者死了"、"文本之外无他物"这类后现代口号，"为公众的历史解释提供了理论的依据"。② 这些事实所蕴含的史学的社会功能以及史学对现实的关注和干预等，虽然早已有之，但在新的历史条件下又被赋予了新的社会内容。马克思主义问世以来，始终是推进世界历史进程的强大理论武器，对马克思主义学说不能"神化"，也不能"矮化"和"钝化"。当前加强马克思主义历史认识理论的学习和研究是十分必要的。若说这是因"后现代史学"的挑战所激发也是事实。毋庸置疑，不同学术观点的交锋、学术竞争是发展科学的正确道路。1853 年 9 月 3 日，马克思写给恩格斯的信中写道："正是'愚蠢的朋友'，才对每个小学生都知道的东西，即真理通过论战而确立，历史事实从矛盾的陈述中清理出来，表示大惊小怪。"③ 今天重温马克思的这封信，我们对当代中国历史科学的光明未来更加充满信心。

（原载于《历史研究》2013 年第 5 期）

---

① 埃里克·霍布斯鲍姆：《史学家：历史神话的终结者》，上海人民出版社 2002 年版，第 164—165 页。

② 陈新：《历史认识——从现代到后现代》，北京大学出版社 2010 年版，第 238 页。

③ 《马克思恩格斯全集》第 28 卷，人民出版社 1973 年版，第 286 页。

东西方文明比较中的两种不同视角

李友东

19 世纪以降，西方列强确立了世界范围内的霸权，西方与东方（近东及亚洲各大文明）力量的对比发生了根本性的变化，导致此后在东西方文明的比较中，出现了一种将东西方文明视为截然对立而加以比较的视角。这种视角主要从政治制度和文化价值观念着眼，认定"东方"的特色是崇尚专制、人治、群体一致和平安稳定；而"西方"则崇尚民主、法制、个体自由和竞争取胜。这种视角可称为东西方文明二元对立论的比较视角。

从表面上看，二元对立论是要回答"西方如何崛起"（the Rise of the West），或"欧洲奇迹"（European Miracle）如何出现的问题，但实质上是将西欧历史发展道路上升为人类社会历史发展中最具优势因而具有普世价值的道路。这种"普世价值论"的逻辑思路可以概括如下。首先，欧洲人具有比世界其他地区（亚洲、非洲）更好的自然环境，更具有理性、自由的文化基因；其他文明不是。其次，欧洲人理性、自由的基因导致了希腊的民主、罗马的法制与共和制度、中世纪的基督教信仰、自治城市和市民社会、文艺复兴时期的人文主义等历史阶段的出现，并由此具有冒险精神，"发现"了新大陆，并积累了财富、技术，从而在与其他文明的竞争中遥遥领先。最后，只有欧洲能够产生资本主义的"现代化"道路，其他地区不能。其他地区需要学习西方，才能走向"现代化"，"西方"道路由此是不发达社会的普遍发展道路。

马克思的比较视角则是与此截然不同的另一种比较视角，他以生产生活方式的深层特质为比较的着眼点，认为，东西方文明都是社会基本规律，亦即生产力决定生产关系、经济基础决定上层建筑的具体展现，在此点上东西方文明存在共同性；但在各不相同的时空条件制约下，二者在表现形态上又存在差异。由此可以解释东西方社会在政治制度和文化价值观念方面既有共同性，又有差异性的原因。马克思最终是从表现形态的差异性中洞悉了社会发展规律的共同性。

本文试图对这两种不同的比较视角的历史判断差异和差异的根源及其是非、得失加以梳理和评说，以求教于同仁。

一　两种东西方比较判断的差异

马克思从东西方社会的基本矛盾，亦即生产力与生产关系、经济基础与上层建筑本质上的共同性和具体时空条件差异引起的特殊性出发，对东西方文明进行比较考察，致力于从各不相同的发展形态探寻指引全人类走向自由解放的共同规律和方向。倾向于东西方文明二元对立论者则撇开生产生活方式的考察，径直考察政治制度和文化、价值观的差异，从而作出优劣评价，致力于探寻指引人类走向所谓"自由、幸福的普世价值"。二者在考察的出发点和目标上的差异，导致了对东西方历史文化特性和走向判断的一系列差异。

（一）怎样看待上古中古时期东西方历史特点的异同

马克思认为东西方社会的历史起点都是一样的。最早出现的都是"亚细亚公社所有制"的所有制形式，它是土地完全公有的、最原始的公社。只有当这种完全的原始公有制类型蜕变、解体时，东西方文明的历史特点之间才产生了重大差别。

这种差别在于，古希腊、罗马和中世纪西欧先后实行的是"古典古代的公社所有制"和"日耳曼的公社所有制"，在它们解体的基础上，先后实行了奴隶制和农奴制，以及以农奴制为基础的"拉丁—日耳曼封建制"，正是在这些不断变化的经济基础上，才先后在古希腊、古罗马和中世纪西欧出现了贵族寡头制、僭主制、直接民主制、共和制、军事独裁元首制和中世纪的等级君主制以及中世纪晚期的绝对君主制等一系列政治制度，西方社会的经济基础和上层建筑多次发生结构性历史变迁。而"东方"（泛指非西方）则长期保持"亚细亚生产方式"，其根基是协作性的小农生产，协作性的农业和手工业结合的农村公社则长期保持下来，在它的上面又产生出作为无数村社"小共同体之父"的"专制君主"政权，承担全国性或区域性的公共工程和赈灾、安全、教化等公共职能。生产生活方式上具有互助协作传统的小农村公社具有顽强的生命力。它们的长期存在使东方国家在漫长的相当于西方中世纪的时期，并不存在古希腊、古罗马和中世纪西欧那样的奴隶制和农奴制。因此，马克思认为，奴隶制和农奴制并"不适用于例如东方的普遍奴隶制。这仅仅是从欧洲的观点来看的"。①

小农村公社和履行公共职能的"东方专制主义"政权相结合而产生的社会结构，具有极其稳定的结构特性，每次遭遇王朝覆灭后都能复活再生。需要注意的是，马克思使用"东方专制制度"这个概念的含义与二元对立论者全然不同。马克思不是像二元对立论者那样从地理环境和"东方"或"非西方"人民的所谓天生的"奴性"出发来论证"东方专制主义"的必然性，而是从上层建筑适应经济基础需要的角度，从自给自足的小农村公社需要一个中央政府承担全国性或区域性的公共工程和赈灾、安全、教化等公共职能的角度，论证东方专制集权政府的必要性。实际上，正是在承担全国性或区域性的公共工程和赈灾、安全、教化等公共职能上，使"东方专制制度"具有了不同于古罗马的军事独裁皇帝专制制度和西欧中世纪晚期的封建君主专制制度的特殊性。在1853年6月和7月，在先后发表的《不列颠在印度的统治》和《不列颠在印度的统治的未来结果》两文中，马克思在阐述东方社会历史特点时，采纳了恩格斯在同年6月致他的信中表述的以下观点："在亚洲，从很古的时候起一般说来只有三个政府部门：财政部门，或对内进行掠夺的部门；军事部门，或对外进行掠夺的部门；最后是公共工程部门。气候和土地条件，特别是从撒哈拉经过阿拉伯、波斯、印度和鞑靼区直至最高的亚洲高原的一片广大的沙漠地带，使利用渠道和水利工程的人工灌溉设施成了东方农业的基础。无论在埃及和印度或是在美索不达米亚和波斯以及其他国家，都是利用河水的泛滥来肥田，利用河流的涨水来充注灌溉渠……因此亚洲的一切政府都不能不执行一种经济职能，即举办公共工程的职能。"马克思还说道："在印度有这样两种情况：一方面，印度人也像所有东方人一样，把他们的农业和商业所凭借的主要条件即大规模公共工程交给中央政府去管，另一方面，他们又散处于全国各地，因农业和制造业的家庭结合而聚居在各个很小的中心地点。由于这两种情况，从远古时候起，在印度便产生了一种特殊的社会制度，即所谓村社制度"；"这些田园风味的农村公社不管看起来

---

① 《马克思恩格斯全集》第46卷上，人民出版社1979年版，第496页。

怎样祥和无害，却始终是东方专制制度的牢固基础。"①

东西方虽然呈现了不同的历史特点，但它们都属于马克思在《政治经济学批判（1857—1858 年草稿）》中所提出的"三大社会形式"或"三大阶段"中的，总称为"以人的依赖关系"为特征的"最初的社会形式"或第一大阶段②，是生产力决定生产关系、经济基础决定上层建筑的共同规律在不同的历史时空条件下的不同表现，从而避免了"欧洲中心论"，避免了东西方文明二元对立观。

从历史上东西方交流的客观情况来看，东西方文明二元对立观不是从来就有的，它有一个发展的过程。希腊文明从青铜时代到古风时代，一直认为自己是属于"东部"地中海世界的。直到希波战争后，希腊人才有意识地宣称自己与"东方"的波斯人在文化上和种族上的不同，第一次在西方文明史上划分了东西方的界限。但上古时期的西方文明总体上不存在"东方"与"西方"孰优孰劣的明确价值判断，即便有，两者也是互有轩轾，难分高下。例如，希罗多德强调自己的写作目的是使希腊人和异邦人的那些丰功伟绩不致失去他们的光彩，③ 而在塔西陀的笔下，"东方"的日耳曼"蛮族"则为罗马人树立了良好榜样。这时西方人对东西文明的两分，更多的是"我"与"他"的区别，还没有明显的高下优劣的价值判断。中世纪时，在"西方"基督徒看来，"东方"的阿拉伯世界在基督教世界的边缘，"是异教罪犯的天然避难所"，伊斯兰教与二流的基督教异端邪说相差无几。④ 但东方的"撒拉逊人"（阿拉伯人）一旦改信基督教，就会变得温顺平和，这表明，在当时的西方基督徒看来，仍存在"东方"向"西方"转化的可能性，"东方"与"西方"之间不过是宗教差异。15世纪新航路开辟后，"东方"开始从一种方位感变成了一种与西方"不同"的总集合的代名词。⑤ 殖民者在殖民世界自诩为启蒙者，对殖民地的

---

① 《马克思恩格斯文集》第 2 卷，人民出版社 2009 年版，第 679、682 页。
② 庞卓恒：《马克思关于社会形态演进理论的四次论说及其历史哲学含义》，《中国社会科学》2011 年第 1 期。
③ 希罗多德：《历史》，王以铸译，商务印书馆 1959 年版，第 1 页。
④ 爱德华·赛义德：《想象的地理及其表述形式：东方化东方》，载张京媛主编《后殖民理论与文化批评》，北京大学出版社 1999 年版，第 37 页。
⑤ Mimi Sheller, *Consuming the Caribbean: From Arwaks to Zombies*, Routledge, pp. 109 – 110.

侵略又由此被美化为启发、解放野蛮人的行为。① 而且随着以西方为主的世界贸易体系的建立，东西方文明的力量对比开始发生了有利于西方的变化。17 世纪至 18 世纪中期，欧洲人对亚洲"东方"的兴趣从东欧转移到中国。随着耶稣会士来华反馈的大量信息，"东方"的"中国"形象在启蒙运动中显得色彩斑斓，伏尔泰、孟德斯鸠、卢梭、霍尔巴赫、狄德罗、莱布尼茨都从各自理论观点对中国进行了角度不同的论述②，总体上以褒扬居多。但自 18 世纪中后期以后，随着西方资产阶级革命和工业革命的成功，欧洲人的自信心增强，对传统中国从制度到文化的负面评价也日渐增多。例如，亚当·斯密在《国富论》中论证了中国的停滞不前，而非此前的繁荣富裕；又如，孔多塞将中国描述成一个为专制、迷信所束缚而不能在科学、艺术与精神的进步上有所成就的国家。之所以发生如此大的变化，归根结底是在 1800 年前后，东西方力量出现了显著的对比变化，增强了西方部分学者"欧洲中心论"的看法，批判"东方"的色彩越来越浓，东西二元对立的观点逐渐形成。"东方"与"西方"之间，从空间关系，转变为"过去"与"现在"、"专制"与"民主"、"传统"与"现代"等一系列的二元对立关系。

总体来看，东西方文明虽然在生产生活方式、发展道路和价值取向等方面各有自己的特色，而且互有短长，但在西方殖民扩张和侵略之前，在西方学者进行的东西方文明的比较中，尚不存在两种文明在文化价值观上的互相对立和敌视，反而留下许多互相取长补短友好交流的历史篇章。只是在东西方力量对比发生根本性变化、西方发动殖民侵略和扩张之后，才出现了二元对立的东西方历史比较观。19 世纪以降的二元对立论者撇开对生产生活方式的考察，从自然环境、政治制度和文化、价值观的差异出发，开始重塑东西方文明的历史。

二元对立论者认为，在上古中古时期，西方崇尚"民主、法制、个体自由和竞争取胜"和东方崇尚"专制、人治、群体一致和平安稳定"等文明的"基因"、"特性"或"国民性"就已经累积成型；并以此作为文明的固有特征，既引申出欧洲具备"理性"资本主义或"现代性"兴起所需

---

① 叶维廉：《殖民主义·文化工业与消费欲望》，载张京媛主编《后殖民理论与文化批评》，北京大学出版社 1999 年版，第 369 页。

② 庞卓恒：《17—18 世纪中国与西方的文化交流》，《历史教学》1998 年第 3 期、第 4 期。

要的一切必要条件，如技术、理性、商人、宗教等，进而得出"奇迹"发生于"欧洲"有其必然性；同时又以相同的逻辑思路，论证世界其他地区无法具有这些必要条件，从而无法由自身产生"现代性"。

在政治制度和文化、价值观的差异方面，二元对立论者特别强调"民主"与"专制"、"分权"与"集权"、"理性"与"非理性"对欧洲与非欧洲文明历史结果的影响。

就"民主"与"专制"而言，二元对立论者认为，"民主"、"自由"一直是西方文明自古希腊古罗马以来固有的基因，东方则与此相反。例如，依迪丝·汉密尔顿自20世纪30年代以来就鼓吹代表"自由"的希腊，战胜了代表"专制"的东方（波斯），认为"自由"是希腊人最为珍视的品性，并将给"西方世界留下永久印迹"。①

就"分权"与"集权"而言，二元对立论者认为，中世纪的政治分裂促进了西方"欧洲奇迹"的出现。与东方相比，西方缺少文化、政治、宗教上的中央权威。西欧有着无数的王国、公爵领地、男爵领地、主教领地，独立的市镇、大学、行会，这形成了一种复杂的平衡。这在宗教改革中特别明显，斯卡利杰（Joseph Justus Scaliger）从天主教法国逃到新教的日内瓦、荷兰的莱顿，得保性命和宗教信仰。西方的不统一保护了大量的持异见者。这种情况在西欧历史上屡见不鲜。② R. J. 豪顿也认为，现代资本主义之所以发生在权力相对分散的西方，而非统一、庞大、僵化独裁的东方，是因为权力分散的西方内部存在差异。③

就"理性"与"非理性"而言，二元对立论者认为，"经济理性"、"宗教理性"和"技术理性"促进了"西方"资本主义的发展。例如韦伯认为，欧洲拥有"经济的理性主义和理性的生活方法论"，"主要关键在于社会结构的大陆性格，而此种性格乃是由地理结构所造成的"。④ 韦伯还强调了宗教在东西方文明中所起到的不同作用。"在西方，古代和中世纪的城市，中世纪的罗马教廷和正在形成的国家，都是财政理性化、

① 依迪丝·汉密尔顿：《希腊的回声》，曹博译，华夏出版社2008年版，第3—8页。
② Alfred W. Crosby, *The Measure of Reality: Quantifcation in Western Europe, 1250—1600*, Cambridge University Press, 1997, p.54.
③ R. J. Holton, *Cities, Capitalism and Civilization*, Roudedge, 2013, p.134.
④ 马克斯·韦伯：《印度的宗教——印度教与佛教》，康乐、简慧美译，广西师范大学出版社2005年版，第474页。

货币经济以及政治性很强的资本主义的体现。但是，我们看到，中国的寺院却令人望而生畏，被视为破坏金属本位制的洪水猛兽。像佛罗伦萨那样的创造了标准金属货币并为国家的铸币政策指出道路的城市，在中国是没有的。"① 由此，韦伯的逻辑可以概括为地理环境加宗教信仰决定下的西方理性决定论，其核心仍是"欧洲中心论"。而支持"技术理性"的学者则认为，到 15 世纪以前，西方不仅拥有懂得机械、齿轮和杠杆的人，而且习惯于使用机器。这种中世纪晚期的变化虽然没有引起社会变革，也许并不引人注目，但其意义并不亚于之后的工业革命。因此，对比同时期志得意满、保守不前的穆斯林、印度和中国文明，西方更善于从这种科技力中获利。②

尽管也有学者非常正确地利用史实批驳二元对立论者的观点，例如李约瑟（Joseph Needham）认为，在整个中世纪，非欧洲文明实际上要比欧洲拥有更多的财富和更强的军事能力。换句话说，在 13、14 世纪，无论是在技术、军事上，还是在社会经济事务上，历史事实本来是欧洲远远落后于亚洲文明。③ 但因为这些学者都回答不了为何在 13 世纪到 16 世纪本来落后的欧洲能够崛起的问题，又只好重新回到多元决定论上去，实际上仍然没有摆脱二元对立论的窠臼。因此，回答"西方如何崛起"或"欧洲奇迹"的问题成为解决东西二元对立的关键所在。

（二）怎样看待近现代东西方历史变迁和走向

马克思认为，西欧中世纪晚期，西欧农奴制具有部分农奴积累财富而成为"半资产者"的罅隙，使他们能够带着积累的财富、通过逃亡或赎买的方式，脱离封建庄园，成为第一批城市市民和初期资产阶级分子，进而促进了西欧资本主义的产生。西方社会由此率先进入了"以物的依赖关系为基础的人的独立性"为总体特征的社会进化的"第二大阶段"或"第二大形态"。马克思认为，如果没有西欧那种农奴制，就不可能

---

① 马克斯·韦伯：《世界宗教的经济伦理：儒教与道教》，王容芬译，广西师范大学出版社 2008 年版，第 53 页。

② Alfred W. Crosby, *The Measure of Reality*：*Quantifcation in Western Europe*, *1250—1600*, Cambridge University Press, 1997, p. 53.

③ Eric Mielants, *The Origins of Capitalism and the "Rise of the West"*, Temple University Press, 2008, p. 155.

产生西欧那种原生型的资本主义，因此他强调他在《资本论》中所说的资本主义产生的"历史必然性""只限于西欧各国"。这种资本主义随着内在矛盾的深化，势将被社会主义—共产主义取代，而进入第三大形态或第三大阶段——作为自由人联合体的共产主义社会。另外，在没有西欧那种农奴制的社会，例如长期保持"亚细亚生产方式"的"东方"，则不大可能产生西欧那种资本主义，而是在西欧资本主义向全球扩张过程中，沦为西方资本主义的殖民地或半殖民地，从而使"东方从属于西方，农村从属于城市"。非西方国家在沦入西方资本主义附属地位后可能有两种出路，其一是像《不列颠在印度统治的未来结果》中论说的那样，发展资本主义经济，产生出自己的工人阶级，然后同西方工人阶级一起推翻资本主义，向第三大形态或第三大阶段过渡；其二是像《给维·伊·查苏利奇的复信和草稿》中论说的那样，越过"资本主义的卡夫丁峡谷"，"吸取资本主义的一切积极成果"，逐步创造条件，向第三大形态或第三大阶段过渡。

而持二元对立论的论者则认为，近现代的历史变迁表明，面对西方文明的进逼，东方文明无力抵挡，唯一出路是走西化的道路，或加入本土文化特色的资本主义现代化道路。

19世纪，以黑格尔为代表的西方历史哲学家秉持的是一种带着神秘色调的进化论的东西方比较观，认为人类历史从"不自由"到"自由"，是一个从东方向西方运动的过程。每个文明在人类历史上都有其特定的时间，这个时间一旦逝去，此文明就注定要走向衰落。通过这种历史哲学，非欧洲文明被置于"过去"，而欧洲文明则属于"当下"。西方文明通过将非西方文明置于西方自身历史的"过去"，达到了"消化"非西方文明历史的目的，尽管这二者的历史之间并没有什么必然的联系。这导致两个后果：一方面，通过这种"消化"，西方拥有了按照自己意愿对待非西方文明历史的权力；另一方面，通过这种"消化"，非西方文明在与西方接触以前的自身历史凭空"消失"了，或者说是被置于近代西方主导的世界历史或西方"现代化"的对立面。只有到与西方文明接触之后，非西方世界才开始重新有了"自己的"历史，才有可能进入工业化时代。用柯文（Paul Cohen）的话来形容，在20世纪70年代以前，美国的中国研究者眼里的中国形象，是一个"停滞的、缓慢的、不变的中国，等待着从一个不幸的、无历史的状态下，被一个具有活力、永远变化、充满历史的西方所拯救"①。

进入 20 世纪之后，特别是随着两次世界大战的结束，出于冷战和对抗"共产主义"在亚非拉发展中国家的发展的需要，西方学术界又试图根据西欧历史发展各阶段特征，来总结"欧洲奇迹"或"西方崛起"的因果规律，并将之定义为发展中国家必须遵循的"现代化"的普世道路，其本质上仍然是二元对立论。按照布莱克的标准，现代性指的是"那些在技术、政治、经济和社会发展诸方面处于最先进水平的国家所共有的特征"，而"现代化"则是指社会获得上述特征的过程。② 尽管这种"现代化"模式是从西方的历史中概括出来的，却可以推广至全球。现代化理论所隐含的二元对立的思考模式是非西方地区的"传统"与西方的"现代"之间的对立：非西方地区之所以历史发展上落后于西方，是因其自身历史文化传统，这些文化传统与根据西方历史概括出的"共有的特征"，亦即"现代性"之间存在尖锐的矛盾，是"现代化"经济和政治发展的强有力阻碍。

二　两种比较视角的是非得失

两种比较视角差异的根源在于唯物史观和唯心史观的差异，因此需要从唯物史观和唯心史观在理论和实践上的根本区别来评判它们的是非得失。

唯心史观主导下的东西方文明二元对立论者看重的是政治制度和文化价值观念在历史发展过程中的巨大制约作用，应当承认他们看到了一部分历史真相。但他们把政治制度和文化价值观念在历史发展过程中的巨大制约作用夸张为决定性作用，从而看不到由生产力和生产关系构成的经济基础对政治制度和文化价值观念的形成和发展、演变所起的决定性作用，更看不到历史发展的客观规律，不能全面看清东西方文明各自具体形态的特性和根本性质和发展演变规律的共性，不可能看清它们前进的方向。

马克思主义唯物史观的比较视角在理论上能够避免二元对立论的所有

---

① 王晴佳：《中国文明有历史吗——中国史研究在西方的缘起、变化及新潮》，《清华大学学报》（哲学社会科学版）2006 年第 1 期。

② 布莱克：《现代化的动力——一个比较史的研究》，景跃进、张静译，浙江人民出版社 1989 年版，第 6 页。

这些缺陷，但在过去很长一个时期，把唯物史观的劳动生产能力决定论误解为经济决定论或"五种生产资料所有制依次更迭规律"决定论或阶级斗争决定论，因而在指导学术研究和现实社会实践活动中都发生了一些偏差。这是必须吸取的教训，必须纠正的偏颇。

近年来，在国际学术界存在这样一种趋势，即尽力论证马克思主义与非马克思主义并没有本质区别。在东西方文明的比较史学中，也可以看到这样一种趋势。其做法是：首先论证马克思主义也是主张自然环境决定论或是技术理性决定论的，其次论证马克思与西方其他学者并无不同，也是"欧洲中心论"的。例如，国外有学者认为马克思同样也是自然环境或地理环境决定论者，依据的是马克思"气候和土地条件，特别是从撒哈拉经过阿拉伯、波斯、印度和鞑靼区直至最高的亚洲高原的一片广大的沙漠地带，使利用渠道和水利工程的人工灌溉设施成了东方农业的基础"的论说。[1] 认为马克思是在主张这样的地理环境将导致一个专制主义集权政府来分配水源，而这并不是真正的阶级社会，所以也就不可能产生阶级斗争，也就产生不了马克思所说的社会进步的动力，也就无法在"非西方"出现从奴隶制到封建制，再到资本主义的社会形态的演进，[2] 从而得出马克思也是"欧洲中心论"者的结论。又例如，在国外被非马克思主义学者较多接受的罗伯特·布伦纳的理论，在解释欧洲如何出现资本主义、如何崛起的原因时，其核心仍然是"技术理性"理论。布伦纳认为，中世纪晚期，人口下降导致的农奴与地主之间的阶级斗争是欧洲崛起的主要源泉，在西北欧，农民赢得了阶级斗争的胜利，变成了小土地所有者，却由此满足而不愿意革新。英国的特殊之处在于，在农奴与地主之间的阶级斗争中，农奴并没有获得土地的所有权，由此导致佃农（yeoman-tenant-farm-ers）发生了分化，一部分是无地劳动者，另一部分则是富有佃农，后者因为支付租金的需要不得不商业化，改良技术，因此变成了资本家。所以，英国的佃农是资本主义的奠基人。尽管布伦纳号称当代美国的"经济马克思主义者"，但其理论在本质上仍然在宣传技术理性在社会发展中的作用，

---

① 马克思：《不列颠在印度的统治》，载《马克思恩格斯文集》第 2 卷，人民出版社 2009 年版，第 679 页。

② James Morris Blaut, *1492: The Debate on Colonialism, Eurocentrism, and History*, Africa World Press, 1992, p. 11.

实际上与韦伯而不是马克思的距离更近。①

实际上，在回答西欧资本主义发展道路是否是一切民族都必然经历的普遍道路的问题上，马克思认为，没有西欧那样的历史环境，也就不可能产生西欧以农奴制为基础的封建制和资本主义制度。绝不能因此就认为马克思是"西欧中心论"者。这突出表现在，他把西欧产生出原生型的资本主义视为一次"卡夫丁峡谷"的遭遇。"卡夫丁峡谷"为西方一个历史典故，源自公元前321年古罗马军队在意大利北部山区卡夫丁城附近的峡谷被"野蛮的"萨摩奈人打败，被迫低着头从萨摩奈人用长矛架起的形似城门的"牛轭"下通过，西方人由此以"卡夫丁峡谷"喻指文明遭遇野蛮的羞辱。由此可见，马克思虽然肯定资本主义在促进生产力发展方面表现突出，但它给人类文明的发展带来的苦难也空前惨烈，并不是人类建立现代社会的最佳道路，非西方国家可能而且应该寻求"跨越资本主义卡夫丁峡谷"而又吸取资本主义"一切积极成果"的、非资本主义的现代化道路。

在19世纪50年代系统研究了"东方"国家的历史和现状后，马克思坚信西欧和"东方"社会的发展道路和模式是各不相同的。非西方国家按照其自身历史的发展逻辑，是不大可能走与西欧相同的历史发展道路的。例如，马克思认为，印度的农村公社如果没有被英国殖民统治摧毁，也可能成为发展印度的积极力量。因为"地广人多的公社，特别有能力减轻旱灾、瘟疫和地方所遭受的其他临时灾害造成的后果，往往还能完全消除这些后果。他们由血缘关系、比邻而居和由此产生的利害一致结合在一起，能够抵御各种变故，他们受害只不过是暂时的；危险一过，他们照旧勤勉地工作，遇有事故，每一个人都可以指望全体"②。马克思认为，"非西方民族"完全有可能沿着不同于西方资本主义的道路发展下去，从而跨越资本主义的"卡夫丁峡谷"，而东方世界的"传统"也并非是"现代性"的对立面。但马克思同时认为，非西方国家虽然可能走跨越资本主义"卡夫丁峡谷"的现代化道路，还是需要借鉴和吸收"资本主义制度所创造的一切积极成果"，同时要力求避免"资本主义制度带来的一切灾难性的波折"。

---

① James Morris Blaut, *Eight Eurocentric Historians*, Guilford Press, 2000, p. 65.

② 中共中央马克思恩格斯列宁斯大林著作编译局编译：《马克思古代社会史笔记》，人民出版社1996年版，第92页。

　　总体来看，"西方"、"东方"的历史发展道路并不存在"东西二元对立史观"所说的极性对立问题，二者既体现了马克思所说的人类社会发展规律的普遍性，同时也体现了在具体的社会历史发展条件下东西方各族文明发展道路的多样性。

（原载于《史学理论研究》2014 年第 1 期）

中世纪英格兰巡回法庭的运作机制探析

李云飞

从 12 世纪末期开始，英格兰国王就常常组织巡回法庭，派遣法官到各郡调查裁断。其作用远不限于司法方面，它不仅可以审理各种刑事、民事案件，而且可以管理王室资产、督察地方官吏、规制地方领主特权。正如贝克尔所说，"与其说它是巡回法庭，不如说它是巡回政府"。① 它既是巡游、视察到地方的王室法庭，又是强化、扩大的地方（郡）法庭；既是王权与地方冲突、合作的舞台，也是普通法与地方惯例交锋、融会的渠道。到 1292 年，英格兰共举行过 16 次涵盖大部分郡区的总巡回。在这一个多世纪中，巡回法庭在展现王权、传播普通法规则、规制地方社会等方面发挥了极其重要的作用。它与陪审制度和令状制度并称普通法兴起的三大支柱。目前，学界对陪审制和令状的研究较多，对巡回法庭的考察则相对薄弱，而且仅有的研究也只是强调它在伸张王权和规制地方社会中的作用，至于它如何具体运作，国内学界尚未深入考察，因而也就无法解释其力量之源。本文就尝试利用国外出版的巡回法庭卷宗，结合晚近学者的论著，考察法官们如何在各郡组织法庭、如何获得有关地方社会的信息、如何实现对地方力量的约束，以便从中分析总结巡回法庭取得成功的原因。

一 组织过程

总巡回由国王（或作为其代理人的政法官）组织。他将王国划分为若干巡回区，派遣王室法庭的专职法官、忠于国王的地方领主（特别是教会领主），以及地方的郡守，甚至骑士担任巡回法官。每组法官对其所负责

---

① J. H. Baker, *An Introduction to English Legal History*, London: Butterworths, 1979, p. 15.

的巡回区内各郡逐个巡查。巡回法庭举行前，国王通过掌玺大臣签发四份诏令。其一是给巡回法官集体的公开委任状（breve patens），法官在法庭首日须将其公开宣读。其二是给每位法官的密封委任书（breve clausum），旨在显示国王对每位法官的信任之深和托付之重。其三是给郡守的密封令状，令其召集地方领主及各村镇代表准备好出席法庭。最后是签发给郡守的另一密封信，内容是要求其召集各种相关诉案的当事人、证人等出庭。① 此外，国王还会发布一份巡回条例给各巡回团，具体列出需要后者在各郡调查处理的事项。其内容大致包括五类：其一，维护和管理王室各项资产及其收益；其二，惩治各种危害国王之和平的暴力犯罪；其三，审理归王室审理之各项民事案件；其四，督察郡守等地方官吏失职渎职、鱼肉百姓的行为；其五，应急性的其他事务。历次总巡回的巡回条例前后有所变化，其主要趋势有两方面。其一，巡回条例的数量，即调查事项不断增加，从 1176 年《北安普敦敕令》中的 5 项调查内容，到 1244 年的 30 条巡回条例，逐渐发展到 1274 年的大约 70 条，此后则突然增至 140 多条。② 其二，从内容来看，巡回条例最初偏重于维护治安、惩治歹徒的刑事功能，后来扩展出维护国王资产权益的财政功能，继而增加了裁决民事诉案的功能，最后则转向督察官员和约束地方领主的行政功能。

按照伯拉克顿的说法，郡守需要至少在开庭前 15 日收到召集令。③ 这个提前量越短，越有利于巡回法官根据在各郡的实际工作进度灵活调整行程安排，但是如此则越不利于郡守及民众安排会前事宜。不过，由于 1261 年总巡回中赫特福德等数郡的先后申诉④，亨利三世统治后期逐渐形成了各郡巡回法庭须至少提前 40 天召集的"惯例"。⑤ 实际上，召集期的延长也反映了 13 世纪后期巡回法庭事务的繁重和效率的下降。

---

① Henry de Bracton, *Bracton on the Laws and Customs of England*, Volume II, translated by Samuel E. Thorne, Belknap Press, 1976, pp. 308 – 309.

② H. M. Cam, "Studies in the Hundred Rolls, Some Aspects of Thirteenth-Century Administration", Paul Vinogradoff ed., *Oxford Studies in Social and Legal History*, Volume IV, Oxford University Press, 1921, pp. 72 – 73.

③ Henry de Bracton, *Bracton on the Laws and Customs of England*, Volume II, translated by Samuel E. Thorne, Belknap Press, 1976, p. 327.

④ David Crook, "Records of the General Eyre", *Public Record Office Handbooks*, No. 20, London: Her Majesty's Stationery Office, 1982, p. 127.

⑤ C. A. F. Meekings and D. Crook, *The 1235 Surrey Eyre*, Part I, Introduction and Biographia, Surrey Record Society, 1979, p. 20.

巡回法庭本质上是王室法庭的派出法庭。巡回法官收到委任书后首先要复制一份最近在王室法庭上已经起始，但尚未审结的涉及所巡查郡区的卷宗，以便在巡行到该郡时继续审理这些案件。另外，首席法官要以自身的名义致函郡守，告知其原先确定的开庭日期有无被耽搁、取消或暂停等变化，若有变化则如何相应安排。① 郡守在收到来自掌玺大臣和巡回法官的召集令后，相应地要做好两个方面的工作。其一是告知当地要人、各村庄和城镇代表等参加法庭。其二是做好相关案件审理前的准备工作，比如准备自上次巡回法庭以来发生的以及上次法庭未审结的王室诉案②，确保案件相关人提供担保，保证其出席。这些相关人包括各种凶案遇害人的最初发现者、来自附近四个村庄的见证者、所有刑事案件的控告者和被控告者、负责看管在押犯却让犯人逃脱的责任人、负责看管被驱逐出境者财产的十户组，等等。收到郡守通知的其他人则应做好出庭准备，无法或不愿出席者要提前向国王获取免予出席的令状。拟提起民事案件的原告，也应提前准备好相关的令状，因为13世纪中期之前王室法庭在民事诉讼中奉行"无令状则不受理"的原则。13世纪中期以后，巡回法庭允许原告以自拟的"申冤书"起诉案件，则民众需要撰写或请诉师代为撰写申冤书。

在召集令规定的开庭日，巡回法官在法庭开始后的第一件事就是向公众宣读国王对他们的任命状，将其法官身份公之于众。随后，法官应当向公众解释他们巡回的目的何在，阐明巡回对于维护社会安宁有何助益。法官接着要退入一个私密房间，召集该郡若干"要人"，向他们逐个咨询，解释为何"从一个村庄到另一村庄，从一个领地到另一个领地"抓捕各种凶犯，以便这些要人能发誓决不隐瞒凶犯或为其提供庇护，因为"他们点头同意之后其他人才会发誓"。③ 这说明，法官首先会征求当地要人的支持和配合，因为这些要人的立场对其他人有很大的影响力。随后，郡守应当汇报其执行召集令的情况，即检查应当与会的人员是否到会，缺席者是否

---

① Henry de Bracton, *Bracton on the Laws and Customs of England*, Volume II, translated by Samuel E. Thorne, Belknap Press, 1976, pp. 311 – 312.

② Cmwn plea，指各种触犯"王之和平"的事件，其中主要部分为各种刑事案件，但是也包括侵害国王资产或权益的民事案件。

③ "debent iustitiarii se transferre in aliquem locum secretum，et vacates ad se quator vel sex vel pluribus de maioribus de comitatu，qui dicuntur buzones comitatus et ad quarum nutum dependent vota aliorum." Henry de Bracton, *Bracton Oil the Laws and Customs of England*, Volume II, translated, with revisions and notes, by Samuel E. Thorne, Belknap Press, 1976, pp. 327 – 328.

有国王的批准书。缺席者名单须登记在册，其中无国王准予缺席的令状者将被处罚。

随后，法官要求自上次巡回法庭以来的历任郡守、百户区长和王案督察官交回各自在任期间的卷宗。即使是已去世的官吏，也应由其继承人或遗嘱执行人将卷宗上交；未能上交者，由郡守通过扣押其动产乃至土地予以强制。对于民众推选的官吏，民众对此负有连带责任。这些卷宗由法庭书记长保管。每个人的卷宗分别装在一个袋子里，贴上写有其官吏名字的标签，并由书记长用封条封存。未经巡回法官的允许，任何人不得私自拆封。在日后审理案件时，相关官吏应该到庭，在书记长的见证下拆封并宣读自己的卷宗。宣读时不得增添或删减，宣读完毕则重新封存。

郡守在汇报召集令的执行情况后，应当在法官面前宣誓。宣誓前，首席法官命令郡守交回象征着其职权的权杖。待其宣誓完毕后，法官将权杖重新授予他。虽然法官通常不会在开庭期间真正剥夺郡守职权，但这套仪式还是向郡守以及所有与会者发出了警示。1313 年肯特巡回法庭的法律见习员评论道，"由此你会发现，郡守可依巡回法官之意愿被撤职"[1]。

随后，为维护开庭期间的社会秩序，法官会发布若干重要禁令。在1313 年肯特郡巡回法庭上，法官就发布了四条禁令。第一，自上次巡回法庭以来因涉嫌谋逆或伪造文书而被拘禁的人，都必须远离郡府所在地坎特伯雷 12 里格（leagues）以上，且在巡回法庭结束前不得返回，以防这些人破坏法庭秩序。第二，除坎特伯雷外，肯特郡其他地方所有集市均应停止举行。第三，巡回法庭开庭期间，郡法庭以及其他法庭均应休庭。这两项规定旨在防止坎特伯雷之外的集市或巡回法庭之外的法庭干扰巡回法庭传召相关人等与会。第四，任何人不得要求巡回法官、他们的属员、百户区陪审团、每个村庄的代表为住宿付费；其他人，包括法律见习员的住宿应该付费，但房租不得高于平日；倘若有人收取过高住宿费，付费者可向法官申诉。[2] 显然，这些措施是为了确保参与法庭的人不致负担过重。防止房租上涨的必要性也从侧面说明了参与法庭的人员之多。这些禁令并非一纸空文。1313 年肯特郡法庭开庭的第三天，某一涉嫌谋逆的人身处距离

---

① F. W. Maitland, L. W. V. Harcourt and W. C. Bolland eds. , *The Eyre of Kent of 6 and 7 of Edward II（1313 - 1314）*, Volume I, Selden Society, 1909, p. 4.

② Ibid. , pp. 6 - 7.

坎特伯雷12里格的范围之内，结果被抓到法庭受审。① 在1329年北安普敦巡回法庭上，彼得伯罗修道院长愿意交费，请求法官许可他继续在距离北安普敦城较远的地方每周举行两天集市。法官拒绝了他的请求，理由是那里的集市足以影响到北安普敦。②

法庭维护会议期间社会秩序的另一项重要措施是，调查核定物价（特别是食品价格），防止有人因大量与会人员入城而哄抬物价。比如在1313年肯特巡回法庭开庭的第二日，法官就命郡守选派两名骑士和两名律师在坎特伯雷全城评估酒和面包等饮料食品的质量和售价。收到评估结果后，巡回法官宣布，法庭开庭期间本郡一切食品买卖均不得超过评估所确定的价格标准。③ 在1321年伦敦的巡回法庭上，首席法官命令郡守们推选出六位不属粮商酒商、没有不良记录的评估员。法官命令评估员巡查城内各地，确定食品饮料的价格，以确保"城内物价不得因巡回法庭而高涨"。市长应该根据核定的物价，粘贴物价标签于不同质量的酒上，未经标识的酒不得售卖。在这次法庭的第10日，有几名店主因高价售卖受到处罚。④

在1274—1275年的百户区调查中，针对地方领主领地特权及其使用情况的调查成为重要的内容。在随后于1278年开始的总巡回中，"以何为凭"调查被写入巡回条例，成为法庭首日便需要处理的重要事务。该调查令要求享有各种司法行政特权的地方领主必须在法庭首日书面申报自己享有何种特权，有何凭证，以免他们根据法庭后续进展情况而随意改变主张。无法提供特权凭证的，其主张的特权将有被国王收回的危险。

法庭初期的最后一项工作是组建各百户区陪审团。首先，法官召集各百户区区长到会，要求后者逐个宣誓忠于国王、如实汇报等。接着区长们召开本区的小组会议，选出两名区内的守法之人，然后再由后两人在宣誓之后推选出包括他们两人在内的16人，作为陪审员候选人。候选人应当是最适合、最乐意承担以国王名义分派的义务的人；应当不曾卷入任何王

① F. W. Maitland, L. W. V. Harcourt and W. C. Bolland eds., *The Eyre of Kent of 6 and 7 of Edward II* (1313 – 1314), Volume I, Selden Society, 1909, p. 10.

② D. W. Sutherland ed., *The Eyre of Northamptonshire, 1329 – 1330*, Volume I, Selden Society, 1981, pp. 37 – 38.

③ F. W. Maitland, L. W. V. Harcourt and W. C. Bolland eds., *The Eyre of Kent of 6 and 7 of Edward II* (1313 – 1314), Volume I, Selden Society, 1909, pp. 10 – 11.

④ H. M. Cam ed., *The Eyre of London, 14 Edward II* (1321), Volume I, Selden Society, 1968, pp. 21 – 29.

室诉讼，也不曾在郡法庭、百户区法庭以及本郡其他地方被控告，或做伪证；应当没有其他任何不良行为的嫌疑。然后，两位最初的推选人将选出的名单上报法官，并召集名单中的其他人出庭。巡回法官会从名单中剔除他们认为不合格者，留下 12 人。若因缺席或有人不合格导致人数不足 12 人，则由郡守和百户长推选其他人增补。在确定了 12 人组成的百户区陪审团后，书记员将各陪审团的名单登记在册，各陪审团则应依次宣誓。首席法官随后召开所有百户区陪审团会议，向他们说明国王的意愿，逐条宣读巡回条例。当场听取宣读是不够的，每个百户区陪审团都要请书记员抄录一份巡回条例。① 百户区陪审团在得到巡回条例后，有几天的时间准备他们的书面汇报。而对法官们来说，等待各百户区汇报的几天比较清闲，他们可能会进行一些调查走访。②

12 世纪末期和 13 世纪初期，进入正式审案阶段后，法庭通常只设一个厅堂，由首席法官和其他各位法官共同主持，先审王室诉案，再审普通诉案。但是从 13 世纪中期开始，法官们通常分为三个小组，分别负责王室诉案、普通诉案和"以何为凭"调查、非令状的冤情陈述书等特别案件，并于不同厅堂同时工作，其目的在于缩短在单个郡的会期。案件的审理通常有一定的次序，比如王室诉案，通常按照地理位置逐个百户区进行，普通诉案则可能按照诉讼令状上交的次序处理，而"以何为凭"等特别案件则按照地方领主特辖权申报的次序处理。受各郡地理范围的大小、案件的多寡、距离上次法庭的时间长短、下一郡的预定开庭日期远近、巡回团是否稳定、是否有宗教节日或王国重大事务（比如议会召开、政法官更换、战争筹备、王族纷争）等因素的影响，法庭案件审理的时间长短不一。总体而言，巡回法官在单个郡滞留的时间不断延长。13 世纪中期之前，单郡会期通常在两个月以内，此后则长达数月，到 13 世纪末期和 14 世纪初期，甚至延续一年之久。

当巡回法庭在某郡完成了所有案件的审理工作，或者虽然案件并未审结，但已经接近巡回区内下一郡预定的开庭日期，那么巡回法官就要在完成如下事宜后结束巡回法庭的工作。首先，他们需要举行一次专门的罚金

---

① F. W. Maitland, L. W. V. Harcourt and W. C. Bolland eds. , *The Eyre of Kent of 6 and 7 of Edward II* (*1313 – 1314*), Volume I, Selden Society, 1909, p. 17.

② D. W. Sutherland ed. , *The Eyre of Northamptonshire, 1329 – 1330*, Volume I, Selden Society, 1981, p. 27.

评估会，将法庭司法活动产生的各种罚金等收入逐项评估、登记、汇总，记入账簿。在不少法庭卷宗的页边，用不同的笔迹标有"属意外事故"、"应受审判"、"予以宽恕"等处理意见，就是法庭结束时为汇总计算罚金收入而留下的。法官们需要抄录一份账簿，送交财政署。财政署则以此为据，要求郡守逐项征收。

其次，法庭需要转移未能审结的案件。法庭结束前，法官会发布令状，指定未能审结的案件须移送到他们将巡回的下一郡继续审理。各郡都有一些案件是从别的郡移送来的"外部案件"，各郡也都有一些案件要移送到下一郡。比如，1248年伯克郡当地共372桩民事案件，其中44桩（12%）被拖延到下一郡。另有"外郡案件"167桩，其中120桩被继续拖延下去。① 在1256年什罗普郡的巡回法庭上，共有482桩民事案件，其中有112桩被移送到下一郡审理。② 同样，在1263年萨里郡的巡回法庭上也存在大量的"外郡案件"，其中3/4来自沃里克、莱斯特和多赛特，其余来自13个不同的郡。③ 13世纪末期开始，为了避免案件在数郡屡次拖延，巡回法庭转而将案件移送到常设威斯敏斯特的王室法庭审理，这样"外郡案件"才有所下降。

再次，巡回法官需要在离开前改选各郡的王室诉案督察官。比如在1329年北安普敦巡回法庭结束前，法官要求骑士们就郡内督察官的人选发表意见，若有骑士们认为恶劣的，首席法官要求通过重新推选予以更换。在法庭卷宗的背面，登记有每一位新推选的督察官的名字。

最后，其他善后事务。比如1329年北安普敦巡回法官在离开前要求郡民陈述他们普遍的冤情。郡民就此递交了书面的申冤书，内容包括：郡守要求民众集体维护林苑的围墙，并在个别人未能完成自己的一份时对全体郡民而不仅仅是未完成任务者予以处罚；城区内的镇长们对运干草入城售卖的车辆每次收取撒落罚金，而不是对每位入城者每年只收取一次这样的罚金；以前国王子女居住北安普敦的时候，郡守向民众强买物品，而国王子女离开后郡守并未停止收取。对这番请愿，首席法官要求郡守为改正

① M. T. Clanchy ed., *The Roll and Writ File of the Berkshire Evre of 1248*, Selden Society, 1973, p. cviii.

② Alan Harding ed., *The Shropshire Eyre Roll 1256*, Selden Society, 1980, p. 17.

③ Susan Stewart ed., *The 1263 Surrey Eyre*, Surrey Record Society, 2006, p. li. "quidem inquisiciones capte erant per quosdem ciues per ipsos Justiciarios electos".

错误写了保证书，并于下次集市日和下次郡法庭时将保证书公之于众，以便民众监督郡守遵照执行。

二 运作机制

几位外来的巡回法官是通过何种机制，在有限的时间内获取一郡的各种信息，据此审理案件，惩处不轨的呢？我们发现，法官主要通过四条渠道获取信息。

首先是陪审团的检举、调查和裁决。巡回法庭会初的重要工作之一就是组建各百户区的陪审团，并要求他们逐项回答巡回条例中的事项。待百户区陪审团将汇报内容交回后，书记长将他们的汇报卷册保管起来，并召集各陪审团到会。陪审员迟到一日者，其地产会被扣押；若他次日前来并请求宽恕，虽然其地产可以取回，但须为迟到接受处罚。书记长在陪审团到齐后，向巡回法官宣读陪审团的汇报。随后，法官要求陪审团口头汇报，以便从后者的口头汇报与书面汇报之间的偏差或冲突中发现隐情。[1]在 13 世纪中期以前，百户区陪审团的汇报通常是逐条进行的，甚至存在类似零报告的制度。比如在 1244 年伦敦巡回法庭卷宗中，便有很多"对于某事，他们（指陪审团）说未曾听说有人（违反）"[2]。除了直接针对巡回条例的汇报外，各陪审团还可以检举他们认为有害社会治安或其他有必要向巡回法官汇报的事件。另外，在王室诉案、普通诉案，甚至"以何为凭"诉案中，若原告被告对某具体事实有争议，或巡回法官认为某事须进一步调查清楚，便会组织专门的调查陪审团，由他们在切实调查之后给出意见。这种陪审团通常由案发地或标的物所在地的人士组成，且原被告双方可以合理提请部分陪审员回避。比如，在 1313 年肯特郡巡回法庭上，某人被控盗窃后提出，应由其出生地的陪审团对其裁决。巡回法官反驳说，陪审团应该由案发地的陪审员构成。被告进而提出两地陪审员各占一

---

① F. W. Maitland, L. W. V. Harcourt, and W. C. Bolland eds., *The Eyre of Kent of 6 and 7 of Edward II* (*1313 - 1314*), Volume I, Selden Society, 1909, p. 21.

② H. M. Chew and Martin Weinbaum eds., *The London Eyre of 1244*, London Record Society, 1970, pp. 84 - 85.

半，这获得了法官的许可。① 当然，在普通诉案中，还有裁决陪审团，即由他们对案件予以裁决。法官通常尊重陪审团的地方性知识，尊重他们的调查或裁决结果。

其次是郡守和百户长的卷宗。郡守及其下属的百户长是各郡日常政务的责任人，也是郡法庭和百户法庭的主持人。无论是在日常行政中，还是巡回法庭举行期间，国王或王室法庭的令状都要靠郡守和百户长来执行。国王举行巡回法庭的主要目的就是督察地方官吏是否秉公尽职。在1321年伦敦巡回法庭上，共有150起案件由陪审团检举出来，其中有20起针对市长和郡守的非法拘禁、拖延审判和不作为，而且这些案件绝大部分以原告胜诉结案。② 巡回法官一方面将郡守和百户长所保留的郡法庭和百户法庭卷宗作为信息来源之一，要求他们在法庭开始之初就将卷宗交回，封存待阅，另一方面又对他们的卷宗保持高度的怀疑，常常质疑其中自相矛盾之处，或根据其他证据否定它的真实性，不承认它具有普通法上的证据价值。

再次是王室诉案督察官的卷宗。王室诉案督察官初设于1194年，每郡一般设2到4名，各有辖区。他们通常是在巡回法庭举行时由本郡人士在法官面前推选出来的。若在任督察官亡故，则经掌玺大臣发布专门的"推选令状"，由郡守组织推选补任。该官职最初由各郡骑士担任，但由于没有国王发给的薪俸，不少骑士设法逃避任职义务。其职责是在刑案发生后尽快前往查看死者或受害人的受害情况，召集案发地及其邻近四个村庄的代表，询问受害人的情况，是否有疑犯，疑犯是否被抓捕，将案情详细记录成卷宗，并对案件予以初步处置，比如命令百户区继续抓捕疑犯，通知郡守或百户区长扣押疑犯的动产，或令人将抓获的疑犯送交郡守收监待审。受害人或百户区陪审团（若受害人已死亡或无法到庭的话）则应在随后的郡法庭上提起控告，郡法庭可以据此传召疑犯、宣布通缉逃犯、将抓捕的疑犯收监、处理疑犯的保释等。督察官须出席郡法庭并参与相关案件

① F. W. Maitland, L. W. V. Harcourt and W. C. Bolland eds., *The Eyre of Kent of 6 and 7 of Edward II* (*1313 – 1314*), Volume I, Selden Society, 1909, p. 152.

② H. M. Cam ed., *The Eyre of London, 14 Edward II* (*1321*), Volume I, Selden Society, 1968, p. xciii.

的处理。郡守不得在王室诉案督察官不知情的情况下直接行刑。[1] 在刑事案件的处理过程中，督察官的卷宗具有普通法上的证据价值。可见，国王设置督察官的目的就在于在案件的最初处置到日后审理等环节分割郡守的权力，约束和监督郡守。督察官是"一种执行王室意愿但同时又由地方推选、服务于地方的官吏"，"充当着国王和地方政府间的一种纽带"。[2]

最后，受害人的控诉、起诉和申冤也是巡回法官了解地方官吏和领主是否欺压民众的一种途径。在刑事案件中，受害人须在百户法庭或郡法庭上提起控诉，而巡回法庭举行时则向巡回法官控诉。在普通案件中，土地被侵占、祖产被剥夺、物品被强买的受害人，可以购买令状提起诉讼。13世纪中期以后，经过亨利三世时期贵族改革运动期间的特别巡回法庭和爱德华一世统治初期的百户区调查，巡回法庭允许民众在没有令状的情况下，通过直接向巡回法官递交申冤书进行诉讼，这为更多的民众和案件进入巡回法庭提供了便利。不少申冤书为巡回法官了解地方官吏或领主徇私舞弊、贪赃枉法、鱼肉民众的行为提供了信息。

巡回法官主要就是通过这几种途径了解地方情况。比如，在1263年萨里郡巡回法庭上，共报告了157桩非自然死亡事件，其中26桩被百户区陪审团检举为凶杀，27桩为受害人的亲属控诉，还有53桩是陪审团对巡回条例的答复。[3] 为保证各种卷宗中反映的信息真实可靠，巡回法官严禁百户区陪审团更改他们的汇报，严禁郡守或王室诉案督察官改动他们的卷宗。法庭开始之初，法官要求督察官和郡守交回他们的卷宗，由法官封存，一是为了法官随时查阅核对，二是为了避免郡守或督察官涂改卷宗。比如，在1329年北安普敦法庭上，法官就曾警告说，某书记员因涂改卷宗，宽恕了半马克本应征收的罚金，结果被大怒的国王罚了8000马克。[4] 如此高额的罚金显然是法官的夸大言辞，但至少显示了他们对待涂改卷宗的严厉态度。

巡回法官特别注重从上述信息源之间的差异中尽可能地发现被隐瞒、

① F. W. Maitland, L. W. V. Harcourt and W. C. Bolland eds. , *The Eyre of Kent of 6 and 7 of Edward II* (*1313 – 1314*), Volume I, Selden Society, 1909, p. 140.

② Bryce D. Lyon, *A Constitutional and Legal History of Medieval England*, Second edition, London: Norton, 1980, p. 298.

③ Susan Stewart ed. , *The 1263 Surey Eyre*, Surrey Record Society, 2006, p. lxix.

④ D. W. Sutherland ed. , *The Eyre of Northamptonshire*, *1329 – 1330*, Volume I, Selden Society, 1981, pp. 194 – 195.

误报、漏报的事情。为此，法官严禁他们相互之间串通。在 1241 年伯克郡的巡回法庭上，法官发现某百户区陪审团向王室诉案督察官的书记员支付了 2 先令，以便使后者帮助他们修改对巡回条例的汇报，使其与督察官的卷宗一致。① 同样，在 1321 年伦敦巡回法庭上，法官在组建各区陪审团之后，要求他们在 5 天之内书面答复巡回条例中所调查的事项，且严禁任何郡守或百户区长在此期间接触它们。②

当不同渠道的信息存在差异时，对巡回法官来说，何者更为可信呢？如前所述，郡守的卷宗是最受怀疑的。在 1329 年北安普敦郡的巡回法庭上，一位已故郡守的继承人被传唤交出卷宗，但他声称父亲去世时自己年幼，因此不知卷宗在何处，其母作为其幼年时的监护人也已亡故。首席法官认为无须对其采取像王案督察官那样的惩罚，因为郡守的卷宗并没有督察官的卷宗那样权威，因此惩罚也可略轻。③ 当百户区陪审团的汇报与督察官的卷宗之间存在差异时，后者往往被法官采信。比如在 1313 年肯特郡巡回法庭上，某百户区陪审团汇报，在某凶案发生后，凶手被抓捕。但是，督察官的卷宗显示，该百户区的民众未能在凶案发生后立即向郡法庭报告。法官以此为据对陪审团予以集体处罚。④ 同样在这次巡回法庭上，督察官的卷宗登记了某凶犯有动产，而陪审团却没有汇报，法官依据前者认为陪审团应受处罚。⑤ 不过，陪审团的汇报很难推翻督察官的卷宗。某百户区陪审团说，某凶犯逃入教堂，并受教堂的神圣庇护被判驱逐出境（而非更严厉的惩罚），但督察官的卷宗中对此并无记载。受到法官质疑的陪审团辩称，他们并不知道为何督察官没有登记，且他们不对后者的疏漏承担责任。但是，巡回法官却认为，既然没有证据说明究竟是督察官漏登还是陪审团谎报，只好推定这是凶犯脱逃。⑥ 在涉及财产罚没等方面，对

① C. A. F. Meekings ed., *Crown Pleas of the Wiltshire Eyre, 1249*, Wiltshire Archaeological and Natural History Society, 1961, p. 35.

② H. M. Cam edited, *The Eyre of London, 14 Edward II (1321)*, Volume I, Selden Society, 1968, p. 27.

③ D. W. Sutherland ed., *The Eyre of Northamptonshire, 1329 – 1330*, Volume I, Selden Society, 1981, pp. 17 – 18.

④ F. W. Maitland, L. W. V. Harcourt and W. C. Bolland ed., *The Eyre of Kent of 6 and 7 of Edward II (1313 – 1314)*, Volume I, Selden Society, 1909, p. 75.

⑤ Ibid., p. 63.

⑥ Ibid., pp. 129 – 130.

国王有利的报告往往被采信，对当事人有利的报告则经常被认为是刻意隐瞒。在 1321 年伦敦巡回法庭上，某人意外地从梯子摔下死亡，按照中世纪的习惯，① 该梯子应被没收。不过，陪审团报告梯子值 6 便士，而郡守报告值 12 便士，因此陪审团被认为刻意隐瞒而遭到处罚。② 在 1329 年北安普敦郡的巡回法庭上，某杀人嫌犯被判无罪。尽管检举陪审团和裁决陪审团都认为此人此前并未畏罪潜逃，但督察官的卷宗表明他曾畏罪潜逃，巡回法官以后者为据判定陪审团瞒报。③

三 成功的原因

从巡回法庭的组织过程和运行机制中，我们可以总结出四种有助于其成功的因素。

首先，法官注重发动民众的力量，吸引民众的参与。法官在开庭时尽可能召集各种地方力量的参与，使会议变成一次人数众多的宣传大会。从法庭的召集令来看，应召出席法庭首日大会的包括郡内的各种官吏、教俗大领主、各村庄和市镇的代表。比如，1263 年萨里郡的巡回法庭上，除了外来的巡回法官及其书记员外，还包括当地在任或卸任的郡守、百户长和督察官、当地教俗大领主和骑士、各百户区的陪审团、各村庄和市镇的代表，法庭召开首日参加者就不下 800 人。如果计入随后相关案件的当事人、证人、律师等，则法庭的参与人数可能两倍于此。④ 1313 年肯特郡巡回法庭首日的参加者即超过千人。⑤ 法官通过当众宣读召集令，解释法庭举行的原因，向陪审团逐条宣读巡回条例中规定的调查事项，从而向民众宣示了国王的权威。除属领主农奴的维兰外，普通自由民均可通过令状或申冤书提起诉讼。即使本人不是诉讼的当事人，他们也可能作为证人、村

---

① F. W. Maitland, L. W. V. Harcourt and W. C. Bolland ed., *The Eyre of Kent of 6 and 7 of Edward II (1313 – 1314)*, Volume I, Selden Society, 1909, p. 93.

② H. M. Cam edited, *The Eyre of London, 14 Edward II (1321)*, Volume I, Selden Society, 1968, p. 64.

③ D. W. Sutherland ed., *The Eyre of Northamptonshire, 1329 – 1330*, Volume I, Selden Society, 1981, p. 177.

④ Susan Stewart ed., *The 1263 Surey Eyre*, Surrey Record Society, 2006, p. xxxi.

⑤ F. W. Maitland, L. W. V. Harcourt and W. C. Bolland ed., *The Eyre of Kent of 6 and 7 of Edward II (1313 – 1314)*, Volume I, Selden Society, 1909, pp. xxi – xxii.

庄代表、百户区陪审员等身份参与法庭的活动。他们借此接触普通法的诉讼规则，亲眼看到了法官对地方要人的约束，因而逐渐树立了参与地方社会治理的信心、责任心和经验。法官也极力创造条件，鼓励民众参加法庭。法官禁止会议期间举行集市或召开其他法庭，严禁商人哄抬物价，要求郡府居民不得收取高于平常的房租，就是为了方便更多的民众参与法庭。令状签发费的逐渐降低，以自行撰写的申冤书起始案件，都是为了方便民众获取王室法庭的司法救济。正如莱昂所说，巡回法庭"将王室法庭的司法活动带入了王国的每一个角落，使每位自由人都可以参与诉讼"。① 可以说，积极鼓励和吸引民众参与是巡回法庭取得成功最重要的原因。

其次，法官积极利用地方社会内部的矛盾，以地方推选产生的督察官或陪审团来制约地方官员和领主。他们通过设立经推选产生的督察官，不仅在日常事务中分割了郡守的权力，还通过提高督察官卷宗的证据价值，将其置于郡守的卷宗之上，创造了一批身份虽低，但足以制衡郡守的力量。法官在法庭开庭期间组建各百户区陪审团，由其检举各种不法行为，以便发现被郡守或督察官隐瞒的事情。法官通过陪审团对争议中的问题进行调查，充分利用了后者接近、了解当事人的优势，有助于克服法官自身作为外来者在地方性知识方面的欠缺。法官广泛利用原告被告均接受的陪审团裁决案件，不仅加速了案件的处理，而且避免造成法官武断乡曲的印象，减轻了民众对法官的怨恨。比如，某郡守任职期间一名囚犯无故脱离监狱，就是被陪审团检举出来的，因为后者发现该囚犯生活在监狱之外。② 在13世纪中期以后，法庭允许民众在无令状的情况下，通过递交自行撰写的申冤书起始案件，揭发侵害其利益的官员或邻人，这不仅有助于鼓励更多民众进入法庭从而扩展王权在民众中的影响力，而且培植了一股制约官吏和地方领主的民间力量。更重要的是，这些地方推选出来的官吏或陪审员，都不从国王那里领取报酬，而是由地方社会对其适当补助，因此这丝毫不会增加国王的财政负担。可以说，正是从地方社会内部的矛盾入手，国王及其法官找到了一条既不用自己开销，又能让地方社会为其服务的途径。

再次，法官更多地是以仲裁者而非审判者的角色发挥作用。在事实调

---

① Bryce D. Lyon, *A Constitutional and Legal History of Medieval England*, Second edition, London: Norton, 1980, pp. 283 – 284.

② F. W. Maitland, L. W. V. Harcourt and W. C. Bolland ed., *The Eyre of Kent of 6 and 7 of Edward II* (1313 – 1314), Volume I, Selden Society, 1909, p. 87.

查方面，他们注重书面证据或证词，尤其是以郡守和督察官的卷宗、百户区陪审团的汇报、检举和裁决作为处理案件的依据。比如在1313年肯特郡的巡回法庭上，郡民提出，征服者威廉为答谢他们在其登陆英格兰之后的支持和拥戴，授予他们免交凶杀费①的特权，故而两百多年来他们都享有这样的特权。但是，巡回法官查验了上次巡回法庭在该郡的卷宗，发现其中有当地人举证非自然死亡者为英格兰人的记载。法官以此为由否定了肯特郡民所主张的特权。② 正因为法官以各种证据为基础，其裁断才具有更高的权威性和说服力。在案件的处理方面，法官主要不是从事实方面，而是从程序方面规制地方社会的。比如在1313年肯特郡巡回法庭上，某村庄的一位十户联保组组长报告说，一名带着赃物的窃贼被绞死。巡回法官查看了郡法庭的卷宗，发现该窃贼是由窃贼所在的特辖领地的领主审理，并由该领主的总管判决绞刑的。巡回法官传召了该领主，向其指出，一方面盗窃行为不是发生在其领地之内，因而他无权审理；另一方面他不得在督察官不在场的情况下行刑。这样，巡回法官就从地方领地特权的内容和程序合法性两个方面证明了该领主的过错，并对其予以罚款处罚。③ 1329年北安普敦巡回法庭上，法官就根据常理改变了地方法庭的审判结果。某妇女被人殴打一年后死亡，地方法庭认为打人者应判有罪，但巡回法庭考虑到打人行为与死亡之间相隔较长，判定此乃自然死亡。④

最后，将坚持原则和适当妥协的两手政策结合起来，也是法官顺利开展工作的一个要诀。在事关普通法基本原则的问题上，法官们总是毫不让步。比如普通法的一条基本原则是，作为巡回条例所调查和约束的对象，郡守或百户长等地方官吏无权接受和汇报条例。在1321年伦敦巡回法庭开始后的第四日，市长和几位区长请求巡回法官将巡回条例交给他们，由他们准备逐条汇报，而不是交给各区陪审团，并且声称这是伦敦特殊的地方惯例。法官思科罗普予以拒绝，理由有二：其一，任何主张特辖权的人

---

① 诺曼征服之后，为保护外来征服者——诺曼人的安全，国王要求各百户区汇报当地的所有非自然死亡事件。若死者不能被证明是英格兰人，则推定为诺曼人。如果诺曼人遇害而凶手不明，或凶手无力支付赔偿金，则案发地的整个百户区集体交纳凶杀费。

② F. W. Maitland, L. W. V. Harcourt and W. C. Bolland ed. , *The Eyre of Kent of 6 and 7 of Edward II* (*1313 - 1314*), Volume I, Selden Society, 1909, pp. 10 - 20.

③ Ibid. , pp. 104 - 105.

④ D. W. Sutherland ed. , *The Eyre of Northamptonshire*, *1329 - 1330*, Volume I, Selden Society, 1981, p. 183.

都应在巡回法庭首日书面主张，因此在第四天才提出的主张无效；其二，习惯可以与普通法不同，但是不能冲突，以致瓦解普通法。"如果巡回条例由你来汇报，而这些条例又涉及你，那么你会随心所欲地汇报，因为你不能被发誓汇报（你自己），否则你就既是裁判者又是被裁判者。"另一法官则进一步反驳："如果我们将巡回条例交给你们，那我们选择各区的12位陪审员何用？"最后，首席法官更加义正词严地说："同意你们的要求，无异于摘掉国王的王冠。"① 不过，在一些不太严重的问题上，法官也会表现出对地方领主的妥协。比如，巡回法庭通常在各郡郡府所在地举行，但是巡回法官也会离开郡府，亲往该郡拥有较高特辖权的领地内举行。在萨里郡，新索尔兹伯里城作为一个军镇，拥有仅在领地内参加巡回法庭的特权。同样，王后在该郡拥有的两个庄园，以及1270年后的巴特尔修道院，亦是如此。② 对地方领主来说，这不仅有利于他本人及其领地内的民众参与诉讼，而且能在地方社会显示自己尊荣的地位。对于巡回法官来讲，能直接进入地方领主的领地内审案，是一种更强烈地宣示王权的方式，因而法官们在这方面倾向于向领主妥协。在1329年北安普敦巡回法庭上，伊里主教代表地方领主们请求首席法官允许他们延迟几日呈报有关特辖权的主张，以便他们有时间咨询顾问。首席法官一方面声明巡回法庭首日便是召集令中规定的呈报日，没有延迟的先例，另一方面则"出于对各位领主的宽厚"，允许延迟几日呈报。③ 许多有关特辖权的争议，由于涉及地方领主的根本利益，巡回法官往往慎重处置，将争议报告给国王定夺。④ 可以说，灵活运用两手政策，既坚持原则又适当妥协，是法官协调国王与地方领主之间利益冲突的重要手段。

国王举行巡回法庭的根本目的在于增加财政收入、扩展王权、规制地方社会。在完备的官僚体系尚未建立，没有一支官僚队伍可以依赖的情况

---

① H. M. Cam edited, *The Eyre of London*, *14 Edward Ⅱ（1321）*, Volume I, Selden Society, 1968, pp. 20 - 21.

② A. B. White, *Self-government at the King's Command*, *A Study in the Beginnings of English Democracy*, The University of Minnesota Press, 1932, p. 16.

③ D. W. Sutherland ed., *The Eyre of Northamptonshire*, *1329 - 1330*, Volume I, Selden Society, 1981, p. 9.

④ D. W. Sutherland, *Quo Warranto Proceedings in the Reign of Edward I*, *1278 - 1294*, Oxford University Press, 1963, pp. 136 - 189.

下，要想仅仅通过派遣几名巡回法官到各郡巡查来实现这些目的，就必须充分挖掘和利用地方社会内部的各种矛盾。巡回法官们为了在有限的时间内完成复杂的任务，不得不吸引、鼓励、强制普通民众参与法庭，不得不借助和培植民间的力量来约束地方领主和官吏。他们通过郡守和督察官的卷宗、陪审团的调查、汇报和裁决，以及民众的申诉来获取信息；通过设立民众推选的督察官分割郡守的权力，监督郡守和地方领主，为王室法庭审理王室诉案做准备；利用民众推选产生的百户区陪审团落实巡回条例中的调查事项，核实诉讼中存在争议的问题，乃至裁决案件；采取鼓励民众递交申冤书的方式揭发地方官吏和领主的劣迹。巡回法庭在各郡的活动的确扩张了王权，但它同时也推动了地方自治的孕育和发展。王权和地方自治并不像多数学者所推想的那样，始终是对立冲突、此消彼长的关系。相反，在 12、13 世纪这一普通法的奠基时期，王权和地方自治是相互促进、并驾齐驱的。地方自治并非西方不少学者所说的那样，是盎格鲁—萨克逊人的传统，相反是得益于王权的激励和强制才发展起来的。从这个意义上说，20 世纪 30 年代埃尔伯特·B. 怀特提出的"国王命令下的自治"，①至今仍有很强的解释力。

[原载于《暨南学报（哲学社会科学版）》2012 年第 7 期]

---

① A. B. White, *Self-government at the King's Command*, *A Study in the Beginnings of English De-mocracy*, The University of Minnesota Press, 1932.

自媒体时代的公众史学

陈 新

一

"自媒体"在传媒界已经不是什么新鲜词,博客和微博这种新媒体已经渗透到我们的日常生活之中,个人在互联网上汇集、编写、发布信息已经成为越来越多人的一种日常存在方式。自媒体时代,每一位参与者的内容创作、意见表达、辩论评议,都可视为对知识生产过程的参与。信息通过新媒体构成的动态交互作用,也彻底改变了以往爬格子、交稿子、寻找官方介质的知识传播模式。在自媒体状态下,兴趣组、微群等形式正在跨越传统的学科边界,促进新型知识社群的形成。就历史知识的生产与传播而言,由精英左右历史写作的时代已经一去不复返了,互联网技术的高速发展将不断增加公众个体进行历史表达的空间维度,一场"小写历史"的盛宴正在来临。公众积极参与历史知识的生产与传播,正在成为一个现实,成为一种不可阻挡的潮流。

过去历史知识的生产和传播大致有书本印刷传播、音视频传播、口述传播等方式。在书本印刷传播方式中,历史学家将自己的研究成果交付书商或期刊出版,或者自行印制赠予亲朋好友;政府部门选定、编制历史作品公之于众,也邀书商共同参与各级学校历史教材印制、发行。在音视频传播方式中,广播、电视、电影对于历史知识的传播从总体上而言,其效率要胜于书本,但其中的历史知识生产受媒介设备和相关资源的限制,易于造成资本与权力的结合,也令借助音视频传播的历史知识表现出更强烈的选择性,甚至单向性,从而建构一种统一的历史观,形成指向性的历史认同。在上述两种传播过程中,有两个环节在权力或资本的作用下成为历史知识生产与传播的控制性因素:一是内容选择;二是渠道控制。内容选择指的是获得历史学家身份、隶属不同群体的知识分子挑选或建构出符合相应立场的历史知识传播给公众，从而出现了我们常常称之为"正统的"、"主流的"历史解释；而渠道控制则是通过抬高准入门槛、传播资质以达到历史知识传播的可控性要求。其中，历史学家所选择的内容进一步为渠道控制方所左右。在口述传播方式中，老人在炉边讲述传说与自我经历，说书人在茶馆中描绘三英战吕布，游客从旅途中听取各类秘闻逸事，这些历史或类历史叙事因其传播空间的私人化而不受内容限制，但却受声音传播的空间限制。而且，公众在内心中普遍希望获取真实内容，在这种愿望的支配下，"耳听"总是不及"眼见"。"眼见"对于历史证据的表现，例如利用理性组织的文字与图片而获得的效果，最终还是更容易取代口述内容，尤其对于现代的读者更是如此。这就注定了口述传播如果得不到放大（如转化成书面传播，或通过广播、电视传播），便只能作为一种历史碎片，在时间流逝中不断变形，逐渐失去其可信度，甚至消逝。

Web 2.0 改变了传统历史知识的生产和传播方式。当我们深刻体会到如今信息传播的高速、廉价、高效之时，书写与音视频记录、发布技术的傻瓜化、低廉化、便捷化，正在为以亿为单位的浏览者提供大量信息，传统历史知识生产和传播中那些不利于个人介入的障碍正在逐步被消除。自媒体时代的到来，公众史学的发展可能涉及的问题有个人史写作兴盛、史家功能的重构、受众接受趣味形成的多样性和类型化、机构与媒体操控行为的利弊、个人与社会史观取向与建构多重博弈的形成，等等。总的来说，公众史学将围绕着作者（公众个人、史家）、读者、媒体、社会几个要素在自媒体状态下展开。

二

美国史学家卡尔·贝克曾说过，"人人都是他自己的历史学家"，意在说明每个人都离不开自己的经验和想象，在用历史塑造自己。这个命题也可以鼓励公众通过了解历史学来认识自我。因为每个人，就算是一位微不足道的小人物，也会有对于历史的要求，存在对历史表达的欲望。当一个小人物在日常生活中进行各式各样的证明时，他很难不利用历史阐释来完成。过去，我们没有更好的方式让小人物的历史被关注，被呈现到更大一些的公众场合，因而小人物的历史往往在宏大叙事中被代言、压制、掩盖，最终销声匿迹。事实上，个人对于历史的需求，尤其是对于阐释历史的需求有着错综复杂的动机，它是一种可以用来满足马斯洛需求理论中涉及情感和归属、尊重、自我实现这三个层次的需求。不论大人物还是小人物，个人自主的历史阐释恰恰是个人日常生活和终极生命意义追寻的一种最有效的方式。自媒体时代提供的传播途径和个人史写作的契机，正好可以充分满足这种表达要求，从而令小人物获得意义表达的空间，从心理上获取更多的人与人平等的感受。

公众参与的个人史写作是一种个人经验和记忆的整理，同时也会成为一种人性的阐释、人生态度的表达，体现了个体要求把握自己命运的一种欲求。我们知道，书写历史可以用来建立过去与现在的连续性，并思考未来的走向。无论作者当下的处境如何，他总是将现在这个时间点当作确定的立足点，这样，他将过去阐释成什么样子、安置在什么位置，从那儿来连接现实，就可以勾画出通向未来的路径，这足以表达他对于未来的期待。我们读到不少自传或传记，作者或传主一般会按时间顺序来叙事编写，个人价值观及其变化总是连接不同历史材料的主线。

在自媒体时代，当个人史写作与博客、微博等新技术相关联，它的形式与效果也会发生新的变化。个人史写作对于作者而言，它给予作者一个静思和涤荡心灵的机会，使作者从稻粱谋中暂时脱身。正如有论者言："个人史写作者得以在网络上寻觅一方净土，安排'自己的屋子'，在激活个人的记忆中思考过去并设计未来。无疑，它还是心灵的洗涤和精神的冥思。"① 在这一过程中，回忆自我的成长路径或许会令作者发现，那种年少时的想象力、质朴何以在对现实理解深入之后不断衰退或消失，这种群体特征在个人身上的表达，若能够通过个人史写作获得溯源，它就有可能重新寻回；而反思之后的质朴，将会是基于现实主义的理想，为现实的生活带来新的动力。另一方面，当我们在互联网上写作并即时发布传记时，大量的读者会在作者创作的过程中进行评论，这同时为作者带来信心、激励以及更高的追求历史真实的压力，甚至会要求作者做出超越自我的反思、评判、忏悔。正如笔者所推动的一些个人史写作实践所观察到的，② 在自

---

① 陈卫：《个人史写作带来新的文学冲击》，《中国社会科学报》2012 年 7 月 6 日。
② 如新浪博客"怡然自乐"在 2011 年 5 月 13 日到 2012 年 6 月 14 日历时 13 个月完成的个人史写作《活路》。

媒体状态下发布的个人史，其首批受众通常是自己的亲朋好友，随着阅读圈向外扩散，个人史的写作过程就有可能成为某个群体生成并产生凝聚力和向心力的会聚过程。个人的心灵思忖会唤起读者的同感和反思，因为他们可能有着相近的经历，在大家共同拥有的日常生活中，借助书写与评论，都从他者处认知自我，从而获得心理上的支撑，以追寻自己的梦想。对于专业史家而言，尽管公众的个人史作品作为研究现时代的一手文献显得散乱、无序，但他们有能力在批判和分析之后，去芜存精，用以书写我们时代的集体史。由此可见，个人史的书写不仅在创作自己的历史，同时也在为未来的社会思想史、日常生活史写作提供最丰富的资源，而个人史写作者也就以直接和间接的方式，实现了个人写史在现实意义和未来价值两方面的追求。

当公众参与到历史知识的生产与传播中，传统意义上史学家的功能将发生变更。在精英时代，历史学家作为知识分子中的重要组成部分，往往以历史真实之代言人的身份出现在不同群体的演讲台上。史家的这一代表功能有其自身的追求，但这并不能完全在其自身之内获得。近代知识图谱的细分与专业化赋予了职业历史学家一份职责，即以其毕生精力来完成复现、还原历史的使命。当 20 世纪的历史学家逐渐清晰地认识到，主观性不可避免地从主题选择、史料搜集、文献分析、叙事手法、文本结构等方面渗入历史文本时，历史学以客观历史作为确定根基的梦想也开始破灭。最近十余年，自媒体不仅促成个人史写作兴盛，而且还促使一些历史爱好者介入精英史学或职业史学原本应覆盖的领域，从事主动的历史口述记录、文献搜集工作，[①] 甚至可能怀着更大抱负准备撰写颇显专业水准的主题史、断代史、民族国家史，乃至世界历史。并且，由于公众对于自媒体环境的娴熟把握，其进行的历史知识生产和传播更易于创造出直接的公众影响。职业历史学家在接受新思路、新方法方面惯有的迟钝若不得改善，很可能无法适应自媒体时代的知识生产与传播特点，将令历史学的社会功能进一步萎缩和衰竭。2009 年我们进行的一项有关历史类通俗读物的问卷调查表明，公众对于历史内容写作者的身份偏好强弱依次为：有较好历史功力的作家（42.9%）、历史学专业人士（33.6%）、只要好看作者是什

---

① 如崔永元"我的抗战"系列纪录片、新浪博客"草场地工作站"推动的"民间记忆计划"，等等。

么人无关紧要（32.3%）、独立研究的史学爱好者（27.3%）。①

事实上，自媒体时代的到来，为历史学学科带来的机遇可能远远大于危机。最明显的一点便是，公众史学的发展将产生大量涉及历史内容的文化产品，但这些产品良莠不齐，必然需要一个去芜存精的筛选过程，否则，面对浩如烟海的自媒体历史作品，受众难以在有限的阅读时间中接触到最精彩的内容。虽然这个任务也可能会在高素质的读者评论中通过自然筛选完成，但在自媒体状态中，公众对于内容切换的时间节奏大大加快，许多产品经不起一个自然筛选的漫长过程，筛选需要专业化人士即接受过职业历史学训练的历史学家们来完成。不过，他们仍然需要为适应新环境而接受新的专业化训练，即要求历史学科班教育在保留传统史学教育的一些优秀课程的基础上，增设关注和研究公众史学进展的专业课程。更重要的是，职业历史学家可以直接介入公众史学领域内的内容组织与创作。他们能够将历史学研究中的史料实证分析、历史经典文献的解读、历史事件源起与影响的专业阐释，通过运用公众易于接受的表现手法，直接为公众提供可读、可思、可感的历史作品。如此，或可通过专业历史学教育培养一批适合自媒体时代的公众史学家，通过他们把从事精深研究的职业历史学家、公众历史爱好者、媒体与传播机构联合起来，共同构成自媒体时代历史知识生产和传播的新体系。这些措施可以帮助我们重新理解现时代史家的价值和意义，也可以促成历史学新的繁荣。

公众有了自我组织历史知识生产和传播的能力和路径，公众趣味的多样化便以前所未有的表现形式呈现出来。过去10年中，历史内容的表现形式之多样，有令人目不暇接之感。从盲目追求新奇和假想的戏说历史、穿越文、反事实推断，到以营销收入为指向的普及性历史读物、历史讲坛、历史人文讲习班、历史题材电影、历史类游戏、历史类主题公园；再到严肃类的个人史、民间记忆、纪录片电影、民间历史博物馆、② 公益性历史读书会、公众性历史杂志，等等，大量个人与机构参与到历史内容产

---

① 张涛：《关于历史类通俗读物的市场问卷分析报告》（未刊稿）。该项目由复旦大学历史系公众史学小组共同完成。其中许多独立史学爱好者的作品是在"天涯"之类公共网站和论坛上率先发表，在获得较高阅读点击数据后，才由出版社出版。

② 成都建川博物馆堪称典范，参见"建川博物馆聚落"网站。该博物馆由樊建川先生建立，目前已建成15座主题博物馆。其新浪微博@樊建川也是一个很好的历史知识传播和信息发布平台。

品的组织生产中来。历史内容提供者对于受众兴趣的理解，有的还处于盲目状态，有的则更加专业化地进行目标受众偏好分析。从公众史学研究的需要出发，我们在 2009 年对 601 份有效问卷的分析中发现，公众阅读历史类通俗读物的目的偏好由强到弱依次为：增长知识和增强人文素养（79.2%）、启迪智慧（32.3%）、消遣娱乐（20.1%）、励志（19%）、怀旧（16.5%）、随大流（1.7%）；内容偏好的强弱依次为：人物传记（62.1%）、国家兴衰（37.6%）、奇闻逸事（32.1%）、思想文化（31.6%）、政治斗争（30.6%）、社会习俗（28.6%）、战争（28.3%）、民族关系（22.8%）、通史（22%）、改革变法（19.1%）、中外交流（18%）。[①] 再如，我们还会发现，购买和主动接受历史内容产品的受众多数为 30 岁以上男性，而他们对于中国近现代政治史的热情，要远远胜过对于中国古代史、世界史的热情；对于考古学的热情，又要胜过对于中国古代社会史、思想史的热情。就未来国内公众史学的有序发展而言，对于公众接受历史内容的进一步深入分析，还需要设计更全面的研究方案、采集和分析更多的数据。尤其对于自媒体状态下个人提供的历史内容，数量极其庞大，其对个体、群体、社区，乃至整个社会的综合影响程度如何？我们都还处于茫然的状态，更不用说能否以好的方式去协助、引导这种公众在历史表现方面的欲求。上述调查研究只是一个开端，对公众历史趣味多样化的形成过程、分类方法、表达方式、影响效果等内容的报告，还需要奠定在更加坚实的科学调查和分析之上。历史在人的生活中所起到的作用巨大，它实则全面参与了公众人生观与世界观的构成，这一领域的系统研究亟待推进。

三

当前介入公众史学领域的主要力量是个人、民间公益组织、商业资本、国有文化事业机构、历史学工作者（包括中学、大学历史教师和研究人员）。由于参与者不同的利益和价值取向，公众史学的发展就不可避免

---

① 张涛：《关于历史类通俗读物的市场问卷分析报告》（未刊稿）。该分析报告所涉及内容还包括：了解历史内容的途径；愿意接受的历史内容的形式、语言风格；对历史真实与修辞的需求层次；受众阅读历史的感受类型，等等。

地要在经济效益与社会效益之间、在不同社会价值观之间进行选择。

过去十年间公众史学的逐步兴起，反映了公众在休闲、求知、探索、反思、自我认知等方面的内在需求。例如，阅读公众考古①的内容不仅可以增加我们生活中的闲情逸致，还可以通过考古学的经验，引人发思古之幽情，增强保护传统与文化的使命感。然而，正是因为公众史学能够满足人们的内在需求，其巨大的潜力带来了公众历史产品的多样性可能，甚至也呈现出鱼龙混杂、荒诞不经的生态环境。我们不能否认穿越历史的幻想可以表达一些人在现实的无奈之下追求内心的超时空满足感，但它也可能让涉世未深的青少年产生戕害自我的后果。在自媒体状态下，公众历史产品呈现的混杂、无序状态已令其弊端随处可见。不过，我们相信这只是自媒体时代公众史学肇始时的混乱，这一阶段会迅速转化，其核心动力来自媒体在为个人传达自我历史意识提供机会的同时，也加强了资本对于主流市场的掌控能力。从近三年历史类书刊市场的拓展可以了解到，以《看历史》②为代表的公众性历史杂志的兴起，③开启了以严肃类历史内容替代戏说类、穿越类历史内容的进程。公众开始更多地接受由史学界人士或有商业资本背景支持创作的严肃类历史作品。与传统历史文化产品不同的是，自媒体状态下个体性的历史知识生产构成了公众性历史刊物的一种补充，更多的情况下还可能会形成一种潜在压力。一方面，个体的历史表现更容易适合受众的多样化需求，尽管其中可能会出现荒诞的内容，但同样存在产生优秀作品的可能，或者出现优秀的个性化编辑，精挑细选编出优秀的历史类电子微刊，从而对其构成挑战；另一方面，公众历史刊物的公开发行，也有可能令其创新能力受到来自各方面的约束，会迫使他们将一些具有挑战性的选题拱手交给个人在自媒体中完成。无论如何，类似《看历史》之类公众历史刊物，他们表达的历史观在未来的舆论中将会越来越占据举足轻重的地位，这就可能出现机构或媒体对于公众历史意识形成或塑造进行操控的可能性和危险性。在精英时代，这一过程是由国家主导的，在舆论变得宽松的时代，资本的力量会在何种程度上与国家力量会合

---

① 公众考古学的主要推动者之一如复旦大学文物与博物馆学系教授高蒙河，他为此专门著有《考古不是挖宝》（山东画报出版社 2009 年版）、《考古好玩》（复旦大学出版社 2011 年版）。

② 该刊由成都出版传媒集团主办，2007 年创刊名为《先锋国家历史》，2010 年改刊名为《看历史》。

③ 江苏人民出版社将于 2013 年 5 月创刊《大众考古》杂志。

或相持，这在当下中国还是一个未解之题。我们只能通过自媒体环境下可能加速民智开启的步伐来判断，机构与媒体对于历史知识生产与传播进行完全操控的可能性不大，其中的利与弊都会在公众日益觉醒的自主意识中得到检验。

历史作品并非只是客观实在的表现，相反，它往往能够通过有效的方式表达各种各样的历史观和价值观。自媒体时代的到来有可能形成一个思想和观念上的"战国时代"，在其中，个人、群体、机构、国家都成为社会多元历史观的建构者之一，并且彼此之间形成博弈。出现博弈状态，本身是社会进步的一种表征，它令每一个社会成员都有诉说、解释历史的权利。尽管这种权利的行使与否与个人的生活态度和社会责任感直接相关，但表达空间的存在是个人积极介入社会现实的前提。历史研究和历史叙述从来都不只是还原历史，即便我们只是编辑一部史料集，也需要运用确定的编排原则。只要有不同的编排原则存在，只要有不同的历史叙事方式存在，只要有对于历史认知的不同倾向，历史就会以不同的面貌被作者呈现出来。各种历史面貌在什么样的环境下被阅读，读者又以怎样的知识素养和心态来理解，媒体按照怎样的视角和立场进行渲染，国家又采取何种方式面对不同历史观的表达，所有这些都令我们感觉到，自媒体为公众历史时代的来临准备了技术手段，它也改变了我们对于历史认识期待的时间节奏。多样化历史知识的生产、多元化历史观念的竞争将塑造一群思想混乱、保守偏执的读者，还是一群自主积极、心态宽容的读者，这都有可能，也难以预料，这也正是历史知识生产与传播的魔力所在。正基于此，自媒体与公众历史时代的来临，不仅对于传统历史知识的生产和传播是一个挑战，对于我们应该如何思考历史，也将是一种挑战。

（原载于《天津社会科学》2013 年第 3 期）